权威·前沿·原创

皮书系列为
"十二五""十三五"国家重点图书出版规划项目

智 库 成 果 出 版 与 传 播 平 台

中国社会科学院创新工程学术出版资助项目

上海合作组织黄皮书
YELLOW BOOK OF THE SHANGHAI COOPERATION ORGANIZATION

上海合作组织发展报告（2021）

ANNUAL REPORT ON THE SHANGHAI COOPERATION ORGANIZATION (2021)

中国社会科学院俄罗斯东欧中亚研究所
中国社会科学院上海合作组织研究中心
主　编 / 庞大鹏
副主编 / 杨　进

社会科学文献出版社
SOCIAL SCIENCES ACADEMIC PRESS (CHINA)

图书在版编目(CIP)数据

上海合作组织发展报告.2021/庞大鹏主编. -- 北京：社会科学文献出版社，2021.10
（上海合作组织黄皮书）
ISBN 978-7-5201-8991-0

Ⅰ.①上… Ⅱ.①庞… Ⅲ.①上海合作组织-研究报告-2021 Ⅳ.①D814.1②F114.46

中国版本图书馆 CIP 数据核字（2021）第 184228 号

上海合作组织黄皮书
上海合作组织发展报告（2021）

主　　编 / 庞大鹏
副 主 编 / 杨　进

出 版 人 / 王利民
责任编辑 / 张苏琴　仇　扬
责任印制 / 王京美

出　　版 / 社会科学文献出版社·当代世界出版分社（010）59367004
　　　　　地址：北京市北三环中路甲29号院华龙大厦　邮编：100029
　　　　　网址：www.ssap.com.cn
发　　行 / 市场营销中心（010）59367081　59367083
印　　装 / 三河市东方印刷有限公司

规　　格 / 开　本：787mm×1092mm　1/16
　　　　　印　张：21.25　字　数：316千字
版　　次 / 2021年10月第1版　2021年10月第1次印刷
书　　号 / ISBN 978-7-5201-8991-0
定　　价 / 168.00元

本书如有印装质量问题，请与读者服务中心（010-59367028）联系

▲ 版权所有 翻印必究

上海合作组织黄皮书编委会

主　　　编　庞大鹏

副 主 编　杨　进

编　　　委　（按姓氏笔画排序）
　　　　　　王晓泉　刘显忠　孙壮志　李中海　李振利
　　　　　　杨　进　宋　红　张　宁　金　哲　庞大鹏
　　　　　　赵会荣　柳丰华　徐坡岭　高　歌　高晓慧
　　　　　　董文柱　薛福岐

课题组成员　（排名不分先后）
　　　　　　庞大鹏　杨　进　李建民　邓　浩　许　涛
　　　　　　王宪举　李中海　赵会荣　张　弘　郝　赫
　　　　　　包　毅　朱永彪　魏丽珺　王海燕　韩　璐
　　　　　　马　强　郭晓琼　吕　萍　刘　丹　蒋　菁
　　　　　　李睿思　鞠　豪　张艳璐　高焓迅

英 文 翻 译　杨博晗

主编简介

庞大鹏 中国社会科学院俄罗斯东欧中亚研究所副所长、研究员,博士生导师。中国社会科学院俄罗斯研究中心主任。毕业于中国社会科学院研究生院,获法学(国际政治专业)博士学位。主要从事俄罗斯及欧亚问题研究,研究方向为俄罗斯政治。出版个人专著:《从叶利钦到普京:俄罗斯宪政之路》(2005年)、《观念与制度:苏联解体后的俄罗斯国家治理(1991-2010)》(2010年,获中国社会科学院优秀科研成果三等奖)、《俄罗斯的发展道路:国内政治与国际社会》(2020年)。主编专著:《普京八年:俄罗斯复兴之路(2000~2008)政治卷》(2008年,获中国社会科学院优秀科研成果二等奖)、《普京新时期的俄罗斯:政治稳定与国家治理(2011~2015)》(2017年)等。在国内外各类学术期刊上发表学术论文百余篇。

总摘要

本报告以2020年上海合作组织发展为主要线索,全面梳理并深入分析了地区和国际形势变化,尤其是对在新冠肺炎疫情全球蔓延形势下上海合作组织空间范围内政治、经济、安全新态势做出了较为详尽的阐述和理论剖析。报告分八个部分,分别是总报告、重要会议、政治合作、安全合作、经济合作、人文合作、上合组织与世界以及大事记,力求从整体上把握上海合作组织2020年的发展态势、发展特点、取得的成就以及面临的问题。

2021年是上海合作组织成立二十周年。二十年来,上海合作组织实现了从小到大、从弱到强的变化,完成了第一次扩员,上合组织的国际影响力不断提升。成员国之间政治互信不断强化,安全合作持续深入,经济合作极大拓展,文化交流进一步扩大,为推动地区安全、稳定和繁荣做出了独特贡献。同时,随着国际和地区格局的不断变化,上合组织也面临一系列新的挑战,尤其是扩员后成员国之间复杂的关系变化、组织议题的分散化以及欧亚地区大国博弈外溢效应等,都深刻影响着上海合作组织的发展。进一步提高上合组织的议事工作效率,增强本组织的凝聚力和合作共识,共建上海合作组织命运共同体已日益成为上合组织成员国共同的愿望。

本报告专门设计并邀请专家撰写了数篇上合组织二十年回顾与总结的文章,梳理上海合作组织成立二十年来在各个领域取得的成就、面临的挑战,并预测了本组织未来的发展前景,这是本年度报告的一大特色。

目 录

Ⅰ 总报告

Y.1 上海合作组织二十年 ………………………………… 庞大鹏 / 001

Ⅱ 重要会议

Y.2 团结协作引领新时代
——上海合作组织成员国元首理事会第二十次会议 …… 杨 进 / 018
Y.3 上合组织成员国政府首脑（总理）理事会第十九次会议：抗疫中的务实合作 ………………………………… 张 弘 / 028

Ⅲ 政治合作

Y.4 上合组织政治合作二十年：回眸与前瞻 ……………… 邓 浩 / 041
Y.5 上海合作组织与其他国际机制合作的历史、现状与前景
………………………………………………………… 韩 璐 / 057
Y.6 从吉尔吉斯斯坦和塔吉克斯坦的选举看政体选择 …… 包 毅 / 070

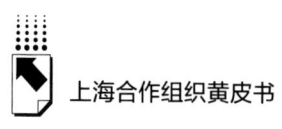

Y.7 2020年白俄罗斯政局走向和中白共建"一带一路"合作
　　………………………………………… 赵会荣　王宪举 / 081

Ⅳ　安全合作

Y.8 上海合作组织与阿富汗的相互需求关系评析
　　……………………………………………… 朱永彪　魏丽珺 / 096

Y.9 上海合作组织中的俄印关系回顾 ………… 郝　赫 / 112

Y.10 上合组织、集安组织与独联体
　　——维护欧亚地区安全的三驾马车 ……… 刘　丹 / 122

Ⅴ　经济合作

Y.11 上海合作组织经济合作二十年：地区繁荣的积极推动力量
　　…………………………………………………… 李建民 / 131

Y.12 2020年上海合作组织经贸合作：疫情下携手前行 …… 李中海 / 150

Y.13 上海合作组织区域经济走廊合作 ………… 王海燕 / 159

Y.14 新冠肺炎疫情背景下上海合作组织成员国经济发展
　　…………………………………………………… 郭晓琼 / 176

Y.15 新冠肺炎疫情背景下上海合作组织粮食安全合作前景展望
　　…………………………………………………… 蒋　菁 / 202

Ⅵ　人文合作

Y.16 上海合作组织成立二十年来国内研究综述 ………… 许　涛 / 212

Y.17 上海合作组织在重大公共卫生事件领域的机制建设
　　和合作实践 …………………………………… 马　强 / 231

Y.18　上海合作组织成员国疫情发展现状及治理前景 ········ 李睿思 / 242

Ⅶ　上合组织与世界

Y.19　2020年俄罗斯视域中的上海合作组织 ················ 吕　萍 / 256
Y.20　上合组织二十年：欧盟对上合组织的态度及变化 ······ 鞠　豪 / 268
Y.21　乌克兰、白俄罗斯、南高加索三国对上海合作组织的
　　　认知与政策比较分析 ·································· 张艳璐 / 280

Ⅷ　大事记

Y.22　上海合作组织大事记 ································ 高焓迅 / 292

Abstract ·· / 304
Contents ·· / 306

总报告
General Report

Y.1 上海合作组织二十年

庞大鹏*

摘　要： 上海合作组织（简称上合组织）的成立是21世纪初国际关系中的一件大事，是中国与邻国探索建立新型安全模式、新型国家关系和新型区域合作模式的产物，是新时代中国特色大国外交的重要组成部分。上海合作组织的发展历程、发展因素及发展前景是研究上合组织二十年的核心问题。上合组织的建立符合世界发展的潮流，符合上合组织成员国的根本利益，它的创立和巩固与国际形势同频共振。上合组织顺利发展会使中俄关系变得更加密切，而中俄关系的密切又会推动上合组织进一步发展，二者相辅相成。上合组织未来需要深挖各方的合作潜力，推动后疫情时代区域经济复苏和繁荣发展。二十年来，上合组织取得了很大成就，也面临困难和挑

---

* 庞大鹏，中国社会科学院俄罗斯东欧中亚研究所副所长、研究员、博士生导师，中国社会科学院俄罗斯研究中心主任。

战。未来，上合组织将在地区稳定与发展中取得更大成绩。

关键词： 习近平外交思想　上海合作组织　中俄关系

2001年6月15日上海合作组织正式成立。上合组织是中国与周边国家建立合作关系的重要平台和机制，在上合组织多边合作中充分体现了中国睦邻友好的周边外交政策。① 21世纪初上合组织的成立和巩固是中国多边外交的崭新实践，党的十八大以来，上合组织的发展是新时代中国特色大国外交的重要组成部分，习近平外交思想是新时代中国对外工作的根本遵循和行动指南，上合组织在新时代的守正创新得益于习近平外交思想的光辉指引。构建人类命运共同体、构建新型国际关系是习近平外交思想的重要组成部分。构建新型国际关系是实现人类命运共同体的基础，而实现人类命运共同体是构建新型国际关系的目标。上合组织正是"结伴而不结盟"这一外交理念的全新探索。可以说，上合组织是构建新型国际关系的生动实践，是新时代中国特色大国外交的重要组成部分。研究上合组织二十年，既有助于我们了解21世纪初中国多边外交的实践，更有助于我们深刻理解和把握习近平外交思想的核心与实质。

一　上海合作组织的发展历程

中国同俄罗斯、中亚国家有悠久的交往历史和友谊。苏联解体后，中国同俄罗斯、中亚五国面临许多共同的任务和问题。同时，在20世纪后半叶国际共产主义运动中，中国同俄罗斯、中亚五国曾秉持相似的意识形态，这也使上海合作组织的创始成员国在交往中比较容易找到共同语言。历史与现实的需要，以及独特的文化优势促使上合组织最终登上了国际政治的舞台。

---

① 孙壮志：《上海合作组织与新时代中国多边外交》，《世界经济与政治》2021年第2期。

(一)初创建设:稳定边疆,构筑欧亚大陆的安全屏障

上海合作组织是由中、俄、哈、吉、塔构成的"上海五国"演变而来。

稳定边疆,构筑欧亚大陆的安全屏障,这对于"上海五国"各参与方都是至关重要的国家利益。俄罗斯对于与中国签署边界勘定协议的政治意义认识明确。1996年4月24日,叶利钦访华前在俄远东哈巴罗夫斯克发表讲话,强调指出从法律上明确远东的俄中边界具有重要意义。叶利钦表示,在俄中关系的300年历史中,双方首次拥有了一个彻底明确并从法律上予以确认的边界。叶利钦还指出,远东和外贝加尔地区的发展计划需要巨额的投资,联邦预算约占整个投资的1/4,而国家的投资应成为从其他来源包括从外国引进资金的促进因素。远东拥有成为俄罗斯通往亚太地区门户的极好条件,利用这些条件,打破与邻国相隔绝的局面,对俄罗斯而言是具有重要战略意义的任务。叶利钦强调,正因为如此,加强同俄罗斯的强大邻国——中国、日本、韩国、美国、加拿大以及其他太平洋国家的关系具有特殊意义。① 从俄罗斯国家利益出发是叶利钦推动"上海五国"模式的主要动力,这也为俄罗斯支持从"上海五国"机制发展为多边组织奠定了观念基础。

边界是"上海五国"的纽带。中俄边界在法律上的确认经历了长期而艰难的过程。在两国关系恶化的时期,边界谈判几乎是两国高级外交接触的唯一途径。1996年签署的协定,不仅是对边界调解的简单确认,而且还共同承担起了通过最大限度非军事化来保障边境地区未来和平与安宁的责任。同俄罗斯及中亚三国签署在边境地区加强军事领域信任的协定,对中国国家安全具有重要意义,这是中国推进军事现代化进程中一个极为重要的步骤。中国由此才能减轻在全长约8000千米边界线上的军事负担,才能够全力以赴地投入军事现代化,也可以全力以赴地处理对中国国家安全有不稳定影响的其他问题。稳定同俄、哈、吉、塔的边界正是保障中国实现军事现代化的前提。1996年和1997年两次会晤及签署的文件表明,中、俄、哈、吉、塔

---

① Борис Ельцин в Хабаровске и Пекине, Коммерсантъ, 25 апреля 1996 г..

五国决心成为好邻居、好朋友、好伙伴，把世界上最漫长的陆地边界变成和平、安宁和友好合作的边界。

（二）凝聚共识：由加强边境地区的信任发展到各个领域的全面合作

1996年和1997年的两次会晤是以中国为一方，俄、哈、吉、塔为另一方。从第三次起，会晤变成为五国间的多边会晤。五国合作机制由此启动。

2000年的五国元首峰会承前启后，而且是中俄双方在全球层面紧密合作的背景下召开的，峰会上对建立多极世界等问题达成广泛共识。五国元首签署的《杜尚别声明》就《反弹道导弹条约》指出，该条约是维护战略稳定的基石和进一步削减战略进攻性武器的基础，必须无条件地维护并严格遵守，并强调反对美国的国家导弹防御计划。《杜尚别声明》尤其指出，世界的"多极化"将成为维护世界稳定的重要因素；没有联合国的决议，国际军事组织不能擅自行使武力；世界所有国家都应加入《不扩散核武器条约》和《全面禁止核试验条约》；等等。此外，为制止以宗教极端势力为依托的分离运动，五国确认了加强军事合作的方针。五国元首都表明了对阿富汗内战的担忧，指出阿富汗的状况对地区和国际安全构成严重威胁。普京总统和江泽民主席此前举行了会晤，这是普京就任总统后中俄首脑首次会晤。两国元首一致认为，为实现世界的"多极化"，两国要在所有问题上加强合作，以取得主导权。

（三）正式成立：从"上海五国"到上海合作组织

基于多边外交的不断实践，上海五国元首会晤的内容不断扩大，由加强边境地区的信任发展到各个领域的全面合作。最高层领导人的定期会晤因此也逐渐成为约定俗成之事，成为"上海五国"有效合作的一条纽带。"上海五国"逐渐从讨论边界问题的组织过渡到涉及政治与安全等广泛议题的组织。[1] 与此同时，在"上海五国"的框架内，除元首会晤外，又相继建立了

---

[1] Андрей Крушинский, Евразийский шестиугольник, Парламентская газета, 16 июня 2001г..

外交、国防、执法与安全部门领导人("比什凯克小组")、国家协调员等会晤机制。

2001年6月,乌兹别克斯坦正式加入"上海五国"机制,中、俄、哈、吉、塔、乌六国元首在"上海五国"机制的发源地上海举行会晤,签署了《上海合作组织成立宣言》,从而把"上海五国"机制提升到更高的合作层次。

(四)巩固发展:上海合作组织扩员

从上合组织成立至2004年塔什干峰会决定设立"上海合作组织地区反恐怖机构",这一时期上合组织积极建设合作机制和常设机构,明确了上合组织成员国多边合作的主要领域和基本方向。

2005年7月4日,在哈萨克斯坦首都阿斯塔纳举行元首峰会。伊朗、巴基斯坦和印度被接纳为上合组织观察员国。从2006年上海峰会至2008年杜尚别峰会,这一时期上合组织成员国积极扩大合作领域,并逐步接纳观察员国和对话伙伴国。尤其值得关注的是,根据中方倡议上合组织成员国签署了《上海合作组织成员国长期睦邻友好合作条约》。该条约是规范上合组织发展的基本法律文件。条约明确规定:缔约各方相互尊重各自根据本国历史经验和国情选择政治、经济、社会和文化发展道路的权利;缔约各方尊重国家主权和领土完整原则,采取措施禁止在本国境内从事任何违反该原则的活动。[①]

从2009年的叶卡捷琳堡峰会至2012年的北京峰会,这一时期成员国共同应对国际和地区形势的挑战,深化各领域的合作。其中,2011年的阿斯塔纳峰会对上合组织未来十年的发展方向做出战略规划,实际上是对上合组织中期发展做出规划。

---

① 《上海合作组织成员国长期睦邻友好合作条约》,http://www.npc.gov.cn/wxzl/gongbao/2008-12/24/content_1467393.htm,2008-12-24。

（五）守正创新：打造上海合作组织命运共同体

2013年以来，上合组织面对国际和地区形势的重大变化，积极应对乌克兰危机后俄罗斯和中亚国家的外交政策调整。上合组织能力建设与对外合作成为紧迫任务。2013年上合组织成员国元首理事会第十三次会议批准《上海合作组织长期睦邻友好合作条约实施纲要》。中国国家主席习近平在哈萨克斯坦提出共建丝绸之路经济带的重大倡议，2015年中俄两国元首签署丝绸之路经济带建设与欧亚经济联盟建设对接声明，中方建议使上合组织成为"一带一路"框架下成员国战略对接的重要平台。此外，上合组织扩员成为这一时期的热点问题。

2014年上合组组织成员国元首理事会第十四次会议通过《给予上海合作组织成员国地位程序》和《关于申请国加入上海合作组织义务的备忘录范本》，上合组织开始扩员。2015年乌法峰会启动接收印度和巴基斯坦加入上合组织程序，2017年印度和巴基斯坦正式成为上海合作组织成员。2018年青岛峰会以来，中国强调新形势下要进一步弘扬"上海精神"，提出成员国应共同打造上海合作组织命运共同体。①

二 上海合作组织的发展因素

从二十年的发展实践看，影响上海合作组织发展的因素有很多，包括俄罗斯和中亚国家经济低速发展的问题；在一些成员国中，"中国威胁论"依然存在；美国霸权主义的牵制和干扰；上海合作组织同其他国际组织在成员组成和职能作用等方面有交叉和重叠等。需要注意和解决的问题包括俄罗斯的作用问题；美国在中亚政治、经济、军事等领域的举措问题；扩员问题；组织的机构和活动机制问题等。从国内看，发展上海合作组织是一项长期、

---

① 《习近平在上海合作组织成员国元首理事会第十八次会议上的讲话》，中国外交部网站，https://www.fmprc.gov.cn/web/ziliao_674904/zyjh_674906/t1567432.shtml，2018-08-10。

复杂、综合性的系统工程，就国内统筹来看，涉及国内许多单位和部门。为了做到统一政策，一致对外，提高资源的使用效率，应建立专门的有关上海合作组织的领导机构和协调机制，总揽全局，决定重要的方针和政策，领导、指导和协调各单位和部门的工作。

在上述影响因素中，俄罗斯因素最为重要。这主要是因为：在可预见的相当长时间内，俄罗斯在欧亚大陆尤其是在中亚地区的影响力仍会继续超过其他任何国家，因此上海合作组织能否顺利发展，俄罗斯的态度起决定性作用。可以说，梳理上合组织二十年的发展离不开对俄罗斯因素的关注与研究，也只有在全面分析俄罗斯因素的基础上才能更好地理解上合组织的发展历程与发展现状。有鉴于此，本文从国别和全球尤其从双边这三个层面对上合组织发展中的俄罗斯因素进行解读。

（一）国别层面：苏联解体后俄罗斯的国际观及对上合组织的影响

关注俄罗斯因素的影响，需要对苏联解体后俄罗斯的国际观做简单梳理。苏联解体后，在叶利钦时代，俄罗斯社会一直在围绕新的自我意识的形成展开热烈讨论。俄罗斯必须重新确立对国家主要外交任务及其在世界上的地位的认识，重新达成共识的价值观在很大程度上将决定俄罗斯未来的风貌，决定俄罗斯在国际舞台上的行为方式。新俄罗斯以完全不同于俄国历史上所有存在形式的面貌走上了国际舞台。在这种情况下，新俄罗斯的对外政策既不能回到20世纪初革命前的模式，更不能机械地照搬苏联的模式。到了普京时代，俄罗斯明确昭示，无论国内的变化多么深刻，任何国家的对外政策都不会在一张白纸上从头开始。它必然带着继承性的烙印，即国家地缘政治形势、历史和文化特点。对于像俄罗斯这样的国家就更是如此，在几个世纪的长河中，俄罗斯一直是欧洲和世界舞台上的主要国家之一，俄罗斯外交的立场一向务实。虽然从彼得大帝时期俄罗斯外交活动就首先面向欧洲，但是俄罗斯积极的欧洲政策绝不妨碍它与当前世界舞台上重要角色的中国发展多方面的关系。这实际上反映了俄罗斯外交政策的全方位思想，是焕然一新的俄罗斯外交构想的基础。在这一构想中，俄罗斯一直面向欧洲的做法，与对俄罗斯而言同样很自然的保障俄罗斯在亚洲利益的意向有机地结合在一起。作为亚洲大陆不可缺少的一部分,俄罗斯奉行积极参与亚太地区经济发展和一体化进程的政策。① 这是俄罗斯积极参与上合组织创立的外交理念基础。

21世纪初的国际形势要求俄罗斯重新认识周边局势、对外政策的优先方面及实施办法。在俄罗斯精英阶层看来,1993年4月叶利钦在《俄罗斯联邦对外政策构想》总则中确立的与世界建立新的平等、互利和伙伴关系的目标落空了。21世纪初俄罗斯新的外交战略致力于沿俄罗斯边境形成睦邻地带,在俄罗斯毗邻地区消除发生紧张局势的策源地。新构想旨在实现国家利益和坚定不移地捍卫它,但这绝不是说要奉行孤立主义政策,恰恰相反,俄罗斯准备与其他国家进行卓有成效的合作。俄罗斯奉行的是自主的和建设性的对外政策,其基础是连续性、可预测性和互利的务实性。这种政策具有最大限度的透明度,考虑其他国家的合法利益,并旨在寻求共同的解决方案。同时新构想指出,在国际上出现了越来越多对俄罗斯国家利益的新挑战和威胁。美国在经济和实力上占有绝对优势,世界单极结构趋势在加强。在解决国际安全的原则性问题上越来越依赖西方的一些组织和只有几个国家参加的会议,联合国安理会的作用日渐削弱。俄罗斯将努力建立多极国际关系体系,它应客观地反映有着各种不同国家利益的当代世界的多面性。

在这一时代背景下,2000年7月,普京的第一份外交政策构想出台,明确指出,亚洲在俄罗斯外交政策中具有越来越重要的意义,工作重点包括"上海五国"。② 普京对于上合组织的定位从一开始就基于俄罗斯对总体国家利益的统筹考量。俄罗斯对于上合组织总的政策是巩固上合组织在地区和全球事务中的作用并扩大其组成,拓展上合组织的政治和经济潜力,在其框架下采取能够在中亚加强互信和伙伴关系的切实措施。

---

① Игорь Иванов, Новизна и преемственность в российской внешней политике, https://www.ng.ru/world/2001-06-15/6_novelty.html.

② Концепция внешней политики Российской Федерации, https://www.ng.ru/world/2000-07-11/1_concept.html.

（二）全球层面：上合组织的发展与俄罗斯及国际形势的变化同频共振

由于国际形势与国内政治的双向影响，俄罗斯对上海合作组织的设想、定位、发展前景等问题的认知在不同时期有很大的变化。① 俄罗斯在上合组织建立之初曾对上合组织的功能性作用寄予厚望。俄罗斯一度想在上合组织已有的基础上建立具有更积极作用的多边组织，希望可以由广泛的观察员国直接参加组成。上海合作组织至少应成为亚洲多边合作的基石。② 在这个前提下，俄罗斯外交面临的一系列难题可以借力上合组织得到解决，比如如何对待美国的军事基地，如何应对北约东扩的问题等。这种方案可以明确保障俄罗斯的利益，比较开放的组织形式有助于俄罗斯在建立欧亚安全全面体系中起关键作用。③

2001年9月，上合组织刚刚成立不久，美国爆发了"9·11"事件。该事件及随后国际局势的变化，对于俄罗斯及俄美关系来说，在安全环境上发生重大变化。俄罗斯认为，北约和俄罗斯在安全方面面临许多类似的挑战，其中包括全球恐怖主义的跨国威胁，以及大规模杀伤性武器的扩散。构建一种新型的俄美关系，一种建立在真正伙伴关系基础之上的俄美关系将符合双方的利益，这种伙伴关系能为亚欧大陆的所有国家提供持久的安全，并能够促进俄罗斯融入西方。但是，俄美双方的分歧依然存在，例如，如何具体界定"恐怖主义"，如何看待伊拉克和伊朗这样的国家及它们所发挥的作用，等等。④

因此，"9·11"之后俄美建立的合作伙伴关系其实存在结构性困境。

---

① 庞大鹏：《俄罗斯对外战略中的上海合作组织》，《世界政治研究》2020年第2期。
② Дмитрий Косырев, Шанхайская организация сотрудничества – фундамент для многостороннего сотрудничества в Азии, 7 июня 2002, https://ria.ru/20020607/169304.html.
③ Сергей Лузянин, "Шанхайская шестерка" уже никого не устраивает, http://www.ng.ru/world/2002-06-06/7_shanhai.html?id_user=Y.
④ Robert E. Hunter, Sergey M. Rogov, Olga Oliker, "NATO and Russia: Bridge-Building for the 21st Century Report of the Working Group on NATO-Russia Relations", https://www.rand.org/pubs/white_papers/WP128.htm.l.

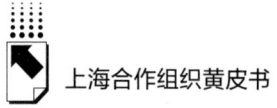

俄罗斯与美国在反对国际恐怖主义领域的所谓战略团结从一开始就基本上只是在做表面文章。俄美在阿富汗有共同利益，因为塔利班政权威胁了两国的安全。但在其他问题上，两国的共同利益是局部的，而分歧则更具实质性。美国希望俄罗斯支持美打击"基地"组织，但莫斯科在该问题上很难提供实质性的帮助；美国希望俄罗斯支持其消灭"邪恶轴心"，在这个问题上俄罗斯的利益也与美国发生冲突。俄罗斯的主要任务是，使美国和欧盟承认俄在车臣的行动是国际反恐行动的一部分。[1]

实际上从2003年独联体地区发生"颜色革命"之后，俄罗斯就意识到其与西方关系的困境，而西方也将所谓的民主价值观重新作为衡量俄罗斯伙伴关系的标准。"民主的倒退"成为西方看待俄罗斯的主要观点。在西方看来，虽然"9·11"事件之后俄罗斯一直被视为美国在国际反恐中的一个盟友，但是西方认为俄罗斯国内的民主政治在倒退，尤其在车臣问题上西方并不认可普京的政策，因此美国宣称不能对俄罗斯在外交政策中可以超越特定现实主义领域并拥有与西方共同价值观抱有幻想。[2] 从这一时期起，俄罗斯与西方的关系开始陷入并立乃至博弈的关系之中。"梅普组合"时期短暂的俄美关系重启很快转向。也正是基于这种大的国际环境，俄罗斯事实上对上合组织的认知与政策一直处于维护和巩固的整体基调中。

（三）双边层面：上海合作组织发展中的问题在很大程度上是中俄之间的问题

在研判俄罗斯对上合组织的认知与政策的基础上，还需要明确一点：上海合作组织很多发展中的问题在很大程度上是中俄之间的问题。作为拥有4300多千米共同边界的强大邻国，构建持久安全稳定的周边环境、助力各自发展振兴成为中俄双方共同的战略需求。对中俄关系来说，除了友好和合

---

[1] Д. Тренин, Россия входит в "Новый изоляционизм", Независимая газета, 9 декабря 2013г..

[2] Anders Aslund, "Democracy in Retreat in Russia", http：//carnegieendowment.org/2005/02/17/democracy-in-retreat-in-russia/25wg.

作，不可能有其他更好的选择。上合组织顺利发展会使中俄关系变得更加密切，而中俄关系的密切又会推动上合组织的进一步发展，二者相辅相成。

中俄关系的发展有自己的历史逻辑。国家利益动机是推动中俄关系发展的主要动力。1992年叶利钦总统访华前夕表示，中国是一个伟大的国家，发展同中国的关系是俄罗斯外交政策的优先方面。① 叶利钦还进一步表示，发展俄中关系在俄罗斯对外关系中占有优先地位，一个强大的、统一的中国符合俄罗斯的利益。② 1997年11月，叶利钦访华时再次表示，同中国的睦邻合作是俄罗斯对外政策一个独立的优先方面，具有长期的战略性质，不受一时的政治因素影响。③ 从俄罗斯的视角看，这是其在国际上维护独立自主大国地位和利益的需要。④ 在对外政策领域，国家安全的主要目标是形成有利于国内发展的外部条件。

三 上海合作组织的发展前景

2021年，上海合作组织二十岁，朝气蓬勃，充满活力，是新时代中国特色大国外交的重要组成部分。上海合作组织成立二十年来，走过了不平凡的发展历程，经历了时间检验，成为欧亚地区和国际事务中重要的建设性力量。成员国遵循"上海精神"，加强政治、经济、安全、人文等领域合作，树立了相互尊重、公平正义、合作共赢的新型国际关系典范。⑤ 回顾历史，放眼未来，可以说，推动上海合作组织的发展，对中国来说是一项前无古人的事业，虽然已经取得了巨大的成就，但是在当前国内外

---

① 《俄罗斯总统叶利钦会见钱其琛》，《人民日报》1992年11月26日。
② 《叶利钦总统举行记者招待会》，《人民日报》1992年12月19日。
③ 《加强俄中关系，开拓合作领域》，《人民日报》1997年11月8日。
④ О национальной безопасности. Послание Президента Российской Федерации Федеральному собранию, Независимая газета, 14 июня 1996 г..
⑤ 习近平：《弘扬"上海精神" 深化团结协作 构建更加紧密的命运共同体——在上海合作组织成员国元首理事会第二十次会议上的讲话》，中国外交部网站，https://www.fmprc.gov.cn/web/zyxw/t1831131.shtml，2020 - 11 - 10。

复杂的背景下，上合组织的发展还面临重重的客观困难，对此我们需要有清醒的认识。

（一）妥善应对新冠肺炎疫情对于上合组织的影响

2020年新冠肺炎疫情突如其来，更加凸显构建上海合作组织人类命运共同体的重大意义。中国积极倡导要弘扬"上海精神"，团结各方力量，为上合组织地区的形势稳定做出贡献。

新冠肺炎疫情对全球政治、经济、社会的影响严重威胁世界经济可持续发展。上合组织将继续发挥支柱作用，逐步实现上合组织地区发展繁荣。① 第一，加强抗疫合作，构建卫生健康共同体。② 第二，维护安全和稳定，构建安全共同体。③ 开展数字化和信息通信技术合作，④ 上合组织的优先任务是进一步加强有效打击恐怖主义的合作，⑤ 继续采取有效措施应对毒品威胁。⑥ 第三，深化务实合作，构建发展共同体。促进文明互学互鉴，增进各国睦邻友好，夯实上海合作组织长远发展民意基础。⑦ 从上合组织筑牢发展之基的根本要求看，今后需要关注疫情对上合组织成员国经济社会发展的影响。

---

① 《上海合作组织成员国元首理事会莫斯科宣言》，中国外交部网站，https://www.fmprc.gov.cn/web/zyxw/t1831157.shtml，2020-11-10。
② 《上海合作组织成员国元首理事会关于共同应对新冠肺炎疫情的声明》，中国外交部网站，https://www.fmprc.gov.cn/web/zyxw/t1831164.shtml，2020-11-10。
③ 《上海合作组织成员国元首理事会关于保障国际信息安全领域合作的声明》，中国外交部网站，https://www.fmprc.gov.cn/web/zyxw/t1831177.shtml，2020-11-10。
④ 《上海合作组织成员国元首理事会关于数字经济领域合作的声明》，中国外交部网站，https://www.fmprc.gov.cn/web/zyxw/t1831193.shtml，2020-11-10。
⑤ 《上海合作组织成员国元首理事会关于打击利用互联网等渠道传播恐怖主义、分裂主义和极端主义思想的声明》，中国外交部网站，https://www.fmprc.gov.cn/web/zyxw/t1831181.shtml，2020-11-10。
⑥ 《上海合作组织成员国元首理事会关于应对毒品威胁的声明》，中国外交部网站，https://www.fmprc.gov.cn/web/zyxw/t1831184.shtml，2020-11-10。
⑦ 习近平：《弘扬"上海精神" 深化团结协作 构建更加紧密的命运共同体——在上海合作组织成员国元首理事会第二十次会议上的讲话》，中国外交部网站，https://www.fmprc.gov.cn/web/zyxw/t1831131.shtml，2020-11-10。

（二）统筹把握新时期国际形势的新变化对于上合组织的影响

当前国际形势依然处于急速变化之中，区域一体化发展面临挑战。作为欧亚大陆重要的多边组织，上合组织也需要妥善处理一系列问题与挑战。

首当其冲的是美国因素。上合组织需要在欧亚大陆的地缘区域内沉着应对，积极处理美国外在因素的干扰。美国将在新中亚战略框架内加大与中亚各国接触的力度。无论美国在阿富汗的参与程度如何，中亚是一个对美国国家安全利益至关重要的地缘战略地区。

其次需要充分利用好俄罗斯因素。2021年7月2日，经过充分酝酿和讨论的最新版《俄罗斯联邦国家安全战略》以第400号俄联邦总统令的形式批准发布。俄罗斯新版国安战略阐述了对当今国际局势的看法和俄罗斯面临的各种挑战，明确定义了俄罗斯联邦国家利益和国家战略重点、保障国家安全和可持续发展方面的国家长期政策目标和任务。该文件明确指出，重视发展与中国的全面战略协作伙伴关系，在亚太地区建立可靠的机制，在不结盟的基础上确保区域稳定与安全，并进一步深化上海合作组织内的多专业合作。俄罗斯这一最新的战略判断与中国的国家利益一致，必将进一步促进上合组织的深入发展。①

最后还需要妥善处理中印边界问题，避免对上合组织发展产生消极影响。苏联解体以后，俄罗斯从世界形势的变化特点出发，为了确保俄罗斯在国际格局中的地位，时任俄罗斯外长的普里马科夫提出了中俄印战略三角的设想。为此，中俄印三边会晤机制诞生。在相当长的时期内，中国从国际战略博弈的视角出发，认为在美国拉印遏华的大背景下，印度加入上合组织对中国外交全局有利，因为印度加入上合组织后，该组织将成为中印加强沟通、扩大合作的平台。作为上合组织成员国，印度不仅要受到该组织章程和精神的制约，而且会加入2007年签署的《上海合作组织成员国长期睦邻友好合作条约》。但从上合组织发展的实践看，印度并未接受《上海合作组织

---

① http://static.kremlin.ru/media/events/files/ru/QZw6hSk5z9gWq0plD1ZzmR5cER0g5tZC.pdf.

成员国长期睦邻友好合作条约》的约束。2020年6月，中印边境发生冲突。中印边境冲突是内外因素综合作用的结果，一方面在中美竞争日益紧张的国际大背景下，印度不断加强与美联系，中印之间的竞争也逐渐加剧；另一方面，印度自身不断主动提升军事实力，还进一步单方面加强中印边界地区的基础设施建设，这对地区形势乃至全球政治的态势都产生了影响。面对上合组织内重要成员国之间的冲突，俄罗斯持不干涉的中立立场。2020年6月23日，拉夫罗夫表示俄罗斯不会帮助中国和印度发展双边关系，这不是俄罗斯外交的内容，中印两国自己有能力解决双边关系中出现的问题。[①] 从上合组织长远的发展态势看，避免成员国内部的双边矛盾影响上合组织整体发展是上合组织需要密切关注的问题。

（三）积极谋划加强内部机制建设势在必行

需要处理上合组织同其他国际组织有交叉和重叠的问题。在该组织成员国中，俄、哈、吉、塔、乌都是独联体成员国，而且俄、哈、吉、塔还是集体安全条约组织成员国。集安组织内也设立了反恐中心。上合组织成员国俄、哈、吉同时又是欧亚经济联盟的成员国，后者的目标是在2025年前实现联盟内部商品、服务、资本和劳动力自由流动，并推行协调一致的经济政策。组织机构的交叉和重叠给上合组织的运行带来一定困难。此外，还需要建立上合组织协议执行情况的监督机制。《上海合作组织宪章》规定，各成员国对上合组织宪章和决议所规定的义务执行情况，由本组织各机构在其权力范围内进行监督。此外，还应该在组织内建立纵向监督机制，以避免决议出现没有执行力的尴尬情况。而且，还要继续大力巩固与发展经贸合作。上合组织高举区域合作的大旗，催生了强大的凝聚力，激发了积极的合作意愿，为促进地区稳定和繁荣做出重要贡献。上合组织助力"一带一路"与

---

① Выступление и ответы на вопросы СМИ Министра иностранных дел Российской Федерации С. В. Лаврова в ходе пресс - конференции по итогам видеоконференции министров иностранных дел России, Индии и Китая, Москва, 23 июня 2020 года, https://www.mid.ru/ru/foreign_policy/news/-/asset_publisher/cKNonkJE02Bw/content/id/4171520.

欧亚经济联盟对接，也是需要以强大的经济关系为基础。为了明确合作的长远目标和前景，需要在本组织框架内细化长期合作纲要，从而实现本组织长期稳定的发展。①

结　语

上海合作组织伴随中国的改革开放和社会主义现代化建设而成长。研究上海合作组织成立以来的二十年，需要从中国发展的全局以及中国外交的总体要求、从俄罗斯及欧亚和全球形势的变化着眼，只有这样，才能更好地观察上海合作组织的发展，才能更好地理解上海合作组织与中国特色大国外交的关系。

（一）上海合作组织发展的内在动力是各成员国国家利益的一致性

上海合作组织的成立是中国外交的辉煌胜利，同时也使中国外交面临一个崭新的课题。建立和发展上海合作组织归根到底是为中国的国家利益服务；建立和发展上海合作组织，有利于中国在欧亚大陆构筑战略缓冲区和安全屏障。这个最重要的历史成果在当前国际博弈的激烈背景下显得尤为珍贵。在国际事务和国际组织中，在维护世界和平以及地区安全和稳定方面，在推动世界多极化和建立国际新秩序方面，在实现国家统一的进程中，上海合作组织及其成员国完全可以成为中国在国际上的战略依托和战略伙伴。可靠的战略后方对于中国的意义是不言而喻的。

上合组织不仅对于中国，而且对于上合组织其他创始成员国来说其意义都同样重大。简而言之，上海合作组织是俄罗斯实现东部战略稳定的支柱；同时，对于哈、吉、塔、乌而言，在地理上处于俄罗斯和中国两个大国之间，"命中注定"它们只有同这两个大国保持长期稳定的睦邻友好和合作关系，才能使自己国家的安全有可靠保障。总之，可以肯定地说，推动上海合

---

① 庞大鹏：《中国对外战略中的上海合作组织》，《世界知识》2020年第20期。

作组织发展的内在动力是各成员国国家利益的一致性或者说在重大国家利益领域的相互吻合。

（二）上海合作组织取得历史性成就的根本在于习近平外交思想的科学指引

进入新时代以来，中国在观察国际形势时，特别注意要把"中国自己"摆进去。如果说过去中国在外交上遇到的问题和麻烦主要是由外部世界的变化引起的，那么现在遇到的问题和麻烦在一定的意义上是由中国的迅速成长带来的。应该看到，对中国的快速发展，世界和中国自己都没有做好心理和政策上的准备。

随着中国稳居世界第二大经济体的位置，中国全球性大国的属性也逐渐显现。时代的发展要求中国回答一个问题：中国如何全面均衡地处理与外部世界的关系？研究中国快速发展对世界的影响成为观察国际形势必不可少的视角。只有这样，才能得出比较全面的认识和正确的结论。

2013年3月，习近平主席担任国家主席后首次出访，就在俄罗斯提出应推动建立以合作共赢为核心的新型国际关系。2014年11月，习近平主席在中央外事工作会议上强调："要跟上时代前进步伐，就不能身体已进入21世纪，而脑袋还停留在冷战思维、零和博弈的旧时代。……应该积极倡导共同、综合、合作、可持续的亚洲安全观，创新安全理念，搭建地区安全和合作新架构，努力走出一条共建、共享、共赢的亚洲安全之路。"[①] 中国把合作共赢理念落实在政治、经济、安全、文化等对外合作的方方面面，将构建以合作共赢为核心的新型国际关系作为中国外交的重要指导思想。

2015年9月，习近平主席在出席联合国成立七十周年系列峰会期间，在联合国讲坛上提出："我们要继承和弘扬联合国宪章的宗旨和原则，构建以合作共赢为核心的新型国际关系，打造人类命运共同体。"[②] 这一倡议成

[①] 《习近平谈治国理政》，外文出版社，2014，第354页。
[②] 《习近平谈治国理政》第2卷，外文出版社，2017，第522页。

为被各国普遍认同和接受的思想理念。2017年，党的十九大报告也明确指出要推动建设相互尊重、公平正义、合作共赢的新型国际关系。将"高举和平、发展、合作、共赢的旗帜，坚持和平发展道路，推动构建人类命运共同体"作为中国特色大国外交的发展目标。

（三）继续深入学习贯彻习近平外交思想，不断开创上合组织发展的新局面

习近平外交思想充分体现了中国共产党为中国人民谋幸福、为中华民族谋复兴、为人类社会谋和平与发展的使命担当。在当前复杂的国际背景下，以什么样的精神状态对待这项事业在今后上合组织的发展中将起决定性的作用。这就要求我们必须继续深入学习贯彻习近平外交思想，不断开创中国特色大国外交新局面。

一是要继往开来，与时俱进。过去二十年，中国在上合组织地区的工作已经取得了重大的成就，积累了丰富的经验。现在应该在已有成就和经验的基础上，面对新时代，解决新问题，开拓前进，坚定地把推进上海合作组织发展这一具有重大历史意义的大事办好。

二是要不畏艰难，锲而不舍。既然上海合作组织的建立符合时代的潮流，符合中国的国家利益，那么在推动该组织向前发展的过程中，不管遇到什么样的困难，都不能气馁、灰心和退缩。

三是要立志高远，始于足下。欧盟经过七十年才发展到今天这样的水平。上海合作组织也必然要经过一个漫长的历史发展过程。所以，一方面要立志高远，站在历史的高度，为实现这个宏伟的目标而努力奋斗；另一方面，又要有"千里之行，始于足下"的精神，扎扎实实地做好眼前的每一件事，一步一个脚印、小心谨慎地向前走。

"潮平两岸阔，风正一帆悬。"上海合作组织在历经考验和磨炼之后，正比以往任何时期都更加平稳地行驶在历史长河之中。无论国际风云如何变幻，上合组织在各成员国齐心协力的努力下，继续坚定维护多边主义，继续有效凝聚时代共识，与时俱进，将会在地区稳定与发展中取得更大成绩。

重 要 会 议
Important Meetings

Y.2
团结协作引领新时代

——上海合作组织成员国元首理事会第二十次会议

杨 进*

摘　要： 在新冠肺炎疫情全球大流行的背景下，上海合作组织成员国元首理事会第二十次会议在历史上首次采用视频会议形式举行，会议取得了圆满成功，有力推进了上海合作组织命运共同体的构建。本次会议，元首们围绕疫情防治、公共卫生共同体建设、地区安全、贸易、经济以及人文领域的合作深入讨论，旨在加强成员国之间的政治对话、维护地区国家的稳定并提高经贸合作的效率。本次峰会意义重大，在疫情危机尚未结束，世界面临巨大稳定与发展的威胁与挑战背景下，本次上合组织峰会所形成的共识及相关文件，有助于加强组织空间内的团结与合作，促进各方共同克服疫情蔓延所带来

---

* 杨进，中国社会科学院俄罗斯东欧中亚研究所中亚室副主任，副研究员。

的公共卫生难题并对成员国早日实现复工复产、加强国际合作并推动经济社会健康发展具有重要影响。

关键词： 上海合作组织元首理事会第二十次会议 新冠肺炎疫情 命运共同体

2020年新冠肺炎疫情蔓延全球，上海合作组织成员国深受影响。在此背景下，上海合作组织成员国元首理事会第二十次会议的召开具有特殊意义。疫情影响的不仅仅是各国民众的生命健康安全，还直接冲击了组织空间内各国经济社会发展的正常秩序。各成员国经济增长均受到明显遏制，除中国外，绝大多数国家陷入经济负增长状态，失业、贫困，粮食供应紧张等现象较为突出。与此同时，一些成员国、观察员国、对话伙伴国因为政治选举而出现了政治动荡形势，应该说本组织空间国家正在遭遇罕见的稳定和发展困境。上海合作组织本次峰会正是围绕维护地区稳定与安全、降低和消除新冠肺炎疫情蔓延带来的经济社会危机、加强成员国之间贸易和经济合作、深化人文交流、促进地区和谐发展等话题展开，本次峰会举办进程顺利圆满，成果十分丰富。

一 峰会的过程

上海合作组织成员国元首理事会第二十次会议原定2020年7月21～23日在轮值主席国俄罗斯的圣彼得堡举办，随着2020年初全球新冠肺炎疫情的逐步蔓延，对会议日期和会议形式也相应进行了调整。9月，俄罗斯总统上海合作组织事务特别代表哈基莫夫对俄罗斯卫星通讯社表示，峰会将大致定于11月召开。10月21日，根据上海合作组织成员国之间的协商，俄罗斯上合组织峰会组委会宣布本次峰会召开时间为11月10日，并以视频形式举行。

11月5日，中国外交部举行中外媒体吹风会，外交部副部长乐玉成介绍了国家主席习近平即将出席上海合作组织成员国元首理事会第二十次会议的有关情况。乐玉成表示，应俄罗斯总统普京邀请，中国国家主席习近平将出席本次峰会并发表重要讲话。

11月10日，峰会如期举行。按照上合组织规则，本次峰会由上海合作组织轮值主席国领导人即俄罗斯总统普京主持。中国国家主席习近平、哈萨克斯坦总统托卡耶夫、吉尔吉斯斯坦代总统扎帕罗夫、塔吉克斯坦总统拉赫蒙、乌兹别克斯坦总统米尔济约耶夫、印度总理莫迪、巴基斯坦总理伊姆兰·汗等成员国领导人，以及上海合作组织秘书长诺罗夫、上合组织地区反恐怖机构执委会主任吉约索夫等常设机构负责人，观察员国领导人伊朗总统鲁哈尼、阿富汗总统加尼、白俄罗斯总理戈洛夫琴科、蒙古国总统巴特图勒嘎和联合国秘书长古特雷斯等参加会议。

会议决定，由塔吉克斯坦接任上海合作组织轮值主席国。

经成员国元首深入讨论，本次会议通过并发表了《上海合作组织成员国元首理事会莫斯科宣言》（简称《莫斯科宣言》），并对第二次世界大战胜利七十五周年、共同应对新冠肺炎疫情、数字经济领域合作、打击利用互联网等渠道传播"三股势力"思想以及应对毒品等一系列问题发表了联合声明。

二 《莫斯科宣言》的主要内容

作为本次峰会最为重要的成果之一，会议通过和发表的《上海合作组织成员国元首理事会莫斯科宣言》主要由引言部分、安全合作、议会合作、司法合作、经贸合作和人文合作等部分组成，其中，最为翔实和深入的是安全合作、经贸合作和人文合作三个部分。①

《莫斯科宣言》引言部分指出了当今世界国际关系格局的基本特点及其变化，肯定了第二次世界大战胜利七十五周年的伟大历史意义，表达了成员

---

① 本节详细内容参见《上海合作组织成员国元首理事会莫斯科宣言》，https：//baijiahao.baidu.com/s？id=1683000068121610632&wfr=spider&for=pc。

国继续推动上合组织发挥支柱性作用、坚定支持联合国和维护联合国作为多边国际组织的权威、坚定坚持以《联合国宪章》和国际法为基础努力构建更具权威和更加公平合理国际秩序的决心,特别强调了上合组织作为国家关系体系中的重要组成部分,其承担的重要责任、所坚持的基本原则,以及"上海精神"对本组织健康发展的重要性,提出要认真落实上海合作组织签署的一系列重要文件,进一步加强政策沟通、设施联通、贸易畅通、资金融通和民心相通等相关工作。

在安全合作方面,《莫斯科宣言》强调,恐怖主义、分裂主义、极端主义、毒品走私、跨国有组织犯罪,以及利用互联网犯罪已经成为国际安全领域的主要威胁,成员国强调要在联合国框架内加大协调力度,减少上述威胁。在叙利亚问题上,成员国强调了维护叙利亚主权、独立和领土完整的重要性,认为对话是解决问题的唯一途径。成员国将继续推动并落实《上海合作组织成员国打击恐怖主义、分裂主义和极端主义2019年至2021年合作纲要》,以此确保上海合作组织空间地区安全,呼吁尽快通过《联合国全面反恐公约》。宣言认为,上海合作组织地区反恐怖机构应该在安全领域发挥积极作用。

《莫斯科宣言》对上合组织框架内包括"团结协作2019~2021""厦门-2019"等一系列联合反恐军事演习进行了积极评价,并欢迎塔吉克斯坦通过的"杜尚别进程"及其相关努力,强调各方必须加强合作,防范和阻止"三股势力"思想的传播,指出要在武装冲突地区采取人道主义行动,表达了对毒品威胁地区安全和稳定的关切,强调坚定维护和巩固以包括《麻醉品单一公约》在内的三大国际公约为基础的现行国际禁毒体制的重要性,指出成员国将支持上海合作组织同联合国毒品和犯罪问题办公室进行对话并举办活动,协调相关立场,展开相关合作。《莫斯科宣言》认为,要研究并制定上海合作组织秘书处与中亚地区禁毒信息协调中心的合作谅解备忘录,支持两大机构之间的相互合作。

《莫斯科宣言》还就裁军、军控、核不扩散和和平利用核能、全球反导系统、防止外空武器化等问题表述了共同立场,指出必须坚定支持《禁止生物武器公约》《制止核恐怖主义行为国际条约》《禁止化学武器公约》

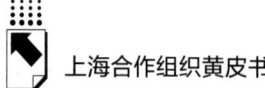

的相关谈判以及有效执行。指出继续执行伊朗核问题全面协议的至关重要性。在现代信息通信技术领域，《莫斯科宣言》明确表示反对任何借口下的歧视性做法，反对阻碍数字经济和通信技术发展。成员国还强调尽快解决阿富汗问题是维护和巩固上海合作组织空间稳定的重要因素，上海合作组织有必要加强与亚信会议的进一步联系。

《莫斯科宣言》还强调了加强成员国立法机构和司法机构之间合作的重要性并探索加强这一联系与合作的路径。

关于经贸合作，《莫斯科宣言》提出，全球经济治理体系的完善具有重要意义，上合组织将以世界贸易组织为核心，维护和巩固多边贸易体制，反对单边贸易保护主义行为，强调各方应该履行世界贸易组织规定的义务。成员国将协调其在世界贸易组织部长级会议上的相关立场。成员国一致同意将加强贸易、产能、能源、投资、金融、交通、农业、电信、海关、信息技术等领域的合作。成员国将共同努力，创造条件，推动上海合作组织经贸和投资合作走向深入，推进成员国之间商品、资本、服务和技术等的自由流通，构建地区贸易便利化机制。

《莫斯科宣言》指出，各成员国支持中国提出的"一带一路"倡议，肯定成员国为推动和实施"一带一路"倡议，以及促进"一带一路"与欧亚经济联盟对接合作做出的贡献。《莫斯科宣言》注意到了俄罗斯关于在上海合作组织、欧亚经济联盟、东盟以及其他相关国家参与框架下构建大欧亚伙伴关系的倡议。《莫斯科宣言》强调，《上海合作组织成员国多边经贸合作纲要》及其落实意义重大，成员国应该在数字经济领域开展互利合作和经验交流，支持发展数字技术，并注意到中国提出的关于加强高新技术和技术成果产业化合作的倡议。支持落实《上海合作组织成员国关于数字化和信息通信技术领域合作的构想》。

《莫斯科宣言》强调，成员国应就上海合作组织开发银行和发展基金（专门账户）等相关问题继续进行协商。成员国应该在地区发展战略规划方面加强合作，包括在帮助偏远地区、农村和人口稀少地区实现数字化，促进城市生态环境改善等方面达成共识，根据《上海合作组织宪章》以及《上海合作组织成员国关于在数字化时代发展偏远和农村地区的合作构想》拟订相关计划，采取相关措施，加强这一领域的合作。

《莫斯科宣言》还强调加强成员国经济智库间合作的重要性。指出，应该更加关注可持续发展和水资源综合管理问题，支持塔吉克斯坦提出的2018~2028年"水促进可持续发展"国际行动十年倡议。成员国将推动落实《上海合作组织成员国地方合作发展纲要》，加强地方合作。成员国将支持上海合作组织实业家委员会和银联体的工作，支持实业界实施地区金融、高科技、基础设施、能源和投资领域的相关合作项目。

《莫斯科宣言》强调，成员国将继续加大交通合作力度，新建和改造现有国际公路、铁路交通线路以及多式联运走廊，加快商谈《关于建立和运行交通运输一体化管理系统框架协定》草案。支持落实《上海合作组织成员国铁路部门协作构想》，并加强成员国之间铁路部门的合作。

《莫斯科宣言》强调，能源和工业领域的合作十分重要，并注意到塔吉克斯坦关于建立上海合作组织框架下能源部长会议机制和工业部长会议机制的倡议。

成员国强调加强农业合作的重要性，将推动和落实《上海合作组织成员国粮食安全合作纲要》。《莫斯科宣言》指出，继续商谈并制订纲要落实行动计划是促进该领域合作的重要举措。成员国将支持科技园区建设，发掘科技园区经济潜力并促进创新发展。《莫斯科宣言》注意到哈萨克斯坦提出的关于成立上海合作组织多边合作框架下"科技园区库"的倡议，强调成员国将致力于上合组织框架内的科技合作，加强科研合作，推动各国科学家和科研机构交流，创新经济增长点，应对成员国面临的社会挑战。成员国对咸海危机及其严重后果深感关切，强调加强与联合国及相关国际机构的合作对于解决咸海危机意义重大。

关于人文合作。《莫斯科宣言》指出，成员国倡导文明对话，将加强在教育、科技、人文和旅游等领域的合作，鼓励开展文化对话，保护文化多样性，开展地区文化和自然遗产研究和保护。在相关协议框架内将举办国际艺术节和比赛，深化在音乐、戏剧、造型艺术、电影等领域合作，加强旅游合

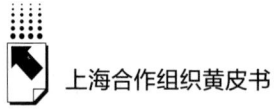

作，促进人员往来，开展青年交流等，认为确定2021年为上海合作组织文化年十分重要。

《莫斯科宣言》还强调了定期举办上海合作组织妇女论坛、大会、会议的重要性，指出女性应该更加广泛地参与政治、经济、社会等领域的活动。《莫斯科宣言》指出，体育是促进和平、实现社会融合，推动人类持续发展的重要方面，反对任何利用体育从事以政治为目标的行为，成员国支持推动落实《上海合作组织成员国主管部门间体育领域合作协议》。同时注意到，塔吉克斯坦提出了成立体育机构领导人会议机制的倡议，成员国欢迎定期举办组织框架内包括昆明马拉松赛和伊塞克湖马拉松赛等在内的国际比赛。

《莫斯科宣言》指出，成员国还将加强在国际旅游领域的合作，增加各国之间游客往来频次，努力推动与世界旅游组织的合作，继续支持"上海合作组织八大奇迹"系列活动，努力构建上海合作组织框架下的旅游统一空间，等等。

三 习近平主席讲话的主要内容和精神

在本次峰会上，中国国家主席习近平发表了题为《弘扬上海精神　深化团结协作　构建更加紧密的命运共同体》的重要讲话，受到与会各国领导人高度赞同。①

习主席在讲话中首先高度评价了普京总统和俄罗斯作为轮值主席国为本次会议所做的精心准备和贡献，并总结了上海合作组织成立以来走过的不平凡历程，对上海合作组织遵循"上海精神"，通过加强政治、经济、安全和人文合作，树立新型国际关系典范给予高度赞许，并肯定了本组织自新冠肺炎疫情发生以来在国际抗疫合作中取得的成就。关于当前国际形势，习主席指出，新冠肺炎疫情加速了国际格局调整，世界正在进入"动荡变革期"，

---

① 本节详细内容参见《习近平在上海合作组织成员国元首理事会第二十次会议上的讲话（全文）》，中华人民共和国中央人民政府网站，http：//www.gov.cn/xinwen/2020－11/10/content_ 5560353.htm。

习主席指出了当前国际格局变化的最新特点，提出了"世界怎么了，我们怎么办"的时代之问。他特别强调，在当前形势下，上海合作组织必须弘扬上海精神，深化团结合作，为地区国家发展做出更大贡献，为推动构建人类命运共同体做出更多实践探索。

习主席在讲话中特别强调了以下几点。

第一，加强抗疫合作，构建卫生健康共同体。习主席指出，团结合作是抗击疫情的有力武器，各国应加强联防联控，相互支持，维护公共卫生安全，要支持世界卫生组织发挥关键领导作用，反对将病毒溯源政治化，要加强监测和科研以及疾病预防方面的合作，并倡议成员国疾控中心设立热线联系，及时通报信息。习主席强调了疫苗对战胜疫情的重要性，指出中方在考虑本组织成员国疫苗的需求后将支持更多国家，以保护民众的生命安全和身体健康。

第二，维护安全和稳定，构建安全共同体。习主席特别强调，安全和稳定是国家发展的首要前提，国家应该遵循共同、综合、合作和可持续的安全观，要坚定支持有关国家依法推进重大国内政治议程，坚决反对外部势力以任何借口干涉成员国内政。要严防"三股势力"，遏制毒品泛滥趋势，并遏制极端主义思想传播，要重视生物安全、数据和外空安全，欢迎各方参与中国发起的"全球数据安全倡议"，支持和帮助阿富汗和平重建。

第三，深化务实合作，构建发展共同体。习主席强调了共同发展和可持续发展的重要性，指出要秉持创新、协调、绿色、开放和共享的发展理念，要推动"一带一路"倡议同各国发展战略包括与欧亚经济联盟战略的对接合作，畅通经济循环，要通过加强人员往来和货物运输，加快复工复产进程，要创造良好的营商环境，扩大相互投资。要加强数字经济、电子商务、人工智能和智慧城市等领域的合作，坚持以人为本，实施更多的民生工程，在本组织框架内设立减贫联合工作组，分享减贫成功经验。

第四，促进民心相通，构建人文共同体。习主席强调，要促进文明互学互鉴，夯实上海合作组织民意基础。要积极利用各类媒体，广泛宣传上合发展成就，使本组织发展理念更加深入民心，大力发展教育、文化、旅游、体

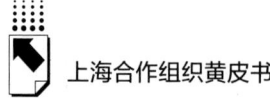

育、媒体、妇女等各领域的合作。办好民间友好论坛,办好青年交流营活动。要推进常态化疫情防控和其他领域合作,要发挥好秘书处和地区反恐怖机构的协调作用,成员国要支持常设机构工作。

第五,要以史为鉴,以实际行动践行多边主义。要完善全球治理、维护国际秩序,全球事务要由各国人民一起商量着办,大家携手建设治理体系,各国人民应共享发展成果。习主席指出,中国的发展离不开世界,世界的繁荣离不开中国,中国正加快形成以国内大循环为主体,国内国际双循环互相促进的新发展格局。习主席祝贺塔吉克斯坦担任上合组织轮值国主席,并表示中国将积极支持塔方工作。习主席还呼吁上合组织成员国高举"上海精神"的旗帜,推进本组织更大发展,构建更加紧密的地区命运共同体。

四 峰会的重要意义

本次峰会是在全球新冠肺炎疫情仍在蔓延,国际格局和国际形势发生巨大变化的背景下召开的,尽管会议以视频方式进行,但是从峰会成果看,此次峰会不亚于以往任何一届峰会。峰会发表的宣言和签署的一系列文件,是对当前全球、欧亚地区以及上海合作组织空间内变化中的形势以及本组织未来发展方向和工作要求做出的准确回应和总结,其意义无疑是十分重大的。

第一,在新冠肺炎疫情继续蔓延和国际、地区形势日趋复杂的背景下,上海合作组织成员国、观察员国和对话伙伴国领导人积极参会并向峰会提出反映本国真实意愿的观点、立场和倡议,充分表明了上海合作组织依然具有很高的吸引力和凝聚力,而成员国希望通过上海合作组织的多边合作实现本地区以及本国的安全、稳定和发展目标,也是今后上海合作组织健康发展的原动力。

第二,本次峰会通过的宣言以及签署的合作文件,都是本年度或者事关上海合作组织未来发展的重要规划、工作原则和行动指南,针对性极强,对于指导成员国在抗疫、复工复产、恢复经济发展、维护国家和地区安全和稳定等领域合作有着积极的作用,一些关于国际和地区形势的判断及立场也表明了各国政治合作的强烈愿望。

第三，从本次上海合作组织成员国元首理事会通过的宣言和协议看，本组织在多边合作领域更加趋于务实，一些过去多边合作的空白点或者薄弱点都被逐步提上议事日程，例如在粮食安全、数字化合作、地方合作和一些部门合作方面，都在不断拓展合作新领域，开辟合作新路径，各成员国提出新倡议的积极性得到了会议高度关注和肯定。

第四，上海合作组织通过本次峰会的成功举办经受了国际和地区形势日趋复杂化条件下的严峻考验，"上海精神"依然是成员国看重并秉持的基本合作理念，安全、经济和人文领域的合作依然是本组织多边框架合作的主要职能和重点，上海合作组织自身建设依然处于不断完善的进程之中。

2020年是上海合作组织发展历史上不平凡的一年。新冠肺炎疫情的肆虐以及全球经济的下滑给全球稳定、安全和发展带来了严重影响，国际上单边主义、民族主义和民粹主义思潮抬头，国际冲突频仍，本组织地区面临一系列严重挑战。本次上海合作组织峰会顺利召开以及形成的系列新成果表明，上合组织依然具有巨大的发展动力，拥有美好的发展前景，成员国将继续秉持"上海精神"，不断强化组织框架内的全面合作，应对国际和地区面临的新挑战，为维护地区和平、稳定与繁荣，推动构建地区命运共同体做出新的更大贡献。

Y.3
上合组织成员国政府首脑（总理）理事会第十九次会议：抗疫中的务实合作

张 弘*

摘　要： 2020年的上合组织成员国政府首脑（总理）理事会（简称总理会议）是一次特殊的领导人外交活动，新冠肺炎疫情大流行凸显务实合作的现实意义。新冠肺炎疫情导致全球性公共卫生危机和全球性的经济衰退。为了应对挑战，中国与上合组织成员国一道坚决维护地区安全，联合采取抗疫行动，推动数字经济和贸易投资自由化建设。此次总理会议签署了一系列成果文件，在联合抵御新冠肺炎疫情的背景下，上合组织成员国的合作进一步加强，合作机制化水平有所提升，彰显了"上海精神"的巨大影响力。

关键词： 上合组织　新冠肺炎疫情　创新经济

2020年11月30日，上海合作组织（以下简称"上合组织"）成员国政府首脑（总理）理事会第十九次会议举行，八个成员国政府首脑出席了此次会议。不同于以往的是，由于新冠肺炎疫情的流行，此次会议以网上视频会议的形式举行。在全球新冠病毒肆虐的背景下，本次上合组织成员国政府首脑（总理）理事会会议更具有十分重要的现实意义。上合组织成立二十

---

* 张弘，博士，中国社会科学院俄罗斯东欧中亚研究所研究员。

年来第一次将总理会议的重点确定为加强疫情背景下的经济和安全合作。成员国政府首脑讨论了抗击新冠肺炎疫情及提振经济的各种举措,在人员流动受限的背景下推动经济数字化,加深贸易、经济和投资领域合作,扩大本国货币结算等问题。作为议程的一部分,此次总理会议还就《〈上海合作组织至2025年发展战略〉2016—2020年落实行动计划》的执行情况、执行多边贸易和经济合作计划以及在数字化时代发展边远和农村地区的合作等问题交换了意见。

一 本次上合组织总理会议的特殊背景

2020年对全球各国来说都是极为艰难的一年,新冠肺炎疫情流行不仅使各国人民承受巨大的健康压力,也导致全球经济的大衰退。新冠肺炎疫情大流行暴露并加剧了许多国家内部、各国之间的脆弱性和不平等。疫情危机导致地缘政治紧张局势加剧,要求种族、社会和气候公正的呼声越来越迫切。新冠肺炎疫情作为一种全球性的非传统安全威胁,任何国家都很难单独应对其带来的冲击,无论发达国家还是发展中国家都强烈地感受到多边主义的重要性。上合组织作为欧亚地区重要的国际组织之一,其成员国在应对新冠肺炎疫情方面有着普遍的共识,在全球层面上积极支持联合国和世界卫生组织的行动,在地区层面互相配合,互相支持联合抗击疫情的行动。

(一)严重的公共卫生危机

新冠肺炎疫情已成为人类近百年来面临的最大一场公共卫生危机,给上合组织成员国造成巨大的生命损失。截至2020年12月29日,上合组织成员国新冠病毒感染人数已经超过1427万人,死亡人数超过21万人。

2020年随着秋冬季来临以及全球多地出现新一轮疫情,各国新冠肺炎疫情明显反弹,感染人数和死亡病例攀升。俄罗斯和印度每日新增感染人数已经超过万人,再次来袭的新冠肺炎疫情让上合组织成员国的公共卫生部门承受着巨大的压力(见表1)。

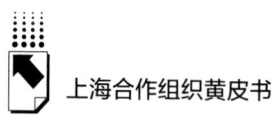

表1 上合组织成员国新冠肺炎疫情状况（截至2020年12月29日）

单位：人

国家	感染人数	死亡人数	2020年12月29日新增人数
印度	10224303	148153	16432
俄罗斯	3105037	55827	27002
巴基斯坦	475085	9992	1776
哈萨克斯坦	198659	2755	757
中国	95773	4777	88
吉尔吉斯斯坦	80654	1353	162
乌兹别克斯坦	76907	613	81
塔吉克斯坦	13237	90	32

资料来源：Официальная информация о коронавирусе в России, https：//stopkoronavirus.ru/；Johns Hopkins Coronavirus Resource Center, https：//coronavirus.jhu.edu/map.html。

（二）全球性的经济衰退

由于新冠肺炎疫情的影响，各国在2020年上半年普遍实行了关闭边界、限制国际旅行和经济活动的措施，各国经济普遍因此而陷入衰退，2020年全球经济出现了明显的滑坡。据世界银行发布的《全球经济展望》预测，2020年全球经济将整体下降，中亚国家经济整体降幅为1.7%，相较于2019年整体增长4.9%出现明显回落。这是自1995年以来中亚地区遭遇的最大经济衰退。世界银行预计，严重依赖商品出口和侨汇的中亚国家在2020年经济增长可能达到-1.7%。

2020年上合组织成员国的财政赤字普遍有所增长。各国政府为了保民生、稳就业，对企业实施了大规模的减税，同时实施积极的财政政策，政府赤字规模有所扩大。中国的财政赤字从2019年的2.8%扩大到2020年的3.6%。俄罗斯财政盈余从2019年占GDP的1.7%降至2020年的-3.9%。[1]

---

[1] Дефицит бюджета РФ в 2020 году составит 3.9% ВВП, https：//www.interfax.ru/business/743411.

野村证券在 2020 年 12 月预测,印度的财政赤字将从 2020 年占 GDP 的 3.5% 扩大至 2021 年占 GDP 的 8.6%。①

(三)复杂的国际政治环境

自特朗普入主白宫以来,美国的单边主义和保护主义日益流行,导致全球秩序受到严重的冲击。美国先后退出了《跨太平洋伙伴关系协定》《巴黎协定》《移民问题全球契约》《维也纳外交关系公约》《伊朗核协议》《中导条约》《北美自由贸易协定》《武器贸易条约》《开放天空条约》等条约。与此同时,美国也退出了很多国际组织,如联合国教科文组织、万国邮政联盟、联合国人权机构和世界卫生组织。特朗普不仅挑起与中国的贸易摩擦,还发起了对欧盟的贸易摩擦,指责欧盟对空客公司进行违规补贴,双方在北约军费问题上的矛盾也导致特朗普决定从德国撤出驻军,部分美军迁移至波兰和罗马尼亚等国。贸易保护主义冲击国际贸易,逆全球化思潮不断抬头,贸易投资受到壁垒阻挡,全球产业供应链濒临断裂。特朗普政府的毁约和"退群"行为导致国际体系越来越碎片化,难以形成合力,限制了国际组织应对全球性挑战的努力。中国国务委员兼外长王毅指出:"2020 年可能是国际秩序和国际关系受到损害最大的一年。"②

新冠肺炎疫情导致全球贫困化有所上升,贫富差距加大,一些国家和地区的宗教和阶层矛盾上升,中亚的地缘安全压力有所抬头。需要指出,中亚地区周边的阿富汗和克什米尔地区的地缘安全形势在 2020 年出现了一定程度的复杂化,宗教矛盾和领土争端相互影响,导致地区形势紧张。特朗普政府加快了从阿富汗撤军的速度,但是塔利班与美国和阿富汗政府的谈判并未取得预期的效果,这无疑会给上合组织成员国带来一定的压力。在以"伊

---

① India fiscal deficit could widen to 8.6% in FY21:Nomura,https://m.economictimes.com/news/economy/indicators/india-fiscal-deficit-could-widen-to-8-6-in-fy21-nomura/amp_articleshow/79663777.cms.

② 《2020 年可能是国际秩序和国际关系受到损害最大的一年》,中国外交部网站,http://new.fmprc.gov.cn/web/wjdt_674879/wjbxw_674885/t1841310.shtml.

斯兰国"为代表的国际极端主义受到重创后,中亚地区宗教极端势力活动呈现小型化和碎片化特征。极端分子借助互联网和网络社交平台传播宗教极端思想,煽动民众对政府的不满情绪,极端主义思想有不同程度的回升。受民粹主义影响,中亚国家的民族主义情绪有所上升,排外情绪有所蔓延,刺激极端群体参与街头抗议活动。2020年10月初,吉尔吉斯斯坦议会选举结果出炉后,国内局势一度陷入混乱。骚乱爆发后,吉尔吉斯斯坦中央选举委员会宣布选举结果无效,吉尔吉斯斯坦总理博罗诺夫、议长茹马别科夫和总统热恩别科夫先后宣布辞职,吉尔吉斯斯坦中央选举委员会决定于2021年1月10日举行新的总统选举。2021年1月28日,扎帕罗夫宣誓就任吉尔吉斯斯坦总统。

二 上合组织总理会议的成果

为了应对全球性的新冠肺炎疫情大流行,应对复杂的国际政治和经济秩序,上合组织成员国积极行动。李克强总理指出,新冠肺炎疫情发生以来,上海合作组织成员国弘扬"上海精神",携手抗击疫情,各成员国在外交、物资和技术上相互支持,分享新冠病毒的防治经验,共同维护了地区发展稳定。① 疫情在中国出现之初,上合组织其他国家领导人纷纷表示支持中国,并向中国捐赠药品、设备和防护物资。2020年4月以后,中国也积极向上合组织其他成员国提供防疫物资和技术支持,并应邀向一些国家派遣医疗专家。

上合组织总理会议的主要任务就是研究组织框架内多边合作的战略与优先方向,解决经济合作等领域的原则和迫切问题,并批准组织年度预算。也就是说落实成员国元首峰会达成的各项共识和战略。2020年11月,成员国元首峰会通过一系列合作文件,其中包括《莫斯科宣言》《〈上海合作组织至2025年发展战略〉2021—2025年行动计划》《上海合作组织成员国在数

---

① 《李克强总理在上海合作组织成员国政府首脑(总理)理事会第十九次会议上的讲话》,人民网,http://cpc.people.com.cn/n1/2020/1201/c64094-31950206.html。

字化时代发展偏远和农村地区的合作构想》《上合组织成员国应对地区流行病威胁的联合行动综合计划》等。各方承诺加强政治对话，维护上合组织成员国的稳定，提高经贸合作效率等。在12月初的总理会议上，各国政府首脑将落实元首峰会制定的目标作为工作的主要内容。新冠肺炎疫情对于全球和地区国家都是一场较大的公共卫生危机，也引发了一系列的政治、经济和安全挑战。此次总理会议就是根据2020年元首峰会通过的《〈实施上海合作组织至2025年发展战略〉2021—2025年行动计划》拿出具体的落实措施。

（一）继续关注地区安全与稳定的主题

"利莫大于治，害莫大于乱。"上合组织成立以来，安全与稳定始终是本组织工作的重点。安全是发展的基石，维护地区安全稳定一直是本组织工作的优先方向。上合组织在维护本地区的安全和稳定方面做了许多工作，有效地防范了地区风险向外扩散，为地区国家的合作创造了有利的环境。上合组织国家注重安全合作，经常举行有针对性的反恐演习，迄今已组织十多次"和平使命"系列联合演习，有力地震慑了威胁中亚地区的各种恐怖主义势力和极端主义组织，为维护地区稳定和发展创造了良好的安全环境。因此，李克强总理在这次上合组织总理会议上指出：中国愿意继续支持成员国联合开展反恐演习，在新冠肺炎疫情大流行背景下严防"三股势力"兴风作浪。加强上合组织的安全机制建设，开展反对极端主义的合作，有效应对网络上的恐怖主义、生物安全等新威胁、新挑战。上合组织总理会议再次强调，上合组织需要扩大和拓展执法安全合作的广度和深度。中国还建议，加强数据安全合作，推动落实《全球数据安全倡议》，提升成员国治理数据安全的能力。未来，上合组织还准备继续利用"上海合作组织—阿富汗联络小组"平台，与阿富汗政府进行合作，推动阿富汗民族和解进程，帮助阿富汗早日实现稳定和发展。

俄罗斯总理米舒斯京指出，上合组织成员国在经济、政治、安全和人道主义等领域都有广阔的合作空间。他强调："明年是上合组织成立二十周年,各国要促进该组织走上自信的集约发展轨道。"俄罗斯认为,有必要整合成员国的国家战略,为多边合作项目制定具体参数,使上海合作组织成为欧亚大陆开放、互利和平等互动空间的关键环节。

印度副总统文卡亚·奈杜在会议上称,恐怖主义是上海合作组织国家面临的最重要威胁。"我们在该地区面临的最重要问题是恐怖主义,特别是跨境恐怖主义。恐怖主义确实是人类的敌人,是我们必须共同斗争的祸害。印度谴责一切形式的恐怖主义。我们仍然对不受管理的空间构成的威胁感到关切,尤其对那些将恐怖主义作为国家政策工具的国家感到关切。"

巴基斯坦外交事务大臣安德利·阿巴斯在会议上表示,巴基斯坦强调区域安全的必要性。他对在有争议领土上生活的人们遭受的一切形式的恐怖主义包括国家恐怖主义进行谴责,并警告说,新纳粹主义和仇视伊斯兰导致的极端主义和种族主义事件最近有所增加。他强调,对巴基斯坦而言,上海合作组织在实现该地区的和平与稳定以及通过多方面的互动和发展区域伙伴关系方面有着极为重要的作用。

(二)巩固地区融合发展的趋势

面对新冠肺炎疫情的冲击,上合组织国家的发展环境发生较大变化,成员国都认识到,需要加强贸易领域的合作,创新合作形式以增加贸易数量和提升贸易质量。

李克强总理指出,我们要充分依托上合组织平台,提升本地区贸易投资自由化、便利化水平,着手建立上合组织区域经济合作制度性安排。努力打破阻碍创新要素流动的壁垒,为各国企业营造开放、合作、非歧视的营商环境。① 继续深化共建"一带一路"倡议同各国发展战略和区域合作倡议相衔接,落实好成员国政府间国际道路运输便利化协定,抓紧制定公路合作文件,推动地区高质量互联互通。结合疫情防控常态化要求,建设好地区

---

① 《李克强总理在上海合作组织成员国政府首脑(总理)理事会第十九次会议上的讲话》,人民网,http://cpc.people.com.cn/n1/2020/1201/c64094-31950206.html。

"快捷通道"和"绿色通道"网络,助力各国复工复产。继续探讨建立上合组织开发银行的可行方案,激活上合组织金融合作。探索现代农业合作模式,拓展农产品贸易,保障地区国家粮食安全。为此,在这次总理会议上中方宣布,中国将发布"中国对上合组织成员国贸易指数",加快中国与上合组织其他成员国地方经贸合作示范区建设、扩大上合组织成员国农业技术交流,加快建设培训和示范基地,推动上合组织成员国务实合作的深入发展。

俄罗斯总理米舒斯京建议,为将上合组织带入"充满信心的发展轨道",应积极落实《〈上海合作组织至2025年发展战略〉2021—2025年行动计划》。米舒斯京指出,通过这个多边经济合作计划,我们将共同解决几乎所有经济领域中最重要的问题——从贸易和运输到空间发展和区域间的相互作用。① 俄罗斯认为,基础设施的首要任务是在2020年底之前开通6条公路运输路线。米舒斯京说:"俄罗斯正尽一切努力来执行此类协议,促成本组织的道路发展计划。"他认为:"需要通过共同努力,确保所有成员遵守其规则,承担所有义务,并消除一些国家企图直接绕过世贸组织规则的尝试。"② 米舒斯京指出,上合组织并不完美,需要进行改革,但它是目前保护地区国家贸易和经济利益的唯一机制。他强调:"有必要使其更加稳定,平稳地运转才能适应新的国际经济环境。"③

哈萨克斯坦总理马明建议,制订《上海合作组织粮食安全合作计划》,增加农业领域投资和创新合作。他认为,发挥成员国的竞争优势,能更好地应对外部和内部的冲击。④ 通过实施上合组织联合投资项目,增强国民经济

---

① Мишустин: РФ считает перспективным развитие в ШОС взаиморасчетов в национальных валютах,https://tass.ru/ekonomika/10129499.
② Владимир Кузьмин,Игра по правилам,Российская газета – Федеральный выпуск № 270(8324),https://rg.ru/2020/11/30/mishustin-obvinil-zapad-v-narushenii-mezhdunarodnyh-principov.html.
③ 同上。
④ Аскар Мамин предложил ШОС усилить сотрудничество в АПК,http://government.kz/ru/news/premer-ministr-rk-a-mamin-predlozhil-usilit-sotrudnichestvo-gosudarstv-shos-v-agropromyshlennoy-sfere-3010039.

的一体化程度，使粮食生产多样化，并增强其稳定性，扩大商品进入成员国市场的途径，通过竞争激发经济潜力，并减少外部冲击的影响。

乌兹别克斯坦总理阿里波夫认为，在新冠肺炎疫情导致全球经济下滑的背景下，许多国家的贸易和经济关系处在困难之中，特别是联合投资项目、运输和通信联系、贸易、旅游业和其他领域遭受了重大损失。为了解决出现的问题，乌方建议，"按照所有卫生要求逐步恢复成员国之间的空中交通，这将为国际商务、人道主义救援和游客交流的恢复创造条件"[1]。目前，乌兹别克斯坦已在撒马尔罕建立了"丝绸之路"国际旅游大学，该大学可为上合组织所有成员国培训旅游领域的专家，准备为所有成员国分配适当的名额。

吉尔吉斯斯坦代总理诺维科夫提议，考虑通过绿色走廊机制简化国家间交换货物的过程，简化通过检查站进出货运车辆程序的可能性。他在讲话中还特别提出，为实现绿色交通走廊机制的建设，上合组织应积极行动起来，打造符合预防流行病学要求的不间断实施货运业务的检疫机制。诺维科夫说："吉尔吉斯斯坦建议，通过建立国家间货物流通的绿色走廊机制，讨论简化通过成员国之间边界货车检查站程序的可能性。"总理诺维科夫强调，加强上合组织国家的合作，将有助于促进地区经济增长，减少失业和改善成员国人民的福祉。

塔吉克斯坦总理拉苏尔佐达在此次会议上特别强调，塔吉克斯坦将其在上海合作组织的成员资格作为外交优先方向，致力于发展与本组织成员国的友好睦邻关系。正在总结该组织成立二十周年的成果，制订成员国未来合作的计划。拉苏尔佐达称，塔吉克斯坦作为上海合作组织的积极成员，重视成员国在经济、贸易、运输、工业、能源、投资等领域的合作，支持在"大丝绸之路"框架内建立经济带，以及共同实施铁路建设的区域项目。

---

[1] Арипов: необходимо поэтапно восстанавливать авиасообщение между странами ШОС, https://uz.sputniknews.ru/radio/20201130/15509238/Aripov-neobkhodimo-poetapno-vosstanavlivat-aviasoobschenie-mezhdu-stranami-ShOS.html.

（三）科技创新

新一轮科技革命和产业变革深入发展，昭示着世界经济的广阔前景。2020年世界经济的一个亮点就是数字经济蓬勃发展，疫情催生了线上经济，数字经济和互联网技术迅猛发展。如何通过科技创新融合实体经济，打造新产业成为此次总理会议的热门话题。李克强总理建议，着力发挥科技创新的引领作用，完善上合组织科技创新合作机制，积极培育智慧城市、人工智能、大数据等领域合作增长点。[①]

李克强总理指出，成员国应该利用好疫情催生的线上经济，促进数字经济和实体经济融合发展，打造新产业和新业态。数字经济是新冠肺炎疫情大流行后世界经济发展的一个新特点，在促进经济发展和产业升级方面具有十分明显的作用，特别是帮助传统制造业和传统商业模式在隔离情况下应对新需求方面发挥了巨大的作用。目前，中方正在筹建中国—上海合作组织技术转移中心，积极筹备第二届成员国青年创新创业大赛，希望通过技术转移中心和大赛为各成员国数字经济合作提供共享平台，携手促进后疫情时代的地区经济复苏和发展。

俄罗斯总理米舒斯京称，俄罗斯愿意与上合组织合作伙伴分享在实施现代技术方面的最佳实践，包括开发人工智能和第五代（5G）通信网络。他指出，在新冠肺炎疫情流行期间，经济数字化和引进现代技术等问题尤为重要。俄罗斯总理表示："俄罗斯准备就5G、云存储、大数据、人工智能、电子政府服务和许多其他技术等主题分享最佳实践。"他认为，数字化将"更有可能实现包容性经济发展，形成新的增长点并提高经济体的投资吸引力"。

乌兹别克斯坦总理阿里波夫认为，加强数字技术的使用是确保经济可持续发展的最重要因素之一。他建议，通过采取联合措施来提高普通民众的数

---

① 《李克强总理出席上合组织成员国政府首脑（总理）理事会第十九次会议》，人民网，http：//paper.people.com.cn/rmrbhwb/html/2020-12/01/content_2020846.htm。

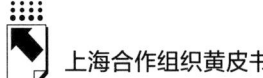

字技能,加快数字技术的投入,共同培养和提升IT专家的能力。他指出:"市场要求在本组织建立新技术和创新合作机制,以应对疫情对人民健康和生活的挑战。"乌兹别克斯坦积极倡议建立上合组织医疗机构网络,共同防治流行病,开发成员国之间远程医疗体系的建设。

吉尔吉斯斯坦代总理诺维科夫指出,发展包括电子商务在内的数字技术十分重要,在组织内部实施全面数字议程可以成为上海合作组织国家经济复苏的一个增长点。

(四)以人为本、关注民生

改善和保障民生是地区国家的优先任务。中亚人口特别是青年的就业问题仍然非常紧迫。根据官方数据,中亚的失业率从2.3%(塔吉克斯坦)到9.3%(乌兹别克斯坦)不等,该地区国家正式失业的总数超过200万人。① 2020年的新冠肺炎疫情大流行无疑会加重中亚地区的贫困化,世界银行中亚贫困与平等项目经理、经济学家威廉·塞茨(William Seitz)指出,新冠肺炎疫情大流行的后果比想象的要严重得多。他预测:根据每天3.2美元的收入计算,中亚约有140万人将陷入贫困。如果按每天5.5美元的工资来计算贫困指标,这一数字会更高,即大约有260万人处于贫困线以下。② 这也是中亚各国政府普遍重视民生问题的原因所在,各国政府首脑积极就本地区民生领域存在的突出短板和薄弱环节提出合作建议,积极推动开展医疗卫生、扶贫减贫、教育文化合作,希望能让中亚各国人民共享上合组织发展成果。乌兹别克斯坦总理阿里波夫在总理会议上提议,应制订一项上合组织联合减贫的合作计划,以消除贫困。阿里波夫总理建议,举行以减少贫困为主题的国际论坛。他还强调,在新冠肺炎疫情防控压力较大的背景下,本组织

---

① Артём Данков, Общество и экономика Центральной Азии, РСМД, https://russiancouncil.ru/postsoviet2020 - centralasia - socecon.
② ВБ: из - за пандемии за чертой бедности могут оказаться миллионы граждан ЦА, https://tj.sputniknews.ru/economy/20200625/1031476573/Cental - Asia - pandemia - bednost - milliony - grazhdan.html.

应提出实施联合反危机计划,其中包括相互鼓励投资,消除贸易壁垒,协调海关程序,发展电子商务,等等。

中国在2020年积极与上合组织其他成员国一道积极开展医疗卫生、扶贫减贫、教育文化合作。先后举行了上合组织卫生部长会议、上合组织防疫部门会议、上海合作组织医院合作联盟抗疫国际远程研讨会、中国—上合组织新型冠状病毒性肺炎防控主题交流视频会等多边会议。李克强总理在此次总理会议上也强调,中国愿意将中国疫苗作为全球公共产品,为实现疫苗的可及性和可负担性做出贡献。中方愿面向上合组织国家开展减贫培训,为各国改善民生提供力所能及的帮助。李克强总理建议加大上合组织大学建设力度,新增一批项目院校和专业,共同培养面向未来的优质人才。

目前,中国生产的新冠疫苗正在上合组织成员国乌兹别克斯坦、巴基斯坦进行三期临床试验。俄罗斯生产的新冠疫苗在哈萨克斯坦进行相关实验。可以说,上合组织成员国在应对新冠肺炎疫情大流行方面进行了积极的合作。上合组织成员国在新冠肺炎疫情防控物资、药物和技术使用方面相互支持,共同应对公共卫生危机,成为全球抗击疫情中的一个典范。

三 上合组织总理会议的意义

首先,上合组织总理会议传递出明确的"反危机"立场。各成员国在抗击疫情的过程中,在政治上相互支持,在技术和物资上互通有无,在经济上密切配合。上合组织作为欧亚地区重要的地区组织,在2020年抗击新冠肺炎疫情过程中始终坚持多边主义,赢得了国际声誉。上合组织成员国无论国家大小,无论经济和卫生技术水平高低,都积极支持联合国、世界卫生组织在全球抗疫中的作用,都在疫情面前表现出慷慨的国际主义和人道主义精神,上合组织总理会议传递出明确的"反危机"声音,一切外交、经济、卫生和安全政策的短期目标都是围绕应对新冠肺炎疫情制定的。

其次,此次总理会议反映了上合组织一贯的务实风格。自2001年确立

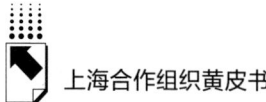

上合组织政府首脑会议机制以来,每一次会议都是对本组织机制化建设的一次提升。上合组织仍然是一个年轻的地区组织,在成员国的共同呵护下,会不断克服困难,共同化解各种新问题和新挑战。李克强总理在上合组织总理会议上的发言,重申了中国国家主席习近平在元首会议上表达的精神,并重在落实上合组织成员国元首峰会确定的战略和计划。通过具体的合作协议,延续了务实合作的专业精神。

最后,总理会议的一系列成果体现了"上海精神"。新冠肺炎疫情流行加剧了许多国家的内部矛盾,削弱了国际政治的整体多边主义。越来越多的国家开始倾向于单边主义,从而加剧了整个国际秩序的混乱和冲突。新冠肺炎疫情在中国蔓延时,上合组织成员国弘扬"上海精神",以实际行动支持中国的抗疫行动。在其他成员国受到疫情冲击后,中国也毫无保留地提供医疗物资援助,协助成员国在华开展采购,分享防控诊疗经验,派出医疗专家组紧急驰援,有力地维护了本地区的公共卫生安全。这场疫情告诉我们,世界各国生活在一个互联互通、休戚与共的地球村里,全球性威胁需要强有力的全球性应对,任何国家都无法独自应对,也不可能独善其身。

政治合作
Political Cooperation

Y.4 上合组织政治合作二十年：回眸与前瞻

邓 浩*

摘 要： 上合组织成立二十年来政治合作不断升级，经历了起步、深化到战略合作三个阶段的发展变化，正朝着构建人类命运共同体的方向发展。提出和践行"上海精神"、坚持开放完成首次扩员、积极参与全球治理是上合组织二十年来政治合作成果的集中体现，引领上合组织不断发展壮大。同时，明显的多元异质性、共同体意识薄弱、美西方保守势力不断干扰以及地区复杂的治理环境等也对上合组织政治合作构成羁绊。但是，未来有利于上合组织成员国政治合作的积极因素仍明显大于不利因素，应着力加强政治协调、提升合作制度化水平，提高合作效率，努力推动上合组织政治合作迈向一个新的更高阶段。

关键词： 上合组织　政治合作　"上海精神"　人类命运共同体

---

* 邓浩，中国上海合作组织研究中心秘书长，中国国际问题研究院研究员。

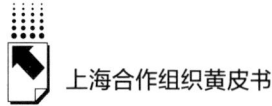

政治合作一直是上合组织成员国合作的重中之重,决定着上合组织的路线方针,关系着上合组织的基本取向和走向,对上合组织具有方向引领作用。在二十年的合作实践中,上合组织始终以"上海精神"为指引,致力于"加强成员国间的相互信任和睦邻友好;发展多领域合作,维护和加强地区和平、安全与稳定,推动建立民主、公正、合理的国际政治经济新秩序"[①],有力地促进了成员国之间的团结合作和政治互信,为上合组织发展壮大奠定了坚实基础。当前,世界正经历百年未有之大变局,国际形势进入动荡变革期,上合组织政治合作面临新的形势和任务,既具有难得的机遇,也面临前所未有的挑战。展望未来,上合组织政治合作潜力巨大、前景广阔。

一 上合组织政治合作的发展历程

2001年6月15日诞生的上合组织是欧亚地区进入21世纪后建立的第一个区域性国际组织,拉开了上合组织政治合作的序幕,开启欧亚地区区域治理新的纪元。从2001年至今,上合组织已走过二十年发展里程。二十年来,上合组织政治合作与时俱进,紧跟时代潮流,紧贴地区实际,正朝着构建上合组织命运共同体的宏大目标稳步前行。上合组织二十年政治合作主要经历了以下三个阶段的发展变化。

(一)第一阶段(2001~2007)

此阶段是上合组织政治合作的起步阶段,以签署《上海合作组织成立宣言》和《上海合作组织宪章》为标志,拉开上合组织政治合作的序幕,确立了组织的基本属性、目标和任务,为成员国政治合作构筑起基本制度和机制,开启了政治合作进程。

一是发布《上海合作组织成立宣言》(2001年)和《上海合作组织宪

---

① 《上海合作组织宪章》,中国人大网,http://www.npc.gov.cn/wxzl/wxzl/2002-10/22/content_301223.htm。

章》(2002年),规定了上合组织的基本宗旨、原则、目标、任务和合作方向,为上合组织政治合作提供了的根本遵循和行动指南。

《上海合作组织成立宣言》是在2001年6月15日上合组织诞生之日由成员国领导人在上海共同签署的,全面、概括地阐释了上合组织遵循的宗旨和原则,确定要加强友好合作,致力于维护和保障地区安全与稳定和推动建立民主、公正、合理的国际政治经济新秩序,并创造性地提出了以"互信、互利、平等、协商、尊重多样文明、谋求共同发展"为基本内容的"上海精神"。

《上海合作组织宪章》是在2002年上合组织圣彼得堡峰会上由成员国元首共同签署的,堪称上合组织的"宪法"。宪章第一次以法律条约的形式规定了上合组织的宗旨、任务、原则和合作方向,倡导"上海精神",强调加强成员国之间睦邻友好,尊重各国独立主权,互不干涉内政,所有成员国一律平等,和平解决成员国分歧,不针对其他国家和国际组织。[①]

二是建立元首理事会、政府首脑(总理)理事会、外交部长理事会等定期会议机制,同时,设立常设机构——国家协调员理事会和秘书处,为上合组织政治合作提供了基本的机制保障。

元首理事会是上合组织的最高决策机构,确定本组织的大政方针,决定其内部结构和运作及与其他国家及国际组织相互协作的原则问题,同时研究最迫切的国际和地区问题。迄今为止,元首理事会已召开20次会议。政府首脑(总理)理事会的职能主要是贯彻和落实元首会议精神和决议,研究本组织框架内多边合作的方向,特别是经济领域发展合作的原则问题,包括在本组织框架内缔结相关政府间多边条约和文件;批准组织年度预算。自2001年以来,上合组织成员国政府首脑(总理)共举行了19次会议。外交部长理事会主要筹备国家元首会议和在组织框架内就国际问题进行磋商,必要时,外长理事会会议可以本组织名义发表声明。迄今为止,上合组织外长

[①] 《上海合作组织宪章》,中国人大网,http://www.npc.gov.cn/wxzl/wxzl/2002-10/22/content_301223.htm。

理事会已经召开20次例会。国家协调员理事会是上海合作组织日常活动的协调和管理机构,是上海合作组织的基层协调机制,主要是协调成员国主管部门的合作并组织其相互协作。秘书处是上合组织主要常设执行机构,主要职能是为本组织的活动提供协调、信息分析、法律和组织技术保障。

三是启动政治合作。遵循"上海精神",依据宪章规定和要求,上合组织开启政治合作实践。

其一,发表元首峰会宣言、总理会议联合公报、外长联合声明,宣示上合组织政治主张和对重大国际问题的立场。其间,引人注目的重大政治行动包括:2001年9月14日,上合组织成员国政府首脑在"9·11"事件发生后不久发表声明,坚决反对一切形式的恐怖主义,支持国际反恐联盟的反恐行动;2002年初,上合组织外长会议提出要建立互信、互利、平等、协作的新型安全观;2005年上合组织阿斯塔纳峰会发表宣言,明确要求美国撤离在中亚的军事基地;2005年11月,上合组织宣布建立上海合作组织—阿富汗联络小组,旨在促进阿富汗和平和解进程;2006年,上合组织上海峰会宣布,在组织框架内建立防御地区冲突和应急反应机制,以预防应对类似吉尔吉斯斯坦非正常政权更迭事件。

其二,开启接受观察员进程。2004年6月,上合组织塔什干第四次元首峰会通过《上海合作组织观察员条例》,明确规定"希望获得本组织观察员地位的国家和组织,必须在尊重成员国主权、领土完整和平等,承认组织宗旨、原则和活动的基础上"① 提交申请。这是上合组织第一次扩大本组织的行动。2004年,蒙古国成为上合组织第一个观察员国。2005年,在上合组织阿斯塔纳第五次元首峰会上,伊朗、巴基斯坦、印度被批准获得观察员国地位。

其三,拉开对外合作序幕。2004年,上合组织获得联合国观察员地位,开始参与全球治理进程。2005年,上合组织与东盟、独联体建立起合作关系,积极加强与地区多边机制的横向联系与协作。

---

① 戚振宏主编《上海合作组织:回眸与前瞻(2001~2018)》,世界知识出版社,2018,第298页。

(二)第二阶段(2007～2015)

这是上合组织政治合作向纵深发展阶段。以《上海合作组织成员国长期睦邻友好合作条约》的签署为标志,上合组织政治合作进入制度合作新阶段。

一是成员国元首在 2017 年比什凯克峰会上签署《上海合作组织成员国长期睦邻友好合作条约》。该条约在上合组织二十年发展史上具有里程碑意义,是与《上海合作组织宪章》同等重要的又一部基础性、纲领性法律文件,代表着上合组织政治合作取得新的重大进展。该条约进一步阐明了上合组织政治合作的宗旨原则,强调要世代友好、永保和平。与《上海合作组织宪章》相比,该条约新增和进一步完善的内容是:发展长期睦邻、友好和合作关系;以和平方式解决彼此间的分歧;相互尊重各自根据本国历史经验和国情选择政治、经济、社会和文化发展道路的权利;不参加任何针对其他成员国的联盟或集团,不支持任何敌视其他成员国的行动;恪守国界不可侵犯的原则,积极致力于加强边境地区军事领域信任;出现威胁某一成员国安全的情况时,该成员国可与其他成员国举行磋商,以妥善应对出现的局势;保障生活在其境内的其他成员国公民的合法权益,并相互提供必要的法律协助,相互承认并保护位于本国境内的其他成员国的合法权益。①

二是加强成员国在地区、国际重大问题上的相互支持和立场协调。2009年,上合组织发表阿富汗问题特别会议宣言,支持阿富汗与巴基斯坦政府间的对话,以推进反恐合作。2010 年,上合组织塔什干峰会积极声援再次经历政治动荡的吉尔吉斯斯坦,表示将给予吉必要的支持与帮助。2012 年,上合组织北京峰会表示反对在西亚北非地区进行武力干预和强行推动政权更迭,认为任何以武力解决伊朗问题的企图都是不可接受的,反对个别国家或国家集团单方面不受限制地加强反导系统。2014 年,上合组织塔什干峰会就阿富汗、叙利亚、乌克兰等热点问题表达了共同立场,并支持对联合国安

---

① 《上海合作组织成员国长期睦邻友好合作条约》,中国人大网,http://www.npc.gov.cn/wxzl/gongbao/2008-12/24/content_1467393.htm。

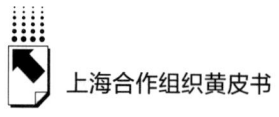

理会进行合理、必要的改革。

三是在对外合作上取得新进展。2008年上合组织杜尚别峰会上通过了《上海合作组织对话伙伴条例》,并在2009年接受斯里兰卡和白俄罗斯为首批对话伙伴国。2012年,土耳其被批准为新的对话伙伴国。当年,阿富汗被批准成为新的观察员国。上合组织大家庭扩大步伐明显加快,标志着上合组织的凝聚力和影响力不断上升。与此同时,上合组织与集体安全条约组织在2007年决定建立并发展平等和建设性的合作关系,与中西亚经济合作组织决定在经贸、交通、能源、生态、旅游等领域交流信息和经验。2014年,上合组织与亚信建立合作关系。

(三)第三阶段（2015~2020）

这是上合组织加强战略合作阶段,以2015年成员国元首签署《上海合作组织至2025年发展战略》为标志,上合组织政治合作再上新台阶,迈入战略合作新阶段。

一是成员国元首于2015年在俄罗斯乌法峰会上签署《上海合作组织至2025年发展战略》。这是上合组织在2012年中长期发展战略的基础上制定的,是上合组织做出的第一个十年战略性规划,明确了上合组织在2015~2025年十年间在政治、安全、经济、人文、国际合作等领域合作的方向和任务,其中专门提出要加强政治合作,规定了开展政治合作的任务和目标,主要包括:深化所有级别的政治对话;推动建设和完善民主、公正、合理的国际秩序;在国际事务中相互支持,交换信息,确定共同立场;对直接影响上合组织地区稳定与安全的国际事件做出反应;在人权领域开展协作;开展法律、司法协助方面的合作。值得注意的是,该文件明确将建设丝绸之路经济带作为推动上合组织地区经济合作的手段之一,提出把上合组织建成和平、稳定发展、经济增长、互信、睦邻友好和繁荣的地区。[1]

---

[1] 《上海合作组织至2025年发展战略》,http://language.chinadaily.com.cn/a/201806/07/WS5b2c5b92a3103349141ddbd0_3.html。

2018年上合组织青岛峰会是上合组织扩员后举行的首次峰会,对确立上合组织的发展方向和目标具有重要意义。此次峰会通过的《上海合作组织成员国元首理事会青岛宣言》代表着上合组织战略合作的新进展、新成果。该宣言是一个全面体现扩员后上合组织新理念、新使命的重要文件,其中主要包括以下几点。

其一,以平等、共同、综合、合作、可持续安全为基础构建更加公正、平衡的国际秩序,推动建设相互尊重、公平正义、合作共赢的新型国际关系,确立构建人类命运共同体的共同理念。

其二,强调反恐应该综合施策,标本兼治,不能以反恐为名干涉别国内政或利用恐怖主义、极端主义和激进团伙谋取私利,必须合力打击旨在吸收青年参与恐怖主义、分裂主义、极端主义团伙的行为,在青年教育、精神和道德培养方面开展综合性工作。

其三,加强政策沟通、设施联通、贸易畅通、资金融通、民心相通,发展安全、能源、农业等领域合作,推动贸易和投资便利化,逐步实现商品、资本、服务和技术的自由流通。①

二是成功完成首次扩员。2015年上合组织乌法峰会通过关于启动接受印度、巴基斯坦加入上合组织程序的决议。2017年上合组织阿斯塔纳峰会通过决议,正式批准给予印、巴上合组织成员地位,标志着上合组织成功完成首次扩员,自此上合组织成员国由六个增至八个,地域从中亚扩展到南亚,成为亚欧大陆幅员最广、人口最多、潜力巨大的区域性国际组织。首次扩员堪称上合组织发展史上一个具有里程碑意义的重大事件,代表着上合组织成员国政治互信达到一个新高度。与此同时,上合组织扩大化步伐进一步加快。2015年上合组织乌法峰会决定给予白俄罗斯观察员国地位,并吸纳阿塞拜疆、亚美尼亚、柬埔寨和尼泊尔为对话伙伴国,自此形成了由八个成员国、四个观察员国、六个对话伙伴国组成的上合组织大家庭。

---

① 《上海合作组织成员国元首理事会青岛宣言(全文)》,新华网,http://www.xinhuanet.com/2018-06/11/c_1122964988.htm。

三是加大参与地区和全球治理的力度。上合组织致力于维护成员国主权利益，就涉及成员国关切的现实问题和主权利益积极发声。2016年，上合组织成员国元首就中国南海问题一致呼吁通过谈判和平解决，反对将南海问题国际化和进行外部干涉。① 同时，随着作为上合组织主要引擎的中、俄分别提出"一带一路"、人类命运共同体和大欧亚伙伴关系倡议，加之印、巴加入及大部分成员国加入世贸组织，上合组织开始积极主动参与全球治理，彰显负责任国际组织的担当。② 这一时期，上合组织在继续关注政治安全问题的同时，开始对全球经济问题和治理频繁发声，积极支持构建开放性世界经济，维护多边贸易体制。2018年，上合组织青岛峰会专门就贸易便利化发表联合声明，发出积极参与全球化、坚决维护多边贸易体制的上合组织的声音，成为上合组织主动参与全球治理的标志性事件。《上海合作组织成员国元首理事会青岛宣言》宣布，要推动建立相互尊重、公平正义、合作共赢的新型国际关系，确立构建人类命运共同体的共同理念，为上合组织更加积极地参与地区和全球治理指明了方向。

二 上合组织政治合作取得的主要进展

纵观二十年的发展历程，上合组织政治合作取得了长足进展，成为上合组织最有成效的合作领域之一，对上合组织发展发挥了至关重要的作用。二十年上合组织政治合作的进展主要表现在以下三大方面。

（一）提出并践行"上海精神"，确立了上合组织的核心价值，确保上合组织始终保持凝聚力和生命力，为上合组织发展提供强大精神动力

2001年6月15日，上海合作组织六个创始成员国签署了《上海合作组

---

① 《上海合作组织塔什干峰会就南海问题达成共识》，https://china.huanqiu.com/article/9CaKrnJW6M7。

② 邓浩：《新时期上海合作组织与全球治理》，《国际问题研究》2020年第3期。

织成立宣言》，首次庄严提出了"上海精神"，并将其作为上合组织成员国之间相互关系的准则。"上海精神"是在"上海五国"合作经验的基础上形成的，它突破了冷战思维、零和游戏、文明冲突的窠臼，打破了传统和现存的很多国际组织和集团不同程度具有的封闭性、排他性、强制性约束，不仅为上合组织提供了先进的指导思想和行动指南，而且为解决冷战后各国多样化、差异性日益加大的世界性难题和运筹不同于冷战时期的新型国际组织贡献了"上合方案"和"上合智慧"。可以说，提出和践行"上海精神"是上合组织二十年政治合作取得的最重要的成果，是成员国政治合作实践的结晶，成为上合组织的"定海神针"，为建立公正合理的国际新秩序提供了新理念、新路径。

与时俱进是"上海精神"的可贵品格。在二十年的实践过程中，上合组织不断丰富"上海精神"的时代内涵，使之始终成为上合组织的指路明灯。从提出建立结伴而不结盟、合作而不对抗的新型合作模式，到倡导"互信、互利、平等、协作"的新安全观，从提出建立"和谐地区"，到确立构建人类命运共同体的共同理念，上合组织的政治合作理念得到不断丰富和发展，从而始终保持理念的先进性，为上合组织应对各种风险挑战提供了根本遵循和基本路径，确保上合组织可持续稳定发展。

（二）坚持开放性原则，持续推进扩大进程，确保上合组织始终保持强大的影响力和吸引力

开放性原则是上合组织一贯奉行的对外基本原则。《上海合作组织成立宣言》明确宣示："上海合作组织奉行不结盟、不针对其他国家和地区及对外开放的原则，愿与其他国家及有关国际和地区组织开展各种形式的对话、交流与合作，在协商一致的基础上吸收认同该组织框架内合作宗旨和任务、本宣言第六条阐述的原则及其他各项条款，其加入能促进这一合作的国家为该组织新成员。"[①] 这清楚地表明，上合组织成立伊始即摒弃了以往封闭性、排他性的国际组织模式。二十年来，上合组织始终以开放、包容、合作的崭

---

① 《上海合作组织成立宣言》，http://www.cctv.com/special/1037/-1/88231.html。

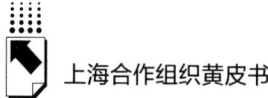

新姿态持续对外开放。以2004年蒙古国成为观察员国为开端,上合组织大家庭不断扩容。2017年,以印、巴加入为标志,上合组织成功完成首次扩员,最终形成了包括成员国、观察员国、对话伙伴国十八个国家组成的三位一体的伙伴关系网络,进入跨区域融合发展新阶段,树立起开放、透明的国际组织新形象。同时,二十年来,上合组织与联合国、东盟、独联体、集安条约组织、中西亚经合组织、亚信等国际和地区组织或机制建立联系和协作,积极参与地区和全球治理,彰显包容合作的开放形象。

首次扩员是上合组织成员国团结互信的产物,标志着上合组织政治合作达到新高度。上合组织扩大进程走过了十七年的历程,先后通过了《上海合作组织观察员条例》(2004年)、《上海合作组织对话伙伴条例》(2008年)、《关于申请国加入上海合作组织义务的备忘录范本》(2010年)、《给予上海合作组织成员国地位程序》(2014年)和《关于申请国加入上海合作组织义务的备忘录范本》修订案(2014年)等一整套关于扩大进程的法律文件,为上合组织首次扩员打下坚实的法律基础。首次扩员成功彰显上合组织政治合作的成效,堪称上合组织政治合作的成功典范。

(三)加大参与全球治理的力度,积极塑造地区秩序,推动上合组织蜕变升级,行稳致远

参与全球治理是上合组织的"初心"之一。上合组织成立宣言明确表示,成员国将加强在地区和国际事务中的磋商与协调行动,在重大国际和地区问题上相互支持和密切合作,共同促进和巩固本地区及世界的和平与稳定。《上海合作组织宪章》也指出,上合组织将"就共同关心的国际问题,包括在国际组织和国际论坛上寻求共识"。二十年来,上合组织参与全球治理的步伐不断加大,力度日益增强,已经成为上合组织政治合作的优先方向和崭新亮点,也对上合组织的发展起到强劲的拉动作用。

上合组织参与全球治理从2008年开始进入快车道。2008年,中、俄双双加入二十国集团,2009年共同组建金砖国家机制,加之中、俄随后分别提出"一带一路"倡议和大欧亚伙伴关系倡议,为上合组织积极参与全球

治理提供了强劲动力,使上合组织参与全球治理进入政经并重的新阶段。2017年扩员后,随着印、巴加入和上合组织将构建人类命运共同体确立为组织的共同理念,上合组织参与全球治理更加自觉。2018年上合组织青岛峰会专门就贸易便利化发表联合声明,对单边主义、贸易保护主义逆流的泛起给予正面回击,彰显成员国支持世界贸易便利化的坚定立场和决心。在2020年上合组织莫斯科峰会上各方重申,倡议推动建设相互尊重、公平正义、合作共赢的新型国际关系,形成构建人类命运共同体的共同理念具有重要现实意义,倡导在公认的国际法准则、多边主义、平等和不可分割的安全、反对冲突和对抗的基础上构建多极化世界秩序,巩固全球和地区安全与稳定。①

上合组织积极参与全球治理开辟了上合组织政治合作的新天地,为上合组织政治合作增添了新的发力点,对扩员后上合组织的发展具有重要的推动作用。当前,全球和地区治理正面临困境,随着逆全球化泛起,联合国等全球治理多边机制运转不畅,上合组织地区治理机制和方案则是叠床架屋,凸显上合组织加大参与全球治理的必要性、重要性和紧迫性。而从上合组织本身看,相比安全、经济、人文合作,全球治理仍是上合组织合作中相对薄弱的领域,未来存在巨大的发展空间,可以成为上合组织发展新的增长点。上合组织是全球治理的先行者,具有参与全球治理得天独厚的优势。"上海精神"为全球治理提供了先进理念,《上海合作组织宪章》和《上海合作组织成员国长期睦邻友好合作条约》是两部集中代表上合组织新理念、新智慧、新方案的纲领性文件,为全球治理提供了制度范本。近年来,上合组织对外合作的步伐明显加快,2018年以来,上合组织秘书处与联合国教科文组织、上合组织地区反恐怖机构与联合国安理会反恐怖主义委员会执行局签署合作文件,上合组织与联合国开发计划署、联合国预防性外交中心、国家货币基金组织、世界银行也开展了交流与对话。2020年,上合组织与欧亚经济联盟签署合作备忘录。卓有成效的国际合作无疑为上合组织更加有效地参与全球治理搭建了便捷平台。

---

① 《上海合作组织成员国元首理事会莫斯科宣言(全文)》,http://www.huaxia.com/zt/2003-13/150174.html。

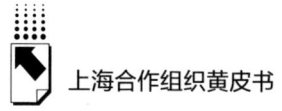

三 制约上合组织政治合作的主要因素

二十年来,上合组织的政治合作并非一帆风顺,也面临诸多挑战和风险。概括而言,制约上合组织政治合作的因素包括内部和外部两个方面。

从内部来看,上合组织成员国之间的多元异质性是制约上合组织政治合作的主要内部因素。中俄之间、中俄印之间、中俄与中亚成员国之间、中亚成员国之间、印巴与中亚成员国之间以及印巴之间的关系错综复杂,存在诸多差异,利益诉求多样,政策取向各异,致使上合组织成员国之间的互信不足,导致组织政治合作面临瓶颈,潜力和效力受到抑制。首先,上合组织在成员构成上十分复杂。上合组织内部除中小成员国外还拥有中俄印这样的全球性新兴大国,中俄还是安理会五常成员。大小国家并存共处,意识形态和利益诉求各异,明显加大了上合组织内部协调难度,影响成员国在政治合作上达成共识。其次,上合组织成员的地区归属多样,既有中亚国家,也有南亚国家。既有亚洲大国中国、印度,又有横跨欧亚的俄罗斯,导致上合组织在区域定位上一直处于模糊状态,很难像东盟那样建立清晰明确的以区域为界限的集体认同。再次,上合组织成员本身身份具有多重性。俄和中亚成员国同时是独联体成员,俄与部分中亚成员国还是欧亚经济联盟和集安条约组织成员,印巴则同时是南盟成员。最后,近年来,部分成员国之间的矛盾和分歧有所激化,凸显相互关系的冲突面,给上合组织政治合作投下浓重阴影。

与此同时,成员国自顾倾向较重、共同体意识不强也是影响上合组织政治合作的重要因素。上合组织成员国都是发展中国家或新兴国家,其中中亚成员国都是苏联解体后才实现独立的转型国家,各国都十分珍视自己的独立地位,十分看重自己的主权和平等地位,缺乏意愿也不准备向上合组织让渡更多权利,这在客观上使上合组织政治合作大为受限。上合组织实行"协商一致"的决策方式,严格遵循大小国家一律平等和"不干涉内政"原则,以确保各成员国的权利平等。但随着时间的推移和形势的发展,这一决策机制对上合组织决策效率的制约越发明显,从而对上合组织政治合作构成明显制约,导致上合组织很难及时应对成员国和地区重大政治事件,有损组织威信和声望。上合组织现有的决策原则也极易导致组织很难通过具有约束力的文件,加之缺乏有力的工作机制,容易造成制度处于空转而缺乏执行力的情况。

从外部来看,西方国家尤其是美国对上合组织竭力干扰、阻遏和打压,成为制约上合组织政治合作最主要的外部因素,首先,美国等西方保守势力始终以冷战思维看待上合组织,将"上海精神"称为"威权主义范式",[1]视之为对西方价值观的挑战,同时,渲染夸大上合组织的内部差异,不断唱衰上合组织,认为印巴加入会损害上合组织的凝聚力,进一步冲淡上合组织既有日程,使其沦为无效的"清谈馆"。[2] 西方的误解和偏见给上合组织政治合作带来严重的消极和负面影响。其次,美国对作为上合组织双引擎的中国和俄罗斯实施双重遏制和围堵,并欲重构排除中俄的国际秩序,对中俄力推上合组织合作构成严重阻碍。特朗普治下的美国公开将中国和俄罗斯定性为"修正主义国家"和战略竞争对手,明确把秩序、制度之争作为与中俄竞争的重心所在,陆续推出所谓"印太战略"、阿富汗新战略、新中亚战略,并强化与中亚国家的"C5+1"机制,积极打造覆盖大里海地区的"8+1"机制,竭力对中俄实施围堵打压,企图将中俄排除在新的国际和地区秩序之外。同时,肆意抹黑、贬损、阻止中国提出的"一带一路"倡议,认为这是在谋求规则制定权,不能容忍其挑战美国主导的国际秩序,并推出美版的基础设施和互联互通方案,联手欧盟,极力分化拉拢地区国家,与"一带一路"一争高下。美国不断加大与中俄在全球和地区治理上的竞争,

---

[1] Thomas Ambrosio, "Catching the 'Shanghai Spirit': How the Shanghai Cooperation Organization Promotes Authoritarian Norms in Central Asia," *Europe Asia Studies*, October 2008, pp. 1321 – 1344.

[2] Evan A. Feigenbaum, "Shanghai Cooperation Organization, Central Asia, and the United States," Carnegie Endowment for International Peace, 2016 – 6 – 23, http://carnegieendowment.org/2016/06/23/shanghai – cooperation – organization – central – asia – and – united – states – pub – 63907.

对中俄致力于推进上合组织发展无疑构成直接严重的挑战。最后,美国近年来加大了对上合组织成员国拉拢分化的力度,对上合组织成员国之间的团结互信和合作构成越来越大的侵蚀。在美诱拉下,印度已明显向美国"印太战略"靠拢,并公开反对在上合组织推进"一带一路"建设。部分中亚国家则表示有意加入美发起的针对"一带一路"的"蓝点网络"。在2020年6月底美与中亚国家的第二次"C5+1"会议上,中亚国家普遍表示会考虑与美国国际发展金融公司加强合作。美国对上合组织的分化战略无疑将对上合组织政治合作构成严重的负面影响。

与此同时,上合组织地区处在全球动荡带上,阿富汗内乱不止,局势动荡不宁,始终对上合组织地区稳定与安全构成严重威胁,成为地区治理的一大隐患。伊朗核问题反反复复,险象不断,美伊矛盾日趋尖锐,冲突一触即发,导致上合组织地区不得安宁。中东乱局此起彼伏,外部势力激烈博弈,地区内部矛盾重重,使上合组织地区周边环境充满风险和变数。上合组织治理环境日趋险峻给上合组织政治合作投下阴影。

四 未来上合组织政治合作的基本路径

未来5~10年是上合组织发展的关键期和机遇期,总体上看,未来有利于上合组织政治合作的积极因素仍明显大于负面因素。首先,尽管面临多重挑战,上合组织地区有望保持基本稳定,为政治合作提供有利前提。上合组织成员国尤其是中亚成员国经受住了独立以来各种风险的考验,执政能力普遍增强,并对各种隐患和反对势力严加预防,地区有望保持政局稳定。大国在上合组织地区的竞争虽出现激化,但只要中俄保持和加强战略协作,各国坚持既定的外交方针,上合组织地区局势就不会出现大的动荡。其次,成员国构建命运共同体意识明显增强,从2018年开始,上合组织峰会宣言明确确认构建人类命运共同体为上合组织的共同理念,抗疫、经济重建和应对美军撤离后阿富汗局势的共同需求则使成员国的共同体意识得到进一步巩固,从而为上合组织政治合作提供了强大的理论指导和方向指引。最后,上合组织成员国之间的差距和分歧趋于缩小，共识逐渐累积，共性日渐增加，为上合组织政治合作平添助力。2017 年，中俄签署《中华人民共和国商务部与俄罗斯联邦发展部关于完成欧亚经济伙伴关系协定联合可行性研究的联合声明》，2018 年 5 月，中国与欧亚经济联盟签署经贸合作协定，标志着双方进入制度对接合作的新境界。近年来中亚国家合作呈现积极态势，影响各国关系的边界、水资源等"老大难"问题开始解冻，各国均支持多边主义，积极改善营商环境，区域合作获得新动能，上合组织以构建人类命运共同体为目标的政治合作前景看好。

从战略高度和长远角度考量，未来上合组织政治合作应有的放矢，对症下药，坚持问题导向，积极化危为机，努力推动上合组织命运共同体目标早日实现。

第一，加大成员国之间的政治协调力度。

多样化和异质性是上合组织的客观存在，也是上合组织发展需要解决的主要问题。上合组织成员国在政治制度、意识形态和宗教文化上存在明显差异，这决定了上合组织的政治合作任重而道远。恰当对待和处理成员国在政治上的多元化和异质性无疑应成为上合组织政治合作的主攻方向和战略任务。为此，应在充分研究成员国政治文化异同的基础上，在坚持大小国家一律平等、成员国协商一致原则的前提下，切实加大成员国之间的政治协调力度，不断增信释疑，积极求同化异，寻求合作最大公约数，力争在组织定位、身份认同、发展方向等关系上合组织前途命运的重大问题上取得一致，最大限度地释放上合组织政治合作的能量和潜力。首先要着重加大中俄之间的政治协调力度。基于制度和秩序之争已成为大国博弈焦点，中俄应在上合组织框架内实施深度制度对接，加快推出欧亚经济伙伴关系协议进程，从区域治理高度推进丝绸之路经济带建设与欧亚经济联盟建设对接合作，共同将上合组织打造成构建欧亚伙伴关系的有效平台，共塑欧亚地区新秩序。其次要加强中俄印之间的政治协调。随着印度加入上合组织，中俄印之间的政治协调对上合组织政治合作的重要性凸显，应积极考虑在中俄印机制框架下建立三方关于上合组织合作的磋商机制，加强相互之间的战略沟通，最大限度凝聚共识，引领上合组织政治合作健康稳定发展。最后，切实尊重中小成员国的主权和独立，通过积极沟通和协调，充分兼顾其利益关切和诉求，支持其设置地区合作发展议程，不断扩大共同利益，推动政治融合。

第二，提升政治合作制度化水平。

与安全和经济合作相比，上合组织政治合作的制度化建设相对滞后。在二十年发展过程中，上合组织的政治合作业已取得显著进展，为其制度化建设奠定必要基础。当前，上合组织随着印巴加入进入一个发展新时期，必须根据新形势、新要求，把制度建设作为上合组织政治合作的优先方向，努力将上合组织政治合作提升到一个新水平。一是与时俱进修订完善相关法律文件，使之更具约束性和操作性。印巴加入给上合组织区域定位、内部协调和决策机制提出诸多新挑战，凸显调整现有政治合作制度的必要性和紧迫性。为此，应根据扩员后的新情况，对《上海合作组织宪章》《上海合作组织成员国长期睦邻友好合作条约》做出适当补充和修改，对成员国应承担的责任和义务做出更加明确清晰的界定，在诸如决策表决方式、违规惩戒制度、矛盾冲突调节机制等方面确立新的更具操作性的规定。同时，认真总结首次扩员经验，进一步完善扩员制度，对观察员国、对话伙伴国条例做适当修订补充。二是适时制定出台上合组织政治合作法律文件，明确宣示并细化上合组织政治合作的理念、宗旨、原则、任务、目标和方向等，对成员国政治合作做出明确规范，使成员国的权利和义务更趋平衡。考虑到成员国在地区和国际问题上存在广泛共识，可以首先制定成员国国际合作文件，以统一认识和行动。

第三，提高政治合作效率。

积极考虑实施"建设性介入"政策，在坚持"不干涉内政"原则前提下，充分尊重成员国国国家主权和领土完整，应成员国请求，采取必要介入措施。根据新要求，改进防御地区冲突和应急反应机制，增强争端仲裁功能，使之更加有效、有力。适当扩大秘书处权限，使秘书长能代表组织及时对外发声。加强工作机制建设，强化组织监督职能。

Y.5 上海合作组织与其他国际机制合作的历史、现状与前景

韩璐*

摘　要： 二十年来，上海合作组织以"上海精神"为指引，秉持开放透明的对外合作原则，逐步加强了同其他国际组织的联系和往来，赢得了国际社会的广泛认同。但鉴于上海合作组织是个新生组织，多年来发展重心都放在内部制度建设和成员国之间的合作上，与国际机制的合作无论是在内容、范围还是在质量上都存在上升的空间。随着成员国的进一步扩大，国际地位和影响力不断提高，上海合作组织对外合作的潜力也被激发出来，拓展伙伴关系网将是该组织未来发展的要务之一。

关键词： 上海合作组织　国际机制　伙伴网络

作为一个摒弃了冷战思维的新型国际组织，上海合作组织始终坚持不结盟、不对抗、不针对第三方、扩大对外交流和对话的原则。本组织成立以来，先后与联合国及其专门机构、东盟、独联体、集体安全条约组织、亚信会议等多个国际组织和地区组织开展了合作，并取得了一定的成果。由于本组织一直注重内部机制建设以及成员国在安全与经济等领域的合作，与其他国际机制的合作虽有开展但并未取得实质性的进展。随着上海合作组织的扩

---

* 韩璐，中国国际问题研究院欧亚所副所长，副研究员。

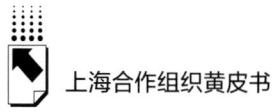

大和国际影响力的加大,本组织对外合作的潜力得到进一步释放,应进一步打开对外合作之门,为建设持久和平、普遍安全、共同繁荣、开放包容、清洁美丽的世界贡献本组织应有之力。

一 上海合作组织对外合作的原则与理念

上海合作组织对外合作的原则和目标在该组织的纲领性文件,即《上海合作组织成立宣言》(2001年)、《上海合作组织宪章》(2002年)中都有明确的定义。《上海合作组织与其他国际组织及国家相互关系临时方案》《上海合作组织至2025年发展战略》则对这些原则和目标及其实践进行了更为详细的阐述,是本组织对外合作的指导性文件。

(一)对外合作的根本性原则

《上海合作组织成立宣言》明确规定,上海合作组织奉行不结盟、不针对其他国家和地区及对外开放的原则,愿与其他国家及有关国际和地区组织开展各种形式的对话、交流与合作。[1]

《上海合作组织宪章》第一条"宗旨和任务"明确提出:"上海合作组织可与其他国家和国际组织建立协作与对话关系。"第二条"原则"提出:上海合作组织不针对其他国家和国际组织。第十四条"同其他国家及国际组织的相互关系"中规定:本组织可与其他国家和国际组织建立协作与对话关系,包括在某些方面合作。上述原则可视为上海合作组织对外合作的基础性原则。[2]

(二)具体细则

2002年11月23日,上海合作组织出台《上海合作组织与其他国际组

---

[1] 《上海合作组织成立宣言》,上海合作组织秘书处网站,http://chn.sectsco.org/documents/。
[2] 《上海合作组织宪章》,上海合作组织秘书处网站,http://chn.sectsco.org/documents/。

织及国家相互关系临时方案》,这是本组织对外交往的原则依据。该文件做出以下规定。

其一,关于外长会议。经所有成员国事先同意,邀请非本组织成员的国家和或国际组织以外长理事会当值主席客人身份参加本组织外长理事会全体会议。至多两个国家和或至多两个国际组织的代表可同时以客人身份参加会议。关于发出邀请问题的事先商定由本组织成员国国家协调员理事会达成。

其二,关于多边政治磋商。经所有成员事先同意,邀请非本组织成员的国家或国际组织参加本组织成员国外交部举行的政治问题多边磋商。至多两个国家和或国际组织的代表可以客人身份同时参加磋商。关于发出邀请问题的事先商定由本组织成员国国家协调员理事会达成。

其三,关于以组织身份参加国际会议。各成员国国家协调员理事会主席可以参加其他国际组织的活动。代表团成员可包括各成员国代表、本组织秘书长和其副手以及地区反恐怖机构执行委员会主任和其副手。经各成员国事先同意,外长理事会当值主席可提出本组织参加其他国际组织活动的申请。2004年1月上海合作组织秘书处成立后,被赋予从事对外交流的职能。①

《上海合作组织与其他国际组织及国家相互关系临时方案》实际上是在上海合作组织与其他国际组织及国家相互关系的多边文件生效前的过渡性措施。2015年7月10日,在上海合作组织乌法峰会上批准的《上海合作组织至2025年发展战略》则是上海合作组织现行国际合作的规划性文件。

该文件指出,将努力扩大国际联系,以进一步提高上海合作组织在新的国际和地区格局中的作用,增强本组织的国际威望。上海合作组织将就维护国际和平安全、促进发展等问题同联合国开展协作。打击恐怖主义和非法贩运毒品、落实《联合国全球反恐战略》、在上海合作组织《信息安全国际行为准则》草案的基础上就维护国际信息安全开展工作将是优先合作方向。

---

① 《上海合作组织与其他国际组织及国家相互关系临时方案》,上海合作组织秘书处网站,http://chn.sectsco.org/documents/。

还将加强同联合国毒品和犯罪问题办公室的协作关系。在经贸领域,首先是发展交通基础设施、为国际道路运输创造便利条件,联合国亚太经社会仍将是本组织的重要合作伙伴。上海合作组织与一些国际和地区组织建立了正式联系,成员国将进一步扩大与上述组织的对话、交流与协作。同地区一体化组织建立联系、开展务实合作也是上海合作组织对外政策的重要方面,包括签署合作文件。①

此外,上海合作组织历次元首峰会宣言也都明确要求进一步扩大上海合作组织同联合国及其专门机构及其他国际和地区组织的交流活动,为本组织所在地区乃至世界的安全和稳定做出贡献。

二 上海合作组织与其他国际机制合作历程

2009年6月,《上海合作组织成员国元首叶卡捷琳堡宣言》提出,上海合作组织成员国愿加强与联合国、独联体、东盟、集体安全条约组织、经济合作与发展组织以及其他国际和地区组织的务实合作,在此基础上建立广泛的伙伴网络。这是上海合作组织正式文件中首次提出对外合作的重点国际和地区组织。多年来,上海合作组织也确实在与上述国际机制展开密切的往来与合作。

(一)联合国及其专门机构

上海合作组织一直主张恪守《联合国宪章》的宗旨与原则。与联合国及其专门机构之间的合作是上海合作组织同其他国际机制合作的优先方向。

2004年12月2日,上海合作组织获得了联合国大会观察员地位,为上海合作组织参与联合国大会会议和工作创造了条件。2009年12月18日,第64届联合国大会第65次全体会议首次通过了"联合国与上海合作组织之

---

① 《上海合作组织至2025年发展战略》,上海合作组织秘书处网站,http://chn.sectsco.org/documents/。

间合作"的决议。决议强调了在联合国和上海合作组织之间加强对话、合作与协调的重要性。①

2010年4月,上海合作组织秘书处与联合国秘书处在塔什干签署了《关于上海合作组织秘书处同联合国秘书处相互合作的联合声明》。两组织商定,为大力协助应对国际社会面临的新挑战与威胁,必须根据《联合国宪章》第八章,在涉及国际和平与安全的问题上开展不同级别的合作。内容包括:防止和消除冲突;反恐;防止大规模毁灭性武器及其运载工具的扩散;打击跨国犯罪;遏制环境退化;减少灾害风险和预防与应对紧急情况;促进可持续经济、社会、人道主义和文化发展等。合作形式包括:联合国秘书长同上海合作组织秘书长举行定期磋商;联合国系统各专门机构、组织和基金同上海合作组织合作。② 这份声明还提出联合国毒品和犯罪问题办公室与上海合作组织地区反恐怖机构之间加强合作的问题。

这一联合声明的签署为上海合作组织与联合国的合作指明了方向,双方的合作也是按照这个方向开展的。2011年6月14日,上海合作组织与联合国毒品和犯罪问题办公室签署了《上海合作组织秘书处与联合国毒品和犯罪问题办公室谅解备忘录》,双方将合作打击贩毒、有组织犯罪、人口贩运和国际恐怖主义。③

2016年11月22日,主题为"联合国与上海合作组织:共同应对挑战和威胁"的高级别会议在纽约联合国总部举行。这是上海合作组织历史上首次在联合国举办有关上海合作组织话题的高级别会议。时任联合国秘书长潘基文在会上指出,上海合作组织已经与联合国一些机构开展了密切合作,包括政治事务部、反恐怖主义委员会执行局、维持和平行动部、亚洲及太平洋经济社会委员会、毒品和犯罪问题办公室以及中亚地区预防性外交中心

---

① 《同联合国的合作》,上海合作组织秘书处网站,http://chn.sectsco.org/cooperation/#2。
② 《关于上海合作组织秘书处同联合国秘书处相互合作的联合声明》,上海合作组织秘书处网站,http://chn.sectsco.org/documents/。
③ 《联合国与上海合作组织签署打击贩毒和有组织犯罪合作备忘录》,联合国网站,http://news.un.org/zh/story/2011/06/153612。

等，以共同致力于解决一些区域国家的具体问题。例如"亚洲之心"伊斯坦布尔进程、自然资源管理、环境退化、恐怖主义和暴力极端主义的扩散、边境安全和毒品贩运等。① 2018年11月27日，上海合作组织与联合国举行了第二次高级别会议，现任联合国秘书长古特雷斯在会上表示，联合国致力于与上海合作组织密切合作，共同建设一个稳定繁荣的欧亚地区。他提及上海合作组织和设在土库曼斯坦的联合国预防性外交区域中心之间的合作，指出这有助于中亚的和平与稳定。他还认为，联合国同上海合作组织的密切合作并不局限于和平与安全领域，联合国亚太区域委员会、亚太经社会，以及粮食及农业组织等联合国系统其他机构，与上海合作组织在经济和社会事务上也都有密切合作。②

此外，上海合作组织还与联合国人道主义事务协调厅、联合国世界旅游组织建立了合作关系。2019年6月13~14日，在比什凯克举行的第十九届上海合作组织成员国元首峰会上，上海合作组织秘书处与联合国人道主义事务协调厅签署了合作谅解备忘录，主要内容包括交流有关人道主义信息、推动上合组织成员国人道主义活动，消除上海合作组织地区自然灾害的负面后果等。③ 同期，上海合作组织与世界旅游组织在比什凯克也签署了合作谅解备忘录。未来双方将在以下方向开展合作：旅游创新信息的交流；可持续旅游业发展与合作；促进上海合作组织成员国旅游业开展招商引资；上海合作组织成员国旅游产品的营销；与联合国世界旅游组织学院合作等。④

（二）欧亚地区性组织

上海合作组织与欧亚多个地区性组织成员、地域、功能都有重合之处。

---

① 《潘基文：联合国期待与上海合作组织进一步加强合作》，联合国网站，https：//news.un.org/zh/story/2016/11/266652。
② 《联合国与上合组织高级别会议：联合国秘书长呼吁推动欧亚大陆的稳定与繁荣》，联合国网站，https：//news.un.org/zh/story/2018/11/1023701。
③ "Сотрудничество с УКГВ ООН"，上海合作组织秘书处网站（俄语版），http：//rus.sectsco.org/cooperation/20190717/565677.html。
④ "Сотрудничество с ЮНВТО"，上海合作组织秘书处网站（俄语版），http：//rus.sectsco.org/cooperation/20190717/565695.html。

同欧亚地区组织合作是上海合作组织对外合作的重点方向。

1. 独联体

2005年4月12日，上海合作组织与独联体在北京签署了《上海合作组织秘书处与独联体执行委员会谅解备忘录》。该文件确定的优先合作领域包括反对恐怖主义、经济贸易、人文交流等。执行机构负责人将保持定期联系。这是第一个与上海合作组织签署具有约束力的文件来建立合作关系的国际组织。①

2. 集体安全条约组织

与集体安全条约组织的合作是上海合作组织对外合作的重要组成部分，这是因为功能和成员的相似性使得集体安全条约组织与上海合作组织存在"亲戚"关系。② 集体安全条约组织的六个成员国中，有四国同时是上海合作组织成员国，其余两国分别是上海合作组织观察员国和对话伙伴国。上海合作组织在维护地区安全稳定方面发挥着重要作用，而这也是集体安全条约组织的主要工作，因此集体安全条约组织非常重视与上海合作组织加强互利合作。2007年10月5日，时任上海合作组织秘书长努尔加利耶夫与集体安全条约组织秘书长博尔久扎在杜尚别签署了《上海合作组织秘书处与集体安全条约组织秘书处谅解备忘录》，确立建立和发展双方之间平等和建设性合作关系。

该文件明确了上海合作组织和集体安全条约组织的合作领域：一是保障地区和国际安全与稳定，打击恐怖主义，打击非法贩卖毒品，杜绝非法贩运武器，打击跨国有组织犯罪和交流其他共同关心的问题；二是建立磋商和信息交换机制，就共同感兴趣的问题在商定的级别上举行磋商和交换信息；三是共同制订和落实计划和行动，两组织常设机构代表可应邀以客人身份参加对方组织的相关活动。③

根据该备忘录，两组织建立了最高行政官员对话机制。截至2019年4月，

---

① 肖斌：《上海合作组织》，社会科学文献出版社，2019，第461页。
② 杨恕、张会丽：《评上海合作组织与独联体集体安全条约组织之间的关系》，《俄罗斯中亚东欧研究》2012年第1期。
③ 《上海合作组织秘书处与集体安全条约组织秘书处谅解备忘录》，上海合作组织秘书处网站，http://chn.sectsco.org/cooperation/#2。

该对话机制已举行了 10 次会议，签署了《反恐合作谅解备忘录》（2018 年 5 月）。① 2020 年 9 月 4 日，上海合作组织、集体安全条约组织、独联体成员国国防部长联合会议在莫斯科举行，三方一致表示，未来将加强军事合作。同时，集体安全条约组织正在考虑给予上海合作组织观察员地位的可能性。

3. 亚洲相互协作与信任措施会议（亚信）

2014 年 5 月 20 日，两组织在上海签署了《上海合作组织秘书处与亚洲相互协作与信任措施会议秘书处谅解备忘录》。双方对解决地区冲突、巩固不扩散核武器的基本制度持有相同立场，并将加强在反对恐怖主义、分裂主义、极端主义，打击毒品贸易和跨国犯罪、非法武器交易等领域的合作。

（三）东南亚国家联盟（东盟）

2005 年 4 月 21 日，上海合作组织与东盟在雅加达签署了《上海合作组织秘书处与东南亚国家联盟秘书处谅解备忘录》。该备忘录对两个国际组织的合作指明了方向，其中包括反恐、打击跨国犯罪、打击毒品和武器走私、反洗钱和打击贩运人口以及在经济和金融、旅游、环保、能源、自然资源管理、社会发展等领域开展合作。上海合作组织和东盟两组织秘书处每年都会进行磋商，交流信息和经验，举行专家研讨会等。2019 年 9 月 23 日，防城港国际医学开放试验区（中国）战略对话会在广西南宁举行，此次活动是上海合作组织与东盟共商共建共享的示范性活动。

（四）其他国际机制

1. 经济合作与发展组织

2007 年 12 月 11 日，上海合作组织与经济合作与发展组织在阿什哈巴德签署了《上海合作组织秘书处与经济合作与发展组织秘书处谅解备忘

---

① Генеральный секретарь ОДКБ Юрий Хачатуров в Циндао принял участие во встрече высших административно-должностных лиц СНГ, ОДКБ и ШОС, 09.06.2018, https://odkb-csto.org/international_org/sco/generalnyy_sekretar_odkb_yuriy_khachaturov_v_tsindao_prinyal_uchastie_vo_vstreche_vysshikh_administr/.

录》。文件指出，双方将加强在经贸、交通、能源、生态、旅游及其他共同关心的领域交流信息和经验。

2. 红十字国际委员会

2017年6月9日，上海合作组织与红十字国际委员会签署了谅解备忘录。双方商定将就国际人道法的宣传和传播，以及与冲突和其他紧急局势相关的人道问题开展对话和信息交流。同时双方还将在防灾、应急、卫生与教育等领域进行合作。

除上述国际和地区组织外，上海合作组织还与其他一些并未签署正式合作文件的国际组织展开不定期交流与对话，包括联合国开发计划署、联合国预防外交中心、欧安组织与金砖国家（详见表1）。2018年6月，上海合作组织青岛峰会首次邀请欧亚经济联盟、国际货币基金组织和世界银行的代表参加，不仅展示了上海合作组织的开放形象，提升了组织的国际影响力，也大大拓展了组织对外合作的空间。

表1 上海合作组织同其他国际机制合作情况一览

国际组织	合作协议	合作领域
联合国	《关于上海合作组织秘书处同联合国秘书处相互合作的联合声明》（2010年4月5日）	防止和消除冲突、反恐、防止大规模毁灭性武器及其运载工具的扩散、打击跨国犯罪、遏制环境退化、减少灾害风险和预防与应对紧急情况、促进可持续经济、社会、人道主义和文化发展
联合国毒品和犯罪问题办公室	《上海合作组织秘书处与联合国毒品和犯罪问题办公室谅解备忘录》（2011年6月14日）	打击贩毒、有组织犯罪、人口贩运和国际恐怖主义
联合国人道主义事务协调厅	《上海合作组织秘书处与联合国人道主义事务协调厅合作谅解备忘录》（2019年6月13~14日）	交流有关人道主义信息、推动上合组织成员国人道主义活动、消除上海合作组织地区自然灾害的负面后果
联合国世界旅游组织	《上海合作组织秘书处与联合国世界旅游组织秘书处谅解备忘录》（2019年6月13~14日）	旅游创新信息的交流、可持续旅游业发展与合作、促进上海合作组织成员国旅游业开展招商引资、上海合作组织成员国旅游产品的营销
独联体	《上海合作组织秘书处与独联体执行委员会谅解备忘录》（2005年4月12日）	反恐、经济贸易、人文交流

续表

国际组织	合作协议	合作领域
集体安全条约组织	《上海合作组织秘书处与集体安全条约组织秘书处谅解备忘录》（2007年10月5日）、《反恐合作谅解备忘录》（2018年5月）	打击恐怖主义、非法贩毒、非法贩运武器、跨国有组织犯罪，并建立以上领域的信息交换机制
亚信	《上海合作组织秘书处与亚洲相互协作与信任措施会议秘书处谅解备忘录》（2014年5月20日）	反"三股势力"、毒品贸易和跨国犯罪、非法武器交易
东盟	《上海合作组织秘书处与东南亚国家联盟秘书处谅解备忘录》（2005年4月21日）	反恐、打击跨国犯罪、打击毒品和武器走私、反洗钱和贩运人口、开展经济和金融、旅游、环保、自然资源管理、社会发展、能源合作
经济合作与发展组织	《上海合作组织秘书处与经济合作与发展组织秘书处谅解备忘录》（2017年12月11日）	开展经贸、交通、能源、生态、旅游等领域合作
红十字国际委员会	《上海合作组织秘书处与红十字国际委员会谅解备忘录》（2017年6月9日）	国际人道法的宣传与传播、与冲突和其他紧急局势相关的人道问题开展对话，以及在防灾、应急、卫生与教育等领域的合作

资料来源：笔者自行整理。

三 上海合作组织与其他国际机制合作存在的问题

虽然上海合作组织在多部法律文件中明确要扩大与国际和地区性组织的合作，但在具体实践操作中，真正具有实质内容的合作尚未有效展开。总体来看，上海合作组织与其他国际机制的合作仍处于初步阶段。

一是合作质量有待提升。上海合作组织与许多国际组织建立了正式联系，签署了各类合作文件，还互派代表参加各自组织的各类会议，但双方的合作更多停留在信息的对话与交流中，很少涉及建立合作机制及其实践的问题。这是因为上海合作组织是一个年轻的国际组织，二十年来的发展重心多在建章立制以及推动安全经济等各领域务实合作上。迄今为止，上海合作组织已基本理顺组织机构设置及其职能,在安全、经济、人文等领域建立了多层次、多领域的合作机制并取得显著成就。近年来,上海合作组织在扩员问题上殚精竭虑,力图解决扩员后上合组织可持续发展问题,这也是上海合作组织与国际机制合作交流多但合作程度浅的重要原因。

此外,上海合作组织与其他国际机制合作主要集中在安全和经济合作领域。由于上海合作组织目前并不是一个一体化组织,各合作领域发展水平远不如那些超国家一体化机构或者专业性极强的国际组织,导致双方合作难以有效展开。比如集体安全条约组织是一个具有军事同盟性质的地区安全组织,军事合作水平远远高于上海合作组织,双方安全合作具有不对称性和不均衡性的特点,两者安全合作很难充分展开。再比如,东盟是东南亚国家的经济一体化组织,其经济一体化程度显然高于上海合作组织,两者之间经济合作也一直处于比较低的水平。

二是合作对象范围有必要进一步扩大。纵观近年来上海合作组织密切交往的国际机制,除联合国及其专门机构外,大部分是欧亚地区性组织,更确切点来说,是俄罗斯主导的地区性组织。无论从所处地理环境,还是组织成员国构成来看,上海合作组织与这些地区组织展开合作都非常方便,特别是部分组织的成员构成重叠,大体相当于 X+1 模式,即某一俄罗斯主导的国际组织加中国的模式。① 但这种合作模式有很强的内敛性,限制了上海合作组织与更多区域外国际机制的交往和对话,并不利于组织国际影响力的提高。同时,合作对象局限在欧亚地区,也引发西方社会对本组织的猜疑,虽然上海合作组织已明确提出了奉行不结盟、不针对其他国家和地区以及对外开放原则。美西方判断,上海合作组织是中俄主导的反西方集团,甚至是"东方北约"。上海合作组织扩员后,美西方非议更是明显增多,认为上合组织扩员是壮大俄罗斯的实力,是支持俄罗斯与西方国家对抗,等等。②

---

① 李中海:《上海合作组织与其他国际组织的合作》,《上海合作组织发展报告(2015)》,社会科学文献出版社,2015,第 85 页。
② 李进峰:《上海合作组织扩员:挑战与机遇》,《俄罗斯东欧中亚研究》2015 年第 6 期。

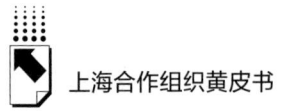
上海合作组织黄皮书

四 上海合作组织与其他国际机制合作前景

随着上海合作组织不断发展，其国际吸引力和影响力日益提升，对外合作潜力也逐渐扩大，国际合作将成为上海合作组织的重要职能。

第一，扩员后的上海合作组织对外合作的空间呈现日益扩大之势。2017年6月，上海合作组织阿斯塔纳峰会上，元首们一致通过了给予印度、巴基斯坦上海合作组织成员国地位的决议。自此，上海合作组织成员国扩充至八国，成为欧亚地区乃至全球人口最多、面积最广、潜力巨大的区域性国际组织，上合组织成员国的人口、经济规模和贸易总量分别占全球的40%、17.5%和30%，整体实力和国际影响力均大大增强。印、巴的加入把上海合作组织的国际影响力提高到了一个空前的高度，越来越多的国际组织和机构表现出与上海合作组织深化合作的强烈愿望，南亚区域合作联盟、环印度洋联盟、亚洲合作对话、亚太经合组织等国际和地区性组织都将是上海合作组织潜在的国际合作伙伴。

第二，新时代上海合作组织自身发展的要求。习近平主席提出，构建"相互尊重、公平正义、合作共赢"的新型国际关系和构建以"持久和平、普遍安全、共同繁荣、开放包容、清洁美丽"世界为目标的人类命运共同体是新时代中国特色大国外交的两大支柱，这也是中国为上海合作组织未来发展贡献的"中国方案"和"中国智慧"，[1] 受到上海合作组织成员国的普遍认可和支持，并被写入2018年上海合作组织青岛峰会通过的《上海合作组织成员国元首理事会青岛宣言》中。"两个构建"不仅昭示了上海合作组织发展的新时代内涵，而且也赋予本组织更加崇高的使命和任务，更为上海合作组织对外合作提供了强劲动力。在此背景下，2019上海合作组织比什凯克峰会和2020年上海合作组织莫斯科峰会都再次重申，上海合作组织要

---

[1] 邓浩、杨莉：《上海合作组织的核心价值——"上海精神"》，《上海合作组织回眸与前瞻（2001~2018）》，世界知识出版社，2018，第11页。

拓展伙伴关系网络，扩大同联合国及其专门机构、其他国际组织和地区组织的交流合作，维护国际公平与正义，为世界和平稳定与繁荣做出贡献。

第三，全球治理将成为上海合作组织对外合作的重要内容。印、巴的加入使上海合作组织在全球治理体系中的权重上升，奠定了本组织作为世界新兴经济体代表的地位，更加有益于上海合作组织争取发展中国家在全球治理体系中的话语权与代表性，也有利于本组织在全球治理变局中发挥更大引领和推动作用。因此，在当今地区和全球各类挑战层出不穷、全球治理体系已到改革临界点的背景下，作为维护地区和全球稳定的重要力量，上海合作组织理应适应形势需要，高举多边主义旗帜，弘扬合作共赢理念，推动全球治理体系改革和完善。习近平主席在上合组织青岛峰会上指出："我们要坚持共商共建共享的全球治理观，不断改革完善全球治理体系，推动各国携手建设人类命运共同体。"① 可以说，从参与全球治理入手来构建上合组织命运共同体是新时期上合组织又一重要使命，也是上合组织对外合作又一重大任务，将为上海合作组织拓展与国际机制合作提供难得的机遇。

---

① 习近平：《弘扬"上海精神" 构建命运共同体——在上海合作组织成员国元首理事会第十八次会议上的讲话》，人民出版社，2018，第4页。

Y.6
从吉尔吉斯斯坦和塔吉克斯坦的选举看政体选择

包 毅*

摘 要： 塔吉克斯坦与吉尔吉斯斯坦两国均在2020年举行了议会下院选举。塔吉克斯坦总统领导的政权党再次以绝对优势获得议会多数席位，并为拉赫蒙在同年秋季举行的总统选举中顺利连任铺平了道路。而吉尔吉斯斯坦却因议会选举再次陷入政治危机的"怪圈"，最终导致热恩别科夫总统及政府提前辞职。本文将力图通过阐释和分析塔吉克斯坦和吉尔吉斯斯坦两国在不同政治体制下议会政治发展状况、政党政治格局、政治文化等方面的差异来揭示两国出现不同政治发展进程的原因。

关键词： 塔吉克斯坦 吉尔吉斯斯坦 议会选举 政治转型

塔吉克斯坦与吉尔吉斯斯坦两国在社会经济状况、资源禀赋等方面具有一定的相似性，但因政体选择、政党政治格局以及政治精英等政权基础的差异，两国在2020年新一轮立法与行政权力机关选举期间出现了不同结果。塔吉克斯坦顺利地举行了议会选举，政权党与亲政权党以绝对多数进入议会，总统拉赫蒙也再次获得连任。而邻国吉尔吉斯斯坦在选择议会制后度过近十年的政治稳定期，却因2020年议会选举再度出现政治危机，立法机关选举结果被推翻，总统被迫辞职，吉国重陷政体选择的困境。

---

* 包毅，博士，中国社会科学院俄罗斯东欧中亚研究所副研究员。

从吉尔吉斯斯坦和塔吉克斯坦的选举看政体选择

一 塔吉克斯坦的议会与总统选举为总统权力交接铺路

2020年3月1日，塔吉克斯坦举行了新一届议会下院选举。7个政党的241名候选人通过比例代表制竞争63席位中的22席，其余41个议席将通过单名选区制在全国41个行政区选举产生。最终，总统拉赫蒙领导的政权党——人民民主党以50.4%的得票率胜出，并获得总席位数中的47个议席。与上届议会相比，虽然政权党人民民主党独自占优的格局没有改变，但政党结构进一步多元化，进入议会的政党由4个增加到了6个。其中，农业党获得7席，经济改革党获得5席，共产党获得2席，社会主义党和民主党各获得1席。共产党虽然在比例选举中未跨越5%的议会门槛，但在单名选区制竞争中获得了2个席位。此外，带有宗教性质的政党伊斯兰复兴党已于上届议会选举结束后被取缔，从而消除了本届议会选举中宗教政党进入立法机关的可能性。

参加议会选举的政党中，仅有反对派政党社会民主党因获得0.3%的选票，未能跨过5%的议会门槛，成为唯一没有进入议会的政党。社会民主党领导人佐伊洛夫曾表示不承认选举结果，称选举结果是"非法的"和"政治捏造的"。然而，除了发表声明，塔吉克斯坦反对派政党并未像吉尔吉斯斯坦反对派那样采取暴力抗争的方式表达不满。如曾经竞选过议员的法学博士肖·哈基莫夫也指出，议席的分配不取决于投票结果，而取决于统治精英的决定。他表示，根据他的统计数据，社会民主党获得近30%的选票，位居第二，而官方数据显示社会民主党仅获得了1.3万名选民的选票，没有依据，因为这实际上比该党党员人数还少。即便如此，作为落选政党代表，他依旧表示："我们不会抗议。在法律范围内，这是徒劳的，让人们走上街头是危险的，因为破坏性力量可能会利用这一点。"① 由此可见，塔吉克斯坦

---

① Виктория Панфилова, Рустаму Эмомали открыли дорогу в сенат, 03.03.2020, https://www.ng.ru/cis/2020-03-03/5_7808_tajikistan.html.

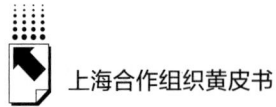

政党已被规制在体制和法律的框架内,多数政党以议会为表达自己政治意愿的空间。未进入议会的政党也会理性地接受选举结果,从而使选举得以顺利完成。

议会上院选举于2020年3月27日如期举行。33名议员中,25人通过地方议员选举产生,8名议员由总统直接任命。总统儿子鲁斯塔姆被提名为上院议员并获得通过。议会上院议长的职位安排也被视为拉赫蒙总统权力交接的重要政治安排。很多学者预测,鲁斯塔姆将有望被推举为上院议长,这样,他将依据塔法律成为总统权力的第一顺位继承人。①塔吉克斯坦总统欲以"子承父业"的方式交接总统权力早有端倪。依照总统的安排,总统之子鲁斯塔姆顺利地由政府官员一步步成为首都议会议员。在制度安排方面,2016年5月22日,塔吉克斯坦通过全民公决对宪法第41项条款做出修订,其中最重要的修订条款是将总统候选人资格的年龄下限从35岁降低到30岁,以及赋予现任总统拉赫蒙竞选连任不受限制的权利。② 前者扫清了鲁斯塔姆·埃莫马利竞选总统的障碍;后者为拉赫蒙总统选择有利时机全身而退,并为继任者铺路提供了保障。

从这个意义上说,2020年10月11日举行的总统选举,对于拉赫蒙总统的权力交接布局具有特殊意义。独立工会联盟、青年联盟和执政的人民民主党联合提名拉赫蒙为总统候选人,此外,总统候选人还有来自农业党的鲁·拉季夫佐达、社会主义党的阿·加法罗夫、经济改革党的鲁·拉赫马特佐达、共产党的米罗季·阿卜杜罗耶夫。拉赫蒙毫无悬念地以90.92%的高得票率顺利获得连任。在其他候选人中,得票率最高的是农业党领袖鲁·拉季夫佐达,仅为3.02%。连任后,拉赫蒙的任期将至2028年,他也将成为继纳扎尔巴耶夫之后,在中亚地区国家执政时间最长的领袖。与一些中亚国家类似的是,塔吉克斯坦也通过修宪赋予总统离职后自动成为共和国最高议

---

① Сын президента Таджикистана стал сенатором, 27 марта 2020, https://tengrinews.kz/sng/syin-prezidenta-tadjikistana-stal-senatorom-396266/.

② The Central Asian Referendum, https://www.rferl.org/a/qishloq-ovozi-central-asian-referendum/27749109.html.

会终身议员的资格。这样,拉赫蒙总统在其离任后依旧可以通过立法机关对国家政策施加影响,确保国家的安全与稳定。

二 吉尔吉斯斯坦议会选举危机引发政权危机

吉尔吉斯斯坦于2020年10月4日举行的议会选举是该国进入议会制时代后的第三届总统选举。参选的16个政党中仅有4个亲政权党跨过了7%的议会门槛。该选举结果招致落选反对派政党的联合抵制,引发了暴力对抗,选举危机逐步升级为政权危机,时任总统热恩别科夫在推荐爱国者党领袖扎帕罗夫为代总理后被逼宫下台。2021年1月,扎帕罗夫以79.2%的高票正式当选为吉尔吉斯斯坦新一任总统。考虑到国家与经济发展的现实需要和议会制政体在吉尔吉斯斯坦出现的种种弊端,扎帕罗夫总统上任伊始便积极推进政体改革。

吉尔吉斯斯坦自2005年至2020年的十五年间已三次因议会选举危机诱发政权危机,致使国家最高权力频繁出现非正常更替,最高领导人被反对派推翻,最终使国家陷入反复选择政体的困境,被迫在总统制还是议会制的取舍中反复做出艰难选择。"逢选必乱"几乎成为吉尔吉斯斯坦逃不脱的噩运,反对派政党利用指责选举不公来攻击现政权和执政政治精英已成为屡试不爽的"套路"。相较之前的两次"革命",本次政权危机的相似点依旧是反对派政党强大的对抗执政当局的联合攻势与政府应对危机相对无力的鲜明对比,而不同之处则在于政治精英的斗争发生了微妙变化,南北部族精英的政治对抗让位于新旧精英的权斗与党争。

(一)议会准入规则调整确保准政权党"入围"

自实行议会制以来,议会下院政党的"准入门槛"修改频繁,从2010年的5%上升到2015年的7%,再升至2019年的9%,阿坦巴耶夫和热恩别科夫两任总统曾试图通过规则限制和制度安排为政权党和亲政权政党顺利进入议会、规避对手开辟道路。但频繁的法律变更非但没有促进稳定的政党政治发展和团结的政治局面形成，反而加剧了党派间的斗争。此次选举前，为保障亲政权政党顺利进入议会，时任总统热恩别科夫于6月30日通过总统法令将政党进入议会的门槛由9%降至7%。下调准入门槛主要是出于对新党的支持。如团结党、我的祖国－吉尔吉斯斯坦党等亲总统政党多为重组新党，它们虽然在选举前吸收了一些政府官员和由社会民主党分裂出来的部分党员，但社会影响力相对薄弱。10月4日的议会选举结果也表明，团结党和我的祖国－吉尔吉斯斯坦党成为调低议会准入门槛最大的受益者，二者分别以24.52%和23.89%得票率位居前两位。中派政党吉尔吉斯斯坦党和统一吉尔吉斯斯坦党分别以8.73%和7.11%的得票率勉强跨过议会门槛。①议会选举前，相关选举规则和制度的法律修改进一步加大了反对派政党赢得席位的难度，这也成为反对派政党讨檄热恩别科夫政权的口实。

（二）反对派阵营的合作

在本次议会选举期间，落选的政党以贿选现象严重、伪造选票和使用行政资源为由，否认选举结果，对抗执政当局的方式与前两次"革命"中反对派政党的做法如出一辙。改革党、社会民主党等政党首先提出不承认选举结果，而后，反对派政党在推翻热恩别科夫总统的共同目标下加强了联合，提出重新选举，直至将热恩别科夫总统和政府逼宫下台。

在此次议会选举危机中，除了曾经参加过前两次"革命"的祖国党、社会民主党、共和国党、阿塔·梅肯祖国党等老牌政党外，还有改革党、共同党、爱国者党、社会民主党人党等近些年成立的新党。其中，前总统阿坦巴耶夫领导的原议会第一大党——社会民主党因领导人的分道扬镳而彻底分裂，发展成为由安·阿尔特科夫领导的社会民主党人党和由支持总统的萨·阿卜杜拉汉诺夫领导的"没有阿坦巴耶夫的社会民主党"。② 前者由阿坦巴

---

① Депутатов КырПарламента пытаются созвать в отеле "Достук", 06.10.2020, https://russian.rt.com/ussr/article/789779 - kirgiziya - vybory - protesty - atambaev.

② 参见王林兵、雷琳《从议会选举到政治变局——吉尔吉斯斯坦西式民主的危机》，《俄罗斯研究》2020年第6期。

从吉尔吉斯斯坦和塔吉克斯坦的选举看政体选择

耶夫长子等人参与，成为此次政权危机的主导政党之一；后者则退出议会以反对党自居。除社会民主党出现分裂与重组外，共和国党、阿塔·梅肯祖国党等老牌政党都经历了分化重组，有的政党走向强大，有的则走向没落。

在面临政治对抗时，各党为增强政治对抗能力和社会动员力与影响力纷纷在短时间内集结成新的联盟，曾经的政治对手组合为战略盟友，以增强反对派阵营的社会动员能力与团结优势对政权进行有效施压。然而，这种临时性的联盟关系也经常暴露出脆弱的一面，在利益取舍的过程中有随时破裂的危险，因而难以为新政权构筑稳定而牢固的政权基础。以前两次"革命"及之后建立的执政联盟为鉴，反对派联盟在进入议会成为体制内的政党后，并未对国家的稳定提供积极的助力，反而使议会成为党争的平台。

事实上，在本次议会选举危机期间，反对派精英内部就已经出现了分歧与裂痕。围绕总理任命和成立"临时政府"等问题，反对派各党先后成立了两个并立的"协调委员会"，即由共同党、社会民主党人党、共和国党等6个党领袖组成的"协调委员会"，推举统一吉尔吉斯斯坦党主席马杜马洛夫为主席，旨在恢复国家的秩序和法治。① 另一个协调委员会是由改革党等5个政党组成的"人民协调委员会"。该协调委员会不承认扎帕罗夫为政府总理的任命，并要求解散议会，推举来自祖国党的托克托加泽耶夫为自己的政府总理候选人。最终热恩别科夫于10月14日任命了扎帕罗夫为政府总理，从而消除了反对派阵营内部因分歧可能给国家带来的安全隐患。

（三）政权无力防止暴力夺取

与阿卡耶夫和巴基耶夫时期的政府相类似，吉尔吉斯斯坦的执行权力机关和执法机关在面对示威者和反对派的暴力夺权时选择放弃抵抗，显示出其软弱无力的一面。尽管热恩别科夫总统没有像阿卡耶夫总统和巴基耶夫那样选择逃亡，但依然采取不抵抗的方式应对示威者的进攻，最终导致行政机关

---

① 6 мятежных кыргыз - партий СДПК, "Республика", "Ата Мекен", "Бутун Кыргызстан", "Бир бол" и "Замандаш" создали "Координационный совет" по удержанию власти, 10: 55 06. 10. 2020, https：//centrasia.org/newsA.php? st = 1601970900.

与执法机关人员临危脱逃和社会失序的局面。有学者同时指出,警察和示威者之间存在家庭联系,这导致警务人员投鼠忌器。① 这也导致军队、警察等安全部门在出现政权危机时迅速分化,不能有效地维持秩序。

10月12日,热恩别科夫总统宣布国家进入紧急状态,为避免出现流血事件,他宣布辞职。与此同时,当反对派占领北方主要的州市后,执行权力机关和立法机关的最高领导人均选择辞职,由此引发了一大批政府官员和执行权力机关人员相继辞职,总理库巴特别克·博罗诺夫、议长米克提贝克·卜杜拉达耶夫二者的辞职导致总统权力第一和第二顺位者直接缺失。此后,比什凯克市市长苏格玛托夫②、伊塞克-库拉州州长巴尔巴卡·图洛巴耶夫、纳伦州州长埃米尔·阿利姆库洛夫和塔拉斯州州长穆拉塔耶夫也相继宣布辞职,③ 整个国家权力机关自上而下陷入瘫痪状态,无力解决危机中的任何问题,无法应对反对派阵营的社会动员,最终出现了非暴力夺权。

(四)南北竞争本质上也是党争权斗

南北部族政治矛盾一直是吉尔吉斯斯坦政治发展进程中无法根除的传统痼疾。南北政治精英轮替、实现南北共治的治理方式是维持南北部族政治平衡的主要路径,这在苏联时期就已在吉政治精英内部形成一定程度的政治共识。然而,这种治理方式的执行力与有效性完全取决于政治精英自身对于规则和共识的尊重。如果政治精英不愿放权或试图长期掌握政权,便会引发南北部族政治精英的对抗情绪,造成政治失衡。因此,轮替制既是稳定器,也是触发政治危机的引爆器。议会制政体的选择是南北政治精英之间权力妥协的产物,维持南北政治势力平衡和南北共治的局面具有象征意义。事实上,吉尔吉斯斯坦的政治精英无论是阿卡耶夫、巴基耶夫还是后来的阿坦巴耶夫

---

① 曾向红、连小倩:《从反对派与政府互动差异看独联体国家"颜色革命"》,《阿拉伯世界研究》2020年第3期。
② Депутатов КырПарламента пытаются созвать в отеле "Достук", 06.10.2020, https://russian.rt.com/ussr/article/789779 - kirgiziya - vybory - protesty - atambaev.
③ Самозанявший кресло генпрокурора Киргизии Шыкмаматов отменил результаты прошедших выборов, 06.10.2020, https://centrasia.org/newsA.php?st=1601965380.

和热恩别科夫，他们在各自的任期内都曾试图突破轮替制，扩大自己所代表的政党或区域利益的影响力，以实现执政的长期性。然而，任何这种尝试在吉尔吉斯斯坦政党政治发展的现阶段都会被卷入党争的旋涡，使国家陷入政治无序和政治危机之中。

与前两任总统因精英政治引发的"革命"相比，阿坦巴耶夫总统任期内虽然没有出现大规模的政治动荡，但他在议会体制下力推的修宪改革也使大势初定的和平局面出了现裂痕。此外，阿坦巴耶夫还通过修改《总统与议会选举法》，将政党进入议会的"双线门槛"分别提高到9%和0.9%，以便让社会民主党在2020年议会选举中继续成为多数派政党，主导议会，这引发了议会内部激烈的争论。将权力交到南方人热恩别科夫之手后，阿坦巴耶夫依旧希望对政治产生影响，常常公开炮轰执政当局，最终导致2018～2019年前任总统阿坦巴耶夫与现任总统热恩别科夫的直面交锋。2019年6月，吉尔吉斯斯坦最高议会剥夺了阿坦巴耶夫"前总统"的地位和司法豁免权，阿坦巴耶夫被热恩别科夫打入监狱。这也是促发政权危机的催化剂之一。

两任总统虽然来自吉尔吉斯斯坦的南北两端，也各自拥有政治精英的支持，但曾经同属议会第一大党社会民主党。因此，二者的不睦已经不单纯是南北问题的体现，而且是政治精英内部的党争与权斗。在这种斗争中，如果政治精英普遍具有较强的国家意识，政党间的斗争将会被限定在政治体制界限之内；反之，如果政党间的斗争裹挟着政治精英的利益私斗，则极有可能打破政权的稳定。①

三 塔吉两国的新一轮选举对吉尔吉斯斯坦政体选择的启示

独立近三十年来，中亚五国一直在寻求稳固有效的国家治理方式，以实

---

① 王林兵、雷琳：《从议会选举到政治变局——吉尔吉斯斯坦西式民主的危机》，《俄罗斯研究》2020年第6期。

现平稳转型和有序发展，并确保独立国家社会经济发展与安全稳定的需要。在独立与转型初期，中亚国家均选择了总统制政体，实践证明了其在多数中亚国家的社会政治与经济转型时期的有效性。

近年来，随着转型时期首任总统淡出国家的政治舞台，中亚各国均在重新调整国家的权力结构形式，做出一系列政治安排以确保总统权力的顺利交接。哈萨克斯坦和乌兹别克斯坦通过修宪与法律制度的调整，扩大了议会和政党在国家政治生活中的作用，引导政体逐步向总统议会制政体过渡。塔吉克斯坦也效法哈萨克斯坦和乌兹别克斯坦，将上院议长作为总统权力的第一顺位交接人；还仿效哈萨克斯坦"首任总统制"的做法，给予首任总统拉赫蒙无限次竞选总统的特权；同时，塔吉克斯坦前总统还将像乌兹别克斯坦总统一样，有权担任终身上院议员。这样，在总统权力交接易手后，总统拉赫蒙仍可以通过相应的制度安排对国家的稳定施加影响。2020年10月再次当选后，拉赫蒙总统的任期将延续至2028年，且作为首任总统可以无限期参加总统选举。这样，他或许将成为中亚国家中执政时间最长的总统。拉赫蒙总统在塔内战期间一直担任该国总统。独立初期的四年内战成为一代政治精英的历史记忆，也是拉赫蒙得以长期执政的政治资本。通过总统制以及总统本人确保国家的稳定是塔吉克斯坦国家发展的第一要务。除了总统制体制与制度因素的保障外，政权党与亲政权政党在国家行政与立法机构给予的支持也是拉赫蒙政权得以持续稳定的重要环节。政权党受总统的直接领导，在国家立法与行政权力机关给予总统有效的支持。而总统则维护执政精英内部的有效团结，避免统治集团因分裂而导致政权执行能力的下降。此外，政府在选举前还采取了一系列"先发制人"的措施，通过行政和法律手段将反对派的活动限制在法治的框架内，或直接规避宗教政党的政治参与。

此外，对于安全与执法权力机关的控制力也是确保总统执政稳定性的关键。2020年塔吉克斯坦的总统选举几乎与吉尔吉斯斯坦的议会选举同时进行。吉尔吉斯斯坦的行政与执法权力机关在国家出现政治危机时的不作为和无力表现无疑给塔吉克斯坦敲响了警钟，使塔吉克斯坦意识到执法机关的执行力与有效性是政权稳定的重要保障。2020年10月30日，拉赫蒙总统在

从吉尔吉斯斯坦和塔吉克斯坦的选举看政体选择

塔吉克斯坦军队与军事机构领导人就职仪式上的讲话中强调，实现政府的国家发展计划、改善人民的生活条件，首先必须实现和平、政治稳定以及国家与社会的安全，严格遵守法律和公共秩序，确保法治的权威性，而对法律的维护与保障是军人和执法人员的神圣职责。[1] 作为国家武装力量的最高统帅，拉赫蒙总统在军事系统领导人新一任就职演说上的讲话可谓意味深长。

对于吉尔吉斯斯坦而言，无论在总统制还是议会制时期，都缺乏塔吉克斯坦那样确保政权稳定的政治基础，即总统周围和议会中都缺乏稳定而团结的政治精英。前总统阿坦巴耶夫在任期间，吉国内出现了较为稳定的政治局面，这主要得益于社会民主党的有力支持。但该党因领导集团的分歧而分裂，最终失去了政治活力。权力斗争和党争始终是吉尔吉斯斯坦政治精英政治生活的主旋律。三度政权危机未能在政治精英中形成深刻的历史记忆与经验滋养，使之成为国家持续发展的驱动力，反而成为反对派政治精英成功"上位"的模板。可以说，政治精英与政党缺乏对国家的认同以及对宪政规则的尊重，是使吉尔吉斯斯坦多党政治频繁陷入政权危机"怪圈"的直接原因。议会制是吉尔吉斯斯坦经历两次"革命"后为平衡南北矛盾、消除政治精英对抗而被迫做出的选择，也是各派政治精英相互妥协的产物。

第三次"革命"迫使吉尔吉斯斯坦重新反思议会制对于吉尔吉斯斯坦的适应性问题，吉尔吉斯斯坦社会也开始频繁出现回归总统制的呼声。扎帕罗夫总统早在担任代总理期间就力主恢复总统制。2021年1月10日，吉尔吉斯斯坦在总统选举的同时也进行了关于国家政体改革的全民公决。81.03%的选民对恢复总统制投了赞同票。参加此次总统选举与全民公决的公民非常有限，分别只有36%和35%，而总统的得票率与修宪的赞成票也十分接近。因此可以推断，选择扎帕罗夫的选民与支持总统制政体的人群有较高的重合度。

---

[1] Речь Лидера нации, Президента Республики Таджикистан уважаемого Эмомали Рахмона на церемонии принятия присяги военнослужащими Вооруженных сил и военных структур Республики Таджикистан Админ МТС／2 ноября 2020，https：//mts.tj/ru/1918/news/.

2021年4月吉尔吉斯斯坦将就涉及缩小议会规模、扩大总统权力等问题的新宪法草案举行全民公决。然而，从诱发几次政权危机的根源来看，体制因素并非吉尔吉斯斯坦政治危机的症结所在，政治精英的团结及其对于国家利益的认同才是关键。因此，促使政治精英对宪政规则和国家利益拥有统一的认识，才能使吉尔吉斯斯坦获得真正的持续稳定的发展动力。

Y.7
2020年白俄罗斯政局走向和中白共建"一带一路"合作

赵会荣 王宪举*

摘 要： 2020年8月9日白俄罗斯总统选举后，反对派不承认选举结果，组织大规模抗议活动，持续四个多月。其中的原因错综复杂，既有经济、政治、历史的原因，也有美国和欧盟渗透、干涉等地缘政治原因。白俄罗斯是中国的战略伙伴，也是上合组织的观察员国。其局势发展与上合组织息息相关。与此同时，虽然受到新冠肺炎疫情和白俄罗斯政局动荡的影响，中白两国在"一带一路"框架下的合作克难前行，取得显著进展。建设中白工业园以及应对其他方面的风险与困难，需要中白双方共同努力，砥砺前行。随着疫情的缓和及白俄罗斯局势的逐渐稳定，中白合作将得到新的发展。

关键词： 白俄罗斯 政局动荡 中白合作

白俄罗斯一直积极参与上合组织的活动，2010年其为上合组织对话伙伴国，2015年成为上合组织观察员国，因而白俄罗斯局势变动也与上合组

---

* 赵会荣，中国社会科学院俄罗斯东欧中亚研究所乌克兰室主任研究员；王宪举，国务院发展研究中心欧亚社会发展研究所研究员、中国人民大学－圣彼得堡国立大学俄罗斯研究中心副主任。

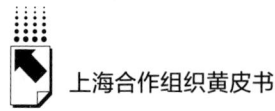

织息息相关,并引起高度关注。8月9日在白俄罗斯爆发的大规模抗议活动持续了四个多月,当局称目前已基本控制局势,但是分析人士认为,尚存在某些不确定性。

一 大规模抗议活动突发的原因

这次抗议活动的时间之长、规模之大、影响之深刻,是白俄罗斯独立以来从未有过的。分析抗议活动的原因,主要有以下四点。

(一)近十年来白俄罗斯经济停滞

由于2008年全球金融危机的影响以及白俄罗斯自身长期积累的问题,2011年4月白俄罗斯爆发金融危机,货币大幅贬值,物价飙升,居民收入急剧下降。2011年以来,白俄罗斯经济形势持续低迷,2012年经济增长1.8%,2013年增长1.0%,2014年增长1.6%。2015年下降4%,2016年下降2.7%。2015年白俄罗斯对俄罗斯出口额同比减少32.7%。2016年经济形势未现好转,未能实现白政府制定的全年GDP增长0.3%的目标。① 2017年经济开始得到恢复,增长2.4%。2018年和2019年分别增长3%和1.2%。2019年白俄罗斯GDP为630亿美元,人均6663美元,比五年前减少1200多美元。2019年白俄罗斯经济同比增长1.2%,低于年初设定的全年增长4%的目标。②

经济不佳导致人民生活水平下降。2010年12月白俄罗斯总统选举前夕,职工月平均工资约为500美元,而近九年来一直停留在400美元左右。教育行业的平均收入更低,月工资约合350美元,很多中小学的老师还达不到这个水平。医疗卫生部门、餐饮业、农业生产合作社成员的收入也较低。

居民收入下降的原因之一是白俄罗斯卢布大幅贬值,2015年12月31

---

① 《白俄罗斯宏观经济形势》,中国驻白俄罗斯大使馆经济商务处网,上网时间:2020年6月29日。
② 《白俄罗斯宏观经济形势》,中国驻白俄罗斯大使馆经济商务处网,上网时间:2020年6月29日。

日，1美元兑18569白卢布，同比贬值57%。2016年白卢布又贬值20%，国家因此损失30亿美元。在收入减少、货币贬值的同时，通货膨胀率却不断攀升：2011年通胀率为53.23%，2012年为59.22%，2013~2016年每年都在10%以上，2017年为4.6%，2018年为5.6%，2019年为4.7%。这也是一些退休人员、妇女、教师和医护人员参加示威游行的原因之一。

屋漏偏遭连阴雨。2020年1~5月，受到新冠肺炎疫情和国际经济形势低迷的影响，白俄罗斯经济同比下降1.8%，商品和服务贸易总额同比下降17.7%，贸易逆差12.3亿美元。广大居民不仅受到经济下降的影响，而且深受新冠肺炎疫情的困扰。截至12月17日，白俄罗斯累计确诊新冠肺炎病例达165897人，累计治愈143373人，累计死亡1291人。生活水平下降和新冠肺炎疫情叠加，使广大居民的不满情绪激增。

（二）"白俄罗斯发展模式"亟待改革

1996~2008年，白俄罗斯经济年均增长8%以上。到21世纪初，经济已超过独立前水平。2000年和2001年工业产值分别超过1989年的3%和9.1%。[①] 白俄罗斯领导人称此为"白俄罗斯发展模式"。此后八年白俄罗斯经济下滑，这固然与全球金融危机、国际石油市场价格下跌、俄罗斯对白经济支持减少等客观原因有关，但是白经济结构落后、效率低下、产品竞争力低、投资不足、债台高筑、思想保守、经济政策失误等问题也是重要原因。白俄罗斯被一些西方记者称为"苏联的缩影"，因为其仍以计划经济为主，国有所有制企业占70%以上，国有经济收入占全国财政收入的76%。白俄罗斯经济转型二十余年来，国有经济成分仅下降了7.2%。约55%的人口在国企工作，企业管理方式基本上是"苏联式"的。随着俄罗斯和其他国家对白投资减少，美国和欧盟对白持续实施经济制裁，加上白俄罗斯经济管理体制本身存在的弊病，白俄罗斯经济效益低下和劳动生产率不高的问题愈发凸显，整个经济缺乏动力和活力。

---

① 韩璐：《白俄罗斯经济发展现状及前景》，《欧亚经济》2018年第3期。

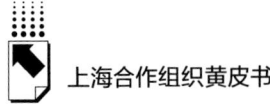

与此同时,白俄罗斯的上层建筑、政治制度和国家治理也存在一些需要改进的方面。白俄罗斯国家体制是"强总统,小政府,弱议会",政党和议会的作用弱小。官僚作风、文牍主义、官员虚与委蛇的现象比较严重,束缚了广大人民群众的创造性。

(三)民族主义、亲俄罗斯、亲西方三种思潮激烈争斗

白俄罗斯独立以来,一直存在民族主义、亲西方力量和亲俄罗斯力量之间的斗争。这既与白俄罗斯的历史、地缘政治有关,又关系到这个国家走什么道路,向何处去。

白俄罗斯位于欧洲心脏,战略地位极其重要。基辅罗斯时期,波洛茨克公国被基辅罗斯大公所统治。14~15 世纪,白俄罗斯这片土地归属立陶宛大公国。1569~1795 年,白俄罗斯属于立陶宛和波兰联合王国。1772~1917 年,白俄罗斯被俄国统治一百四十五年。1918 年 3 月苏维埃俄罗斯和德国签署《布列斯特和约》后,与波兰、立陶宛接壤的白俄罗斯西部和西北部地区被割给波兰。1919 年 2 月至 1921 年 3 月,苏俄同波兰发生了战争。1921 年 3 月 18 日,双方签署《里加条约》,俄罗斯承认西乌克兰和西白俄罗斯归属波兰。① 但是十八年后,1939 年 9 月,趁着德国侵略波兰,苏联红军重新占领了格罗德诺和布列斯特。这些历史表明,白俄罗斯同波兰、立陶宛、俄罗斯之间的领土问题和历史恩怨源远流长,错综复杂。

此次白俄罗斯示威游行队伍里有人打出"白红白"旗和欧盟旗帜,反映了白俄罗斯反对派的民族主义和亲欧盟倾向。1918 年 3 月 25 日,在德国扶持下,成立了白俄罗斯人民共和国,其国旗为"白红白"三色。但这个共和国存在了不到九个月,在德军撤离后的 1919 年 1 月 5 日就被苏联红军推翻,在白俄罗斯建立了苏维埃共和国,并于 1922 年 12 月加入苏联。

苏联解体后,白俄罗斯有一股政治力量主张恢复资产阶级的白俄罗斯人民共和国,与西方合作,最终融入欧洲。每年 3 月 25 日(白俄罗斯人民共

---

① 《白俄罗斯简史》,赵会荣译、王宪举校,社会科学文献出版社,2016。

和国的成立日），白俄罗斯政治反对派都要举着"白红白"旗，在明斯克举行游行示威。一些白俄罗斯政治精英认为，俄罗斯不是纯粹的欧洲国家，而白俄罗斯是真正的欧洲国家，应与欧盟一体化。

卡内基莫斯科中心主任德米特里·特列宁撰文说，最近在俄罗斯的三个盟国——亚美尼亚、白俄罗斯和吉尔吉斯斯坦同时面临严峻危机。而"最重要和最危险的是白俄罗斯危机。它有可能使俄罗斯失去最有价值的盟友和最密切的经济伙伴。白俄罗斯的抗议活动日益激进，并具有反俄性质。白俄罗斯的反对派得到波兰、立陶宛乃至欧盟和北约越来越多的支持"[①]。

20 世纪 90 年代初期，以最高苏维埃主席舒什凯维奇为首的亲西方势力在白俄罗斯占据上风，但是 1994 年 7 月卢卡申科在俄罗斯支持下当选总统。1996 年 4 月至 1999 年 12 月，在短短三年多内，白俄罗斯和俄罗斯就从共同体发展到联盟国家。白俄罗斯是独联体、集体安全条约组织、欧亚经济联盟主要成员国，是俄罗斯抵御北约东扩以及俄罗斯战略防御的"西大门"。为此，白俄罗斯被美国称为"欧洲最后一个专制国家"。美欧一直图谋对白俄罗斯搞"颜色革命"，不断培植和资助白"非政府组织"。据俄罗斯对外情报局局长纳雷什金说，仅 2019 年至 2020 年初，美国中情局就向白俄罗斯各类"非政府组织"提供了约 2000 万美元的活动经费，用以组织各类抗议活动。[②]

美欧在挥舞大棒的同时，也对白俄罗斯采取"软的一手"。2008 年 6 月，欧盟峰会批准波兰和瑞典提出的"东部伙伴关系"倡议，与乌克兰、白俄罗斯、摩尔多瓦、格鲁吉亚、阿塞拜疆和亚美尼亚六国发展关系，力图"挖俄罗斯的墙脚"。白俄罗斯也响应了这一倡议，每年都派副总理或部长级代表团参加有关会议。2019 年 8 月，美国国家安全顾问约翰·博尔顿访问白俄罗斯，2020 年 2 月 1 日，美国国务卿蓬佩奥访问明斯克，双方决定恢复互派大使。针对俄白能源分歧，蓬佩奥称，美国能源企业愿意以市场价

---

① Дмитрий Тренин, Три кризиса на границе России. Что они означают для отношений Москвы с союзниками, 28.10.2020, https://carnegie.ru/commentary/83061.
② 《条条证据指向美国！俄白两国联合发声：白俄抗议系美国多年策划》，南方前沿网，2020年9月17日。

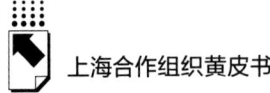

格提供白俄罗斯所需的全部能源。这些事件表明，不仅美欧对白俄罗斯软硬兼施，拉拢白俄罗斯，白俄罗斯也想搞平衡，在俄美之间捞取更多好处。

（四）选举中存在不够公正的问题

在总统竞选期间，白俄罗斯当局采取打压等手段，把几位有竞争实力的候选人排挤出局。白俄罗斯天然气工业银行前总裁维克托·巴巴里科、著名博主谢尔盖·季哈诺夫斯基被逮捕；前驻美国大使瓦列里·采普卡洛逃亡莫斯科。季哈诺夫斯基被逮捕后，他的夫人、中学英语教师季哈诺夫斯卡娅替丈夫参选，获得反对派的一致支持。

7月29日，白俄罗斯强力部门扣押了33名俄罗斯公民，并以"策划恐袭"罪名对被拘人员进行了刑事立案。白俄罗斯称，这33人涉嫌在白俄境内制造大规模骚乱。白俄罗斯克格勃称，他们是来自俄罗斯"瓦格纳"私人安保公司的雇佣兵。此举引起俄罗斯国内舆论的不满，认为白俄罗斯政府这一行为是在"讨好西方国家"。

选举日当晚，白俄罗斯中选委宣布，据初步统计结果，卢卡申科的得票率约为80.10%，季哈诺夫斯卡娅得票率约为10.10%。很多选民怀疑这一结果的准确性。有媒体披露，一些投票站发生了在地方政府指示下改写投票结果的现象。这引起广大选民不满，成为抗议活动爆发的导火索。

二 白俄罗斯政局发展趋势

（一）已经执政二十六年的卢卡申科总统将继续执政，而反对派的抗议活动也将随之继续

其一，卢卡申科继续执政的意志坚定。2020年8月23日，卢卡申科乘坐直升机巡视明斯克中心的抗议示威人群。在总统府降落后，他身穿防弹背心，携带冲锋枪，与守卫在总统府前的士兵打招呼，向他们表示感谢。9月23日，他在明斯克独立宫宣誓就职。之后，他任命新政府，视察工厂和部

队,观看军事演习,到内务部拘留所与被关押的反对派领导人对话,去俄罗斯与普京总统会晤。所有这些都表明,卢卡申科依旧控制着强力部门和政权机构,国家和政府的职能仍在比较正常地运转。

其二,白俄罗斯反对派力量比较弱小,反对派领导人季哈诺夫斯卡娅在国外倡议成立60人组成的"全国协调委员会",但从国外领导推翻卢卡申科政权的斗争难度很大。

其三,美国和欧盟虽然对白俄罗斯的政策目标具有一致性,但具体表现并不一致,双方对卢卡申科政权都留有余地。美欧不承认总统选举结果,呼吁白俄罗斯当局停止以暴力对付抗议者和释放被拘留的人员,宣布对白俄罗斯进行制裁,但制裁措施不涉及卢卡申科本人。美欧都希望白俄罗斯脱离俄罗斯的影响并加入西方阵营,但双方在战术层面表现不同。美国距离白俄罗斯较远,近年来与白关系朝着缓和方向发展,对白态度相对超脱。白俄罗斯处于欧俄之间,对于欧盟来说关系到欧洲安全以及与俄罗斯的关系,处理不好,白俄罗斯有可能成为乌克兰之后又一个"烫手的山芋",因此欧盟对白的态度纠结,行动谨慎。欧盟一方面支持白俄罗斯反对派,另一方面也担心过度干预会使白俄罗斯与俄罗斯的关系更加紧密。欧盟内部对白俄罗斯的态度也不是铁板一块,德国、法国的态度显然没有波兰、立陶宛和波罗的海三国强硬,而匈牙利则反对制裁白俄罗斯。

其四,俄罗斯依旧坚决支持卢卡申科。在2014年乌克兰彻底倒向美欧以后,俄罗斯再也不能让白俄罗斯成为第二个乌克兰。俄罗斯承认白俄罗斯总统选举的合法性,警告西方不要干涉白俄罗斯内政,并表示俄将组建由执法人员组成的预备队,以便帮助白俄罗斯稳定局势。9月14日,卢卡申科总统赴索契与普京会晤。普京说,俄罗斯将遵守双方所有协议,包括在俄白联盟条约和集体安全条约组织框架下的协议。普京宣布向白俄罗斯提供15亿美元贷款,帮助其克服经济困难。几个月来俄罗斯总理米舒斯京、外长拉夫罗夫、国防部部长绍伊古、对外情报局局长纳雷什金纷纷访问明斯克,与白俄罗斯方面磋商加强合作、克服白俄罗斯危机的方案和举措。

（二）如果局势恶化，白俄罗斯当局将在明斯克或全国主要城市实行紧急状态，禁止举行示威、集会、游行等任何抗议活动

这将导致白俄罗斯当局同反对派、同西方之间的冲突升级。

10月26日以来，反对派的抗议活动有加剧的趋势，一些工厂发生罢工，参加示威的大学生、退休人员和医生的数量在增加。卢卡申科的表态也变得愈加强硬，10月30日，他在内务部会议上说，"最近几天的形势是恐怖主义的战争"，要求护法人员"坚决、严厉同时又漂亮地打击反对派支持者的行动"。10月31日，为了应对大规模的抗议活动，装甲车第一次出现在明斯克街头。俄罗斯分析人士认为，如果局势继续紧张和恶化，譬如反对派的抗议活动逐步向极端化方向发展，从和平示威演变为暴动、冲击政权机关大楼，或发生人员伤亡，白俄罗斯政府很可能将在首都或全国宣布实行紧急状态。

（三）卢卡申科总统与部分反对派开展一定程度的对话，进行宪法改革，局势逐步缓和

10月10日，卢卡申科与狱中的反对派代表就新宪法的方案进行对话，并在对话后释放了两名反对派代表。但他拒绝与那些煽动对抗政府和要求总统下台的反对派对话，要求俄罗斯通缉逃至立陶宛的季哈诺夫斯卡娅。

宪法改革的内容是扩大议会和政府的权限，修改选举法，允许包括反对党在内的主要政党参加议会竞选。8月17日，卢卡申科在明斯克轮式牵引车厂与工人对话时表示，目前正在研究旨在重新分配权力的宪法修改方案，经全民公决后这将成为新宪法。他愿意根据宪法交出（部分）总统权力。

8月31日，卢卡申科会见白俄罗斯最高法院主席时承认，白俄罗斯目前的制度"有一些威权主义"，需要进行宪法和最高法院的改革。目前有一批专家正在研究改革的可能性，包括给予法院更多的独立性。9月8日，卢

卡申科在接受"今日俄罗斯"通讯社等俄媒体联合采访时说，不排除白俄罗斯在宪法改革后提前举行总统选举的可能性。

俄罗斯比较赞成第三种方案。美欧国家对白俄罗斯的宪法改革也乐见其成。11月26日，俄罗斯外长拉夫罗夫访问白俄罗斯，称业已启动的宪法改革有助于稳定白俄罗斯的局势。[①] 12月2日，普京总统在集体安全条约组织峰会上说："希望白俄罗斯人民有足够的政治成熟，能够平静地进行国家内部的政治对话，在没有外来干涉的情况下解决内部问题。"[②] 他表示"相信白俄罗斯总统有足够的政治经验"应对面临的局势。

卢卡申科总统也表示，一旦宪法改革的方案获得通过，他将不再担任总统。[③] 由此可见，白俄罗斯的局势有可能进入一个新的阶段。

三 中白共建"一带一路"合作的进展

尽管疫情肆虐、白俄罗斯国内抗议活动等因素对中白合作不利，但中白双方并未因此停止或懈怠相应的努力，两国在共建"一带一路"框架下的合作在逆境中彰显出旺盛的生命力和高度的韧性，在中白工业园建设、抗疫合作、政治互信、合作机制、经贸投资、人文合作等方面均取得一定进展。

中白工业园是"一带一路"建设的标志性工程，也是中白两国互利合作的示范项目。2020年中白工业园从建设期转入高质量发展期，尽管部分投资项目和招商引资计划因疫情无法正常实施，但园区建设经营仍取得不小的进展。年内共吸引13家企业入园，入驻企业数量增长到68家，累计投资额超过12亿美元，创造直接就业岗位1000余个。其中欧亚铁路公司入驻后将在园区内投资建设货运铁路场站，实现中欧班列等铁路运输大通道与中白

---

① 《俄外长表示白俄罗斯宪法改革有助于稳定白局势》，新华网，2020年11月27日。
② "Путин выразил надежду на достаточную политическую зрелость у белорусов"，Газета.Ру，02.12.2020.
③ 《卢卡申科：需要制定新宪法让国家不崩溃，通过后将不再任总统》，《环球时报》2020年11月28日。

工业园的对接，这对工业园未来发展具有重要意义。国机火炬园项目在疫情之年率先入园对于园区招商引资和复工复产具有示范带动作用。中白科技成果产业化创新中心正式投产运营后将担负起内部培育和孵化高科技产业的使命，推动园区的国际创新合作。明斯克国际展会中心项目举行开工仪式意味着园区配套设施的系统化，将为园区长期良性发展提供保障。2020年内中白工业园被白俄罗斯政府列为首个5G试验区和首个无人车试验区。中白工业园因优惠的投资政策、良好的投资环境等斩获多个奖项。9月4日，中白工业园在中国国际服务贸易交易会上荣获全球服务示范案例奖。10月15日，在"FDI"期刊举办的2020年全球自由经济区评级中，中白工业园荣获"一带一路"建设最佳经济特区。

在抗疫合作方面，年初中国武汉发生疫情后，卢卡申科总统专门致信习近平主席表示慰问，白政府向中国提供了两批援助物资，白方一些机构和各界代表还积极声援武汉。白俄罗斯发生疫情后，习近平主席也向卢卡申科总统致慰问电。中国政府以及社会各界也积极援助白方，双方医疗专家多次交流经验，充分体现出中白关系的高水平和特殊性，印证了"铁哥们"之间的全天候友谊。

在政治互信方面，6月11日，中白两国元首进行电话交谈，探讨双边合作等问题。白俄罗斯第六届总统选举结束后，习近平主席率先致电卢卡申科，祝贺其再次当选白俄罗斯共和国总统。在欧美等一些国家拒绝承认卢卡申科胜选、对白政府施压并采取制裁措施的情况下，中国外交部发言人以及中国常驻联合国代表团新闻发言人多次表态指出，反对外部势力干涉白俄罗斯内政，支持白方为维护国家独立、主权、安全和发展所做的努力，相信在卢卡申科总统的领导下白俄罗斯将恢复稳定和社会安宁。卢卡申科总统向习近平主席致抗日战争胜利日贺电和国庆贺电，并多次公开表达白俄罗斯是中国真正的朋友，以及推进双边关系不断发展的愿望。7月1日在日内瓦举行的联合国人权理事会第44次会议上，白俄罗斯代表四十六国做共同发言，积极评价中国新疆人权事业发展成就和反恐、去极端化成果，支持中国在涉疆问题上的立场。

2020年白俄罗斯政局走向和中白共建"一带一路"合作

在合作机制方面,12月14日,中白政府间合作委员会第四次会议如期召开,中方主席郭声琨指出,双方自第三次会议以来在经贸、科技、执法、教育、文化等领域合作成效显著。双方要进一步加强战略对接,推进高质量共建"一带一路"合作,以重大合作项目为牵引,推动中白合作走深走实,实现两国共同发展繁荣。白方主席尼古拉·斯诺普科夫表示,希望深化各领域合作,推动双边关系不断迈上新台阶。双方签署了会议纪要和关于在委员会框架内成立海关检验检疫合作分委会的议定书,以及经贸领域相关合作文件。2020年内两国政府均任命了新的大使。原白俄罗斯总统办公厅副主任尼古拉·斯诺普科夫一度接替基里尔·鲁德担任驻华大使,后转任第一副总理,驻华大使一职由白国家海关委员会原主席尤里·先科担任。11月12日,谢小用先生向白外长递交国书副本,正式接替崔启明先生担任中国驻白俄罗斯大使。2020年是中白地方合作年。8月25日,白俄罗斯驻重庆总领事馆开馆,德米特里·叶梅利亚诺夫任首位领事官员。

在投资经贸方面,6月30日,第一副总理斯诺普科夫在接受白通社采访时指出,2015年以来中国每年向白俄罗斯提供经济技术援助约1.3亿美元,主要用于建设白俄罗斯的社会住房、大学生宿舍和其他基础设施,包括中白工业园科技中心、公寓楼、变电站等。未来三四年内,预计规划建设的项目总额将达到8亿美元。[①] 据白方统计,截至2019年底,中国对白累计投资11.7亿美元,其中直接投资3.9亿美元。[②] 据白俄罗斯国家统计委员会数据,2020年前10个月中白贸易额为36.33亿美元,同比下降2.3%。相对于同期白外贸额下降16.9%、俄白贸易额下降18.4%,中白贸易额下滑幅度不大。中国从白俄罗斯进口额6.12亿美元,同比增长6.3%,向白俄

[①] "Беларусь ежегодно получает от Китай технико – экономическую помощь в размере около $ 130 млн", 30 июня 2020, https://www.belta.by/economics/view/belarus – ezhegodno – poluchaet – ot – kitaja – tehniko – ekonomicheskuju – pomosch – v – razmere – okolo – 130 – mln – 396812 – 2020/.

[②] 《谢小用大使接受白俄罗斯国家通讯社记者专访》, http://by.china – embassy.org/chn/zbgx/sbgx/t1836932.htm。

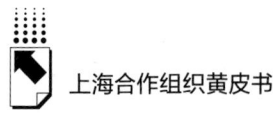

罗斯出口30.21亿美元,同比下降3.9%。中方顺差24.09亿美元。①

在人文合作方面,教育合作成绩显著。中国每年给白俄罗斯提供40个政府奖学金交流名额。目前白俄罗斯在华留学生近千名,中国在白俄罗斯留学生达到4000多名。中国驻白俄罗斯大使馆自2016年起设立"中国大使奖学金",五年来共资助148名学习汉语的白俄罗斯大、中学生。中国迄今在白俄罗斯已设立6所孔子学院和1个孔子课堂。2014年以来中国的高等院校已建立14家白俄罗斯研究机构,第二外国语学院、天津外国语大学、西安外国语大学和北京外国语大学还设立了白俄罗斯语专业。双方的科研合作也很密切。中国社会科学院与白俄罗斯科学院设立了中白人文合作论坛。两院贯彻落实两国元首达成的共识建立了中白发展分析中心,服务于两国政府间合作委员会以及"一带一路"框架下的合作。文化合作方面,2016~2017年,两国文化部在对方相继设立文化中心,已连续6年举办"欢乐春节"演出等文化活动,受到白俄罗斯人民的喜爱。

四 中白共建"一带一路"合作的前景

短期内中白在"一带一路"框架下的合作可能继续面临复杂的环境,需要对可能出现的风险和困难早做准备并积极应对。首先,白俄罗斯投资环境的不确定性增加。白俄罗斯国内抗议活动常态化趋势导致长期以来该国投资环境中"政治稳定"的优势不再突出,而疫情、制裁、地缘政治博弈等因素的叠加将放大其经济社会前景的不确定性。世界银行2019年编制的《2020年营商环境报告》将白俄罗斯的排名从第30多位降到第49位,认为其在贷款、纳税便利性、保护小股东权利和企业破产等方面较差。白政府提出2021年经济增长1.8%的目标,但外界对白俄罗斯政治危机能否顺利解决普遍持观望甚至怀疑态度,预计其经济大概率将持续停滞或呈低增长状

---

① https://www.belstat.gov.by/ofitsialnaya-statistika/realny-sector-ekonomiki/vneshnyaya-torgovlya/.

态,这将影响投资者的信心。白俄罗斯政府明确不准备进行大规模私有化。国家将继续通过直接任命企业负责人或国家代表保持对大型国有企业的领导。在出口下降、收入减少的情况下政府增加工资以及社会福利领域的支出将导致政府财政赤字扩大,政府的投资能力将下降,对于外部增加援助和投资以及扩大出口的诉求将上升。白财政部宣布为了抗疫和贴补地方预算计划调整税收政策,这也将使在白企业的经营成本上升。此外,疫情的持续、白俄罗斯及周边国家经济形势萎靡也会影响在白中资企业的招商引资、用工及经营活动。

其次,白俄罗斯与西方及俄罗斯关系的变化可能不利于在白企业进入欧盟和欧亚经济联盟市场以及白俄罗斯发挥"一带一路"交通枢纽的优势,白外交政策的平衡性和独立性也可能弱化。此次政治危机导致白俄罗斯与西方交好的努力付诸东流,目前7家白俄罗斯企业受到欧盟制裁,其他企业的商品进入欧盟市场也将更加困难。俄罗斯加强对白俄罗斯及欧亚经济联盟市场的主导作用,在白企业的商品进入欧亚经济联盟同样面临各种壁垒。中欧班列经过白俄罗斯通往欧盟的西向交通物流可能受到白俄罗斯与波兰及欧盟关系不睦的影响。长期以来,白俄罗斯始终推行对华友好政策,在联合国等多边框架下是中方可以信赖的"铁票仓"。而中国对于白俄罗斯来说是其摆脱在俄罗斯与西方之间站队窘境、拓展战略空间和实现多边平衡的重要方向。未来,预计白俄罗斯会继续坚持对华友好的政策,但其决策可能会受到多种因素的影响。

最后,短期内白俄罗斯抗议活动有可能常态化,政治稳定性下降,加上疫情影响,在白中国公民的人身、健康和财产安全将继续受到一定影响。

要应对中白合作的风险和困难、促进中白全面战略伙伴关系和推进"一带一路"建设高质量发展,需要把握以下四个方面。第一,中国政府机构,特别是驻白使馆应发挥核心和枢纽作用,加强外交领事保护工作,统筹和组织中国在白企业、商会和民间机构建立团结一致、互帮互助的信息共享体系和安全救助体系,跟踪当地社情动态,及时分享相关安全信息并进行风险预警,提醒在白中国员工和留学生加强安全防护意识,警惕安全环境恶化

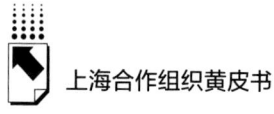

和疫情反弹,继续做好日常防疫工作,提升自我安全防护水平,远离抗议地点和抗议人群,避免因抗议活动受伤,妥善协调在白学习工作的中国公民疫苗接种以及国际往返问题。

第二,考虑到白俄罗斯未来政治经济发展的不确定性有所增加,中国与白俄罗斯有经贸合作关系的企业(特别是在白中资企业)宜尽早制定危机应对方案,根据白俄罗斯以及欧亚经济联盟有关经济政策的变化及时调整生产经营计划,健全安全防范应急处置机制,加强企业管理,根据需要适当调整和增加安保措施,以维护生产经营安全。一旦发生合同纠纷,要重视运用白俄罗斯相关法律维护自身的合法权益,必要时求助中国驻白使馆和中国商务部驻白俄罗斯经商处,尽可能减少对自身造成的经济损失。

第三,中国政府机构宜与白俄罗斯政府机构保持密切的沟通、交流和磋商,及时把握白方的政情和政府政策的变化,推动白方继续坚定与中国发展友好关系的政策,有效落实双边达成的合作协议,扩大并深化双方在交通、贸易、产业投资、数字经济、科技、农业、卫生防疫、人文等领域的合作,按照企业主体、市场导向、政府引导的原则鼓励两国企业开展合作,不断提升双边务实合作的质量和水平,使合作成果广泛惠及两国民众。推动白方重视中国在白重大工程的安全运行以及中国在白利益保护的议题,确保实施项目的可持续性,根据白俄罗斯的法律和双方签署的协议提出双方均能接受的方案,促使白方协助中方有效解决在白企业和人员生产生活中遇到的问题,通过加强双方警务部门之间的合作弥补中方在当地安保机制和能力方面的不足,有效维护中国企业、社会组织和公民在当地的正当合法权益。

第四,加强国际合作,推动形成对中国有利的区域和国际格局以及国际秩序。白俄罗斯与俄罗斯是联盟国家,双方在安全、经济、政治、人文等领域的关系非常密切,俄罗斯对白俄罗斯的政策关系到白俄罗斯的前景,也影响到俄罗斯与西方国家之间的关系。俄罗斯是中国的全面战略协作伙伴,中俄两国无论在维护白俄罗斯主权独立、稳定、安全以及欧亚地区的稳定方面,还是在反对霸权主义和强权政治、推动建立公正合理的国际秩序方面,都有共同利益。中俄两国宜加强沟通与协作,共同支持白俄罗斯的主权和独立，反对外部势力干涉白俄罗斯内政，促进欧亚地区的稳定和和平。

总而言之，中国与白俄罗斯虽远隔千山万水，但两国对于在"一带一路"框架下发展各领域合作有着坚定的信念，并做出不懈的努力，也取得了丰硕的务实合作成果，发展势头良好。随着疫情的缓和及白俄罗斯局势的逐渐稳定，中白合作将得到新的发展。

安全合作
Security Cooperation

Y.8
上海合作组织与阿富汗的相互需求关系评析

朱永彪　魏丽珺*

摘　要： 扩员后的上合组织迎来了组织发展的新阶段，阿富汗问题与上合组织的关系在成员增加及美国撤军的背景下显得更加重要和急迫。从上海合作组织和阿富汗两个视角出发对两者间的关系进行把握和评析，将会有助于理解上海合作组织在阿富汗问题上的作为及其前景。上海合作组织在阿富汗问题上的需求主要源于阿富汗的身份及其地缘重要性；阿富汗对上海合作组织的需求主要源于上海合作组织的身份及其组织资源。二者的相互需求以对称性和非对称性并存为特征，相互需求的对称性决定了上海合作组织在阿富汗问题上的政策方向与政策重点，相互需求的非对称性则决定着上海合作组织

---

* 朱永彪，兰州大学"一带一路"研究中心教授、执行主任，兰州大学阿富汗研究中心主任；魏丽珺，复旦大学国际关系与公共事务学院博士研究生。

上海合作组织与阿富汗的相互需求关系评析

在阿富汗问题上作为的大小。

关键词： 上海合作组织　阿富汗问题　相互需求

印度和巴基斯坦的加入使上海合作组织（以下简称"上合组织"）成为"人口最多、地域最广、潜力巨大的综合性区域组织，将在地区和国际事务中发挥更加积极的作用"[1]，上合组织随之迎来了其组织发展的又一个新阶段，同时也给组织的发展带来诸多的机遇与挑战。其中，阿富汗问题是长期以来上合组织不可回避的问题之一，尤其是在美国已经开始与塔利班谈判、准备启动新的撤军进程的背景下，以及阿富汗再次表达希望早日成为上合组织正式成员国后[2]，阿富汗问题已成为新阶段上合组织必须要面对的紧迫问题。因此，对当前阿富汗与上合组织之间相互需求问题的讨论有着迫切且重要的现实意义，也是上合组织研究中的重要议题之一。

一　问题的提出与研究现状

当下的阿富汗问题依然严峻，突出表现在安全领域和重建及治理领域两个方面。安全领域内，阿富汗安全局势持续波动。首先，阿富汗政府和反政府武装、恐怖组织之间的冲突在阿富汗境内大部分地区仍然存在。其次，阿富汗境内反叛组织、恐怖组织的组成复杂，不仅有"哈卡尼网络"（Haqqani Network），还有"基地"组织和"伊斯兰国"等组织不同规模的存在，这些组织制造的恐怖事件给阿富汗安全带来严重的威胁，造成了大量

---

[1] 《外交部发言人——上合组织将在地区和国际事务中发挥更积极作用》，《人民日报》2018年4月27日。
[2] 《驻阿富汗大使刘劲松出席阿外交部举办的"上海合作组织与阿富汗关系"座谈会》，中国驻阿富汗大使馆网站，http：//af.china-embassy.org/chn/sgxw/t1652408.htm。

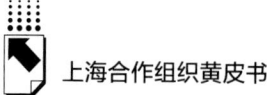

的平民伤亡。最后,阿富汗的安全形势还受到诸多因素的影响,主要有以美国为首的外部大国的阿富汗政策、政局隐患、国内经济困难等因素。① 外部大国在阿富汗地区的博弈是影响阿富汗安全形势的主要外部因素之一,大国博弈无助于阿富汗形势的好转。而阿富汗政局长期不稳、经济长期困难是影响其安全形势的重要内部因素。

阿富汗重建和治理领域内的问题是阿富汗问题的另一个重要关切,其与安全问题相互影响。政治方面,阿富汗政局的稳定、政治机构的建设与改革是阿富汗重建的重要基础条件,但目前,阿富汗总统加尼与首席执行官阿卜杜拉之间的分权制衡和两派间的斗争仍在继续,中央和地方政府的政治腐败问题依旧突出②,军队和警察系统的建设有待进一步完善,与巴基斯坦外交关系波动也给阿富汗的总体安全局势带来消极影响。经济方面,贫困和较高的失业率是阿富汗社会经济中最重要的两大问题。"据阿富汗中央统计局(CSO)最新公布的数据,阿富汗的贫困率达到了54%。"③ "23%的阿富汗人处于失业状态。"④ 此外,阿富汗的毒品犯罪问题依然严重,难民问题和军阀问题也没有得到妥善解决。由此看来,由于阿富汗自身的复杂性,阿富汗问题包括了以安全问题为核心的方方面面,各方面问题的解决与改进都是阿富汗问题改善进程上的关键一环。

随着阿富汗问题的演变以及上合组织的发展,国内外学术界对二者之间联系的研究也越加深入。就目前的研究现状来看,学界普遍认为,阿富汗问题伴随着上合组织发展的始终,与地区内的关键国家与地区性国际组织有着不可分割的联系,并在关注上合组织的发展时,也将阿富汗问题作为重点关注对象。

---

① 朱永彪、魏丽珺:《阿富汗安全形势及其对丝绸之路经济带的影响》,《南亚研究》2017年第3期。
② 朱永彪、魏丽珺:《阿富汗安全形势及其对丝绸之路经济带的影响》,《南亚研究》2017年第3期。
③ "Poverty Climbs to Threatening 54% in Afghanistan", *Daily Outlook Afghanistan*, May 10, 2018.
④ 《阿富汗在困境中求发展》,新华网,http://www.xinhuanet.com/world/2018-05/09/c_129867636.htm。

上海合作组织与阿富汗的相互需求关系评析

国内学术界对阿富汗问题与上合组织这一议题的研究也随着对上合组织、阿富汗问题这两个子议题研究的深入而逐步完善与扩大。从研究类型来看，突出表现在对阿富汗问题和上合组织之间关系动态性发展的研究①以及政策建议型的研究上，集中讨论了上合组织在阿富汗问题上的政策沿革与表现、阿富汗问题的由来与上合组织的发展以及上合组织在阿富汗问题上的政策借鉴与建议等问题。从主要观点来看，国内现有研究成果对上合组织和阿富汗问题之间关系的讨论主要分为两种观点：其一，较多学者认为上合组织可以在阿富汗问题上有所作为，加强上合组织自身职能的同时可以在阿富汗问题上发挥更大作用，采取更多积极的策略；②其二，部分学者则认为上合组织尚在自我发展和完善的阶段，应在阿富汗问题上适度发挥作用，但要把握好度，避免过多卷入③。

国外学界对上合组织的研究主要基于联盟、意识形态、地区维护者以及政策应对四种视角。④在此基础上，国外学者对上合组织和阿富汗问题关系的研究可视为对上合组织研究的拓展，虽然不具规模，但对本文研究仍然有借鉴和启发意义。总体来看，国外相关研究以安全研究为主，认为区域国家（特别是中亚国家）的安全与阿富汗密不可分，安全问题是上合组织在阿富汗问题上的首要关注⑤，相关成果考察了在阿富汗安全局

---

① 杨雷：《上海合作组织在阿富汗问题上的政策运筹》，《亚非研究》2017年第1辑；何明：《上海合作组织与阿富汗重建问题》，《南亚研究》2012年第4期；赵华胜：《上海合作组织与阿富汗问题》，《国际问题研究》2009年第4期；许涛：《关于上海合作组织有限介入阿富汗问题的思考》，《新疆大学学报》（哲学·人文社会科学版）2014年第4期。
② 肖玙：《上海合作组织对未来阿富汗和平进程的作用》，《边界与海洋研究》2016年第3期；杨雷：《上海合作组织在阿富汗问题上的政策运筹》《亚非研究》2017年第1期。
③ 余建华：《阿富汗问题与上海合作组织》，《西亚非洲》2012年第4期；张晓慧、肖斌：《地区安全主义视野中的上海合作组织》，《俄罗斯中亚东欧研究》2011年第4期。
④ 陈小鼎、王亚琪：《东盟扩员对上海合作组织的启示与借鉴——兼论上海合作组织扩员的前景》，《当代亚太》2013年第2期。
⑤ Steven F. Jackson and Andrea M. Lopez, "RATS Play Whack‐A‐Mole: The Shanghai Cooperation Organization and the Problem of Radical Islamic Terrorism," *Politics in the Central Asian Region*, June 17, 2017, pp. 1 – 36; Marcel de Haas, "War Games of the Shanghai Cooperation Organization and the Collective Security Treaty Organization: Drills on the Move!" *The Journal of Slavic Military Studies*, Vol. 29, No. 3, 2016, pp. 378 – 409.

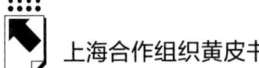

势不断恶化的形势下，上合组织能否在阿富汗发挥重要作用、发挥作用的范畴抑或是无法发挥作用的局限性、上合组织能否独立解决阿富汗难题等问题。① 通过对这些问题的分析，指出美国深陷阿富汗问题多年也未能给阿富汗地区带来稳定，阿富汗问题可能需要世界各国同联合国一道开辟新的合作途径来解决，因此国外学界认为，上合组织虽然有潜力、有期望在阿富汗问题上有所作为，但其很可能会更关注欧亚地区的经济、贸易和安全相关问题，而不是阿富汗问题。但出于对阿富汗地缘政治特殊性的考虑，上合组织会持续关注其成员国与邻国阿富汗的双边接触，并将其主要关注点放在控制毒品、打击恐怖主义和有组织犯罪等领域，而非阿富汗的内部政治事务上。② 此外，也有研究从民主化、政治色彩的角度出发，认为上合组织在其发挥职能的过程中带有一定的威权主义色彩，担心上合组织对地区民主化进程产生不利影响，这或许会给阿富汗政治进程带来消极影响。③

国内外对上合组织和阿富汗问题关系的既有研究成果较为全面地讨论了政策的动态性沿革以及与安全相关的问题，对上合组织在阿富汗问题上的定位与发展方向的讨论较为丰富，但都是以上合组织或者阿富汗问题二者中的一方为主进行单向研究，鲜有成果从上合组织和阿富汗两个视角出发去解读各自对对方的需求。而这种解读在上合组织与阿富汗问题关系的研究中是不容忽视的，基于此考虑，本文试图从上合组织和阿富汗两个视角出发解答以下问题：上合组织视角下，其在阿富汗问题上有何需求？站在阿富汗的立场，其对上合组织又有何需求？在这种状态下会有何种政策启示？

---

① Meena Singh Roy, "Role of the Shanghai Cooperation Organisation in Afghanistan: Scope and Limitations," *Strategic Analysis*, Vol. 34, No. 4, 2010, pp. 545–561.
② Meena Singh Roy, "Role of the Shanghai Cooperation Organisation in Afghanistan: Scope and Limitations," pp. 557–558.
③ Thomas Ambrosio, "Catching the 'Shanghai Spirit': How the Shanghai Cooperation Organization Promotes Authoritarian Norms in Central Asia," *Europe-Asia Studies*, Vol. 60, No. 8, 2008, pp. 1321–1344.

上海合作组织与阿富汗的相互需求关系评析

二　上合组织在阿富汗问题上的需求

上合组织在发展进程中出于对自身发展以及国际组织本身职能发挥等方面的考虑，在阿富汗问题上是有其需求的，该需求主要包括横向的身份和地缘重要性，纵向的安全和经贸及社会发展等。

（一）主体身份决定的需求

对上合组织来说，阿富汗作为阿富汗问题的主体，其主要身份是上合组织观察员国。2012年阿富汗正式成为上合组织观察员国。根据《上海合作组织宪章》第十四条规定："本组织可向感兴趣的国家或国际组织提供对话伙伴国或观察员地位。提供该地位的条例和程序由成员国间的专门协定规定。"[1] 同时，《上海合作组织观察员条例》中指出："希望获得本组织观察员地位（以下简称'观察员地位'）的国家或组织，必须在尊重成员国主权、领土完整和平等，承认组织宗旨、原则及活动的基础上通过……的申请。""获得观察员地位的国家或组织有权：'列席本组织……的公开会议''参加本组织各机构职能范围内问题的讨论，但无表决权'……'就其感兴趣的属本组织职能范围内的问题散发书面声明'……'观察员代表的级别应与本组织成员国代表级别相当'……'获得观察员地位的国家或组织如有违背组织、本组织各机构决议或宪章规定的原则的行为或言论，可根据……取消该国家或组织的观察员地位'。"[2]

从以上文件及条例中可以解读出上合组织观察员国的权利与义务。其权利是列席组织公开会议、参与组织讨论、提出意见以及获得会议资料等；义务是满足基本申请条件并履行之，即尊重成员国主权、领土完整和平等，承认组织宗旨、原则及活动等。由此，上合组织对阿富汗作为"观察员国"这

---

[1] 《上海合作组织宪章》，http://chn.sectsco.org/documents/。
[2] 《上海合作组织观察员条例》，http://chn.sectsco.org/documents/。

一主要身份上的需求得以显现，即上合组织需要阿富汗作为观察员国的尊重与认同：尊重不仅是针对上合组织整体，也需要对各个成员国的尊重；认同则是对组织的宗旨、原则以及组织活动的认同。简言之，阿富汗观察员国的身份决定了上合组织对阿富汗的需求是以尊重和认同为主的持续的支持。上合组织对阿富汗这一阿富汗问题的主体的需求是如此，而上合组织在以安全和国内治理为主的阿富汗问题上的需求是以对主体的需求为目标的（见图1）。因此，要达到维持阿富汗问题的主体阿富汗"以尊重和认同为主的支持"的目标，上合组织在阿富汗问题上的需求是至少保障主体阿富汗对上合组织的尊重和认同，即在其职能范围内发挥作用抑制或改善阿富汗问题，因为阿富汗问题的恶化会在一定程度上威胁到上合组织对观察员国阿富汗的需求。

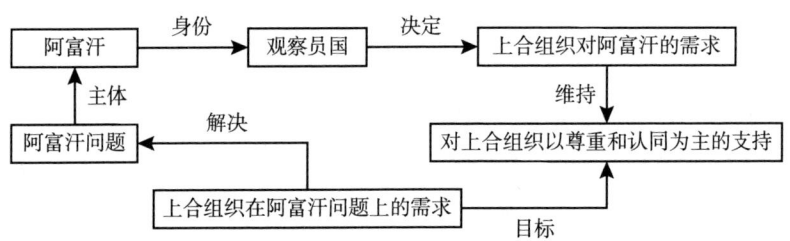

图1　主体身份决定下的上合组织在阿富汗问题上的需求

资料来源：笔者自制。

（二）阿富汗地缘重要性决定的需求

对上合组织来说，一方面，阿富汗不仅是其成员国乌兹别克斯坦、塔吉克斯坦、中国以及巴基斯坦的邻国，而且也是上合组织其他成员国哈萨克斯坦、吉尔吉斯斯坦、俄罗斯和印度的近邻。地理位置决定了阿富汗问题的存在会直接或间接地对上合组织产生影响，而且，比起域外大国，地区国家在阿富汗问题上有着更大的利害关系。"在某种意义上，阿富汗是一把钥匙，可以打开许多地区问题。"[①] 另一方面，阿富汗历来是大国博弈的场所，阿

---

① 赵华胜：《上海合作组织与阿富汗问题》，《国际问题研究》2009年第4期。

上海合作组织与阿富汗的相互需求关系评析

富汗问题也备受国际社会关注,这种情况反而使得阿富汗问题的地缘重要性再度提升。因此,综合这两种考虑,阿富汗地缘重要性决定的上合组织在阿富汗问题上的需求,具体体现在安全、政治与外交、经济与社会等各个方面。

首先,阿富汗的地缘重要性决定了地区安全是上合组织在阿富汗问题上的首要关切。阿富汗地处南亚、中亚以及西亚的交接地带,上合组织各成员国均是阿富汗的邻国或近邻,极端组织的越境活动及其他安全类问题的外溢会直接影响到上合组织成员国。当前阿富汗安全形势并未好转,同时,阿富汗国家安全部队在安全与反恐领域内的有效性正在下降,政府的指令在喀布尔以外的其他地区仍然受到质疑。目前,阿富汗塔利班和其他武装分子控制或争夺着阿富汗40%~45%的地区,而阿富汗政府对其余地区的控制也是较为松散的,因为这些地区主要由当地军阀控制,他们经营自己的民兵并且很少顺应政府的要求。阻止塔利班或"伊斯兰国"接管政权是地区军阀与政府的共同利益所在,但当政府的行动与地区军阀自己的部落、政治和民族利益不协调时,地区军阀对政府指令的执行就是另一回事了。阿富汗并不乐观的安全形势与本国治理的有限性使上合组织担忧安全问题的外溢威胁其成员国的安全,因此,对上合组织而言,地缘重要性决定了其在阿富汗问题上的需求之一是安全环境的改善。

其次,阿富汗是东西方的交通要冲以及南亚次大陆的战略屏障[1],拥有地处欧亚大陆十字路口的特殊地缘战略地位。美国的阿富汗政策、阿富汗与上合组织成员国巴基斯坦的关系、周边大国在阿富汗的博弈等都是阿富汗地缘重要性的体现,也使阿富汗问题中的政治和外交色彩更为浓厚。其中,阿富汗与巴基斯坦之间的矛盾与发展态势给上合组织带来更多的困扰。近来,影响巴阿局势稳定的一些关键矛盾点,如"支恐"问题、难民问题、边境问题以及贸易问题等,都没有乐观发展的趋势。而巴基斯坦目前是上合组织

---

[1] 黄民兴、陈利宽:《阿富汗与"一带一路"建设:地区多元竞争下的选择》,《西亚非洲》2016年第2期。

的成员国，巴阿局势的消极发展势必会影响上合组织与阿富汗的关系。上合组织不仅要维护成员国利益，也要本着"互信、互利、平等、协商、尊重多样文明、谋求共同发展"的"上海精神"在地区内尽到地区性国际组织的责任，发挥积极作用。此外，美国以及其他大国在阿富汗的博弈又给上合组织在参与阿富汗的"大博弈"时增添了困难与变数。从这些角度考虑，在地缘重要性决定下上合组织在阿富汗问题上的需求之二是政治稳定，即阿富汗国内重建进程的加快。

最后，阿富汗的地缘重要性决定了阿富汗在地区经济发展与合作中的重要地位。"阿富汗的物产并不丰富，但其特殊的地理位置，使它成为自古以来欧亚大陆上人类迁徙、征伐、商旅活动的重要通道。"① 美国的"新丝绸之路计划"旨在以阿富汗为枢纽建设一个连接南亚、中亚、西亚的交通运输与经济发展网络；② 中国的"一带一路"建设提倡在坚持共商、共建、共享的原则下与沿线国家发展战略积极对接；还有日本提出的"亚欧新丝绸之路"计划、印度的"季风计划""香料之路计划"③ 等一系列将阿富汗纳入区域经济合作的战略构想，这充分体现了阿富汗在连接中亚、南亚和西亚中的交通枢纽地位以及阿富汗在地区经济合作中的大陆桥地位。同时，阿富汗在整合地区经济发展中的作用还体现在其发挥枢纽作用的交通和能源项目上，比如，交通方面的公路铁路项目有：连接阿富汗与土库曼斯坦和塔吉克斯坦的公路项目、考尔霍佐波（塔）—潘吉波音（塔）—舍尔汗班达尔（阿）—昆都士（阿）线路的铁路项目、贾拉拉巴德（阿）—托克汉姆（阿巴边境）—兰迪库塔尔（巴）线路的铁路项目以及查曼（巴）—斯宾波尔达克（阿）线路的铁路项目。能源管道方面的项目有：从土库曼斯坦经阿富汗、巴基斯坦到达印度的输气管线项目（TAPI）和阿富汗、塔吉克斯坦、吉尔吉斯斯坦、巴基斯坦输变电线路项

---

① 孙壮志：《阿富汗的地缘意义》，《世界知识》2009 年第 17 期。
② 潘光：《美国"新丝绸之路"计划的缘起、演变和发展前景——对话"新丝绸之路"构想的提出人斯塔教授》，《当代世界》2015 年第 4 期。
③ 李青燕：《阿富汗形势与中国的"一带一路"倡议》，《南亚研究季刊》2016 年第 3 期。

目（CASA-1000）。①

尽管阿富汗在整个中亚、南亚及西亚地区中的地缘经济地位十分重要，但阿富汗国内经济发展却停滞不前。2014年以后，随着外驻军队的撤离，阿富汗经济发展放缓，高度依赖外部援助使得阿富汗经济发展的内部动力极为不足。2017年，阿富汗的GDP增长率约为2.5%，仅仅略高于2014~2016年的平均水平。阿富汗GDP增速在2018~2019年度也没有提升，仍是2.5%②。社会问题方面，自2001年以来，尽管阿富汗人的预期寿命、收入和扫盲水平有所提高，但阿富汗的贫困率仍很高，大部分人口继续遭受住房、清洁水、电力、医疗和失业等问题的困扰。腐败、不安全、治理薄弱、缺乏基础设施等各方面的困境导致阿富汗政府难以将法治推向全国各地，这也对阿富汗未来的经济增长构成挑战。尽管国际社会仍然致力于阿富汗的发展，在2003~2016年的10次捐助者会议上承诺提供830亿美元的援助，2016年10月，在布鲁塞尔会议上捐助者承诺从2017年至2020年每年对阿富汗增加38亿美元的发展援助，③但阿富汗政府仍需要面对经济困难、社会问题严峻等多方面的挑战。上合组织比其他任何地区性国际组织都更加希望看到阿富汗经济发展、社会稳定。上合组织成员国与阿富汗也有较为密切的经济往来，上合组织要在地区内实现互利共赢，带动地区经济整体向好的发展，就需要与阿富汗进行经济合作，努力实现共同管控阿富汗问题。因此，对上合组织而言，阿富汗的地缘重要性决定了其在阿富汗问题上的需求之三是阿富汗充分利用自身地缘经济地位发展经济，并与其积极开展经济合作。

三 阿富汗对上合组织的需求

如前文所述，阿富汗问题的复杂性与多重性导致阿富汗问题的改善与解

---

① 黄民兴、陈利宽：《阿富汗与"一带一路"建设：地区多元竞争下的选择》，《西亚非洲》2016年第2期。
② Asian Development Bank, https://www.adb.org/countries/afghanistan/economy.
③ "Afghanistan Economy Profile 2018," index mundi, https://www.indexmundi.com/afghanistan/economy_profile.html.

决面临诸多挑战与困难。从阿富汗的角度而言，上合组织在阿富汗问题上的被需求以及其在阿富汗问题的解决上能发挥的作用主要表现在两个方面：一是上合组织的身份决定的被需求；二是上合组织的资源决定的被需求。

（一）阿富汗上合组织观察员国身份决定的需求

就阿富汗与区域性国际组织的互动来看，其目前加入的区域性国际组织主要有伊斯兰会议组织（OIC）和南亚区域合作联盟（SAARC），另外，阿富汗也是欧洲安全与合作组织（OSEC）的合作伙伴和上合组织的观察员国。相比之下，上合组织不仅是阿富汗所在地区内规模最大的区域性国际组织，而且上合组织的成员国均是阿富汗的近邻，不仅包括俄罗斯、中国和印度三个周边大国，也包括与阿富汗在种族、语言、文化等方面拥有同质性的中亚国家，以及巴基斯坦和伊朗。再者，上合组织"互信、互利、平等、协商……"的组织原则与宗旨以及上合组织促进区域一体化方面的具体活动与发展潜力，都使上合组织成为阿富汗所在地区内最具吸引力的国际组织，这是阿富汗想作为观察员国的原因。阿富汗向上合组织提出了观察员国地位的申请并得到上合组织的通过，足以证明阿富汗在上合组织身份下的需求是维持其观察员国地位，并与上合组织创始成员国增加互动。《上海合作组织宪章》中对上合组织基本任务的描述是："……发展多领域合作，维护和加强地区和平、安全与稳定，推动建立民主、公正、合理的国际政治经济新秩序；共同打击一切形式的恐怖主义、分裂主义和极端主义，打击非法贩卖毒品、武器和其他跨国犯罪活动，以及非法移民……"① 这些任务与职能的有效发挥也将是阿富汗在其发展进程中所需求的。

（二）上合组织的资源决定的阿富汗需求

上合组织的扩员为其组织发展带来经贸发展、能源合作、交通联通以及地区安全合作等方面的机遇，同时也使上合组织面临决策效率有待提升、认

---

① 《上海合作组织宪章》，http://chn.sectsco.org/documents/。

同构建难度增大、包容整合能力需要提高、安全合作利益不同需要协调等方面的挑战。① 但从客观上讲,扩员后的上合组织资源更为丰富了,主要体现在安全、经济和政治方面,这些方面的资源也属于上合组织机制下区域公共产品的范畴,对阿富汗而言,这些资源正是其发展所需要的。

首先,尽管扩员后的上合组织面临的安全问题在原来的基础上又增添了印巴问题、巴阿局势问题等新的内容,给地区安全治理带来新的困扰,但同时,这也会促使上合组织成员国之间展开更多的安全合作,并将有助于上合组织探索适合本地区国情的安全合作模式。② 不仅如此,新加入的印度和巴基斯坦的军事实力也较为雄厚。据统计,2018 年印度军事实力排在世界第 4 位,巴基斯坦排世界第 17 位。③ 对上合组织而言,印巴的加入会使本组织整体军事力量明显提升。因而,目前的上合组织作为地区性的合作框架与机制,其可提供的安全资源(抑或是安全类的地区公共产品)更加丰富了,而且其主要任务依旧是打击"三股势力"和维护成员国安全。而地区内的阿富汗问题则更多地展现在"不安全"上,其安全问题最为突出,从这个意义上讲,安全领域内的需求是阿富汗对上合组织的资源决定下的需求之一。

其次,经济层面上,上合组织所拥有的经济资源显著,主要体现在成员国经济总量与经贸合作两方面。从 2017 年的 GDP 世界排名来看,上合组织成员国中有三个国家排名在世界前 15 位,分别是中国、印度和俄罗斯。④ 而且,中亚国家的经济近年来也在持续增长中,经济发展前景良好。同时,经贸合作是上合组织成员国经济资源显著的又一重要体现,也是上合组织重要且最为常见的议题,是其安全合作的合乎逻辑的继续。⑤ 目前,

---

① 白联磊:《上海合作组织扩员:新发展机遇与挑战》,《国际问题研究》2017 年第 6 期。
② 阳军:《上海合作组织的安全合作》,《俄罗斯学刊》2017 年第 3 期。
③ "2018 Military Strength Ranking," GFP, 2018, http://www.globalfirepower.com/countrieslisting.asp.
④ "World GDP Ranking 2017," https://knoema.com/nwnfkne/world-gdp-ranking-2017-gdp-by-country-data-and-charts.
⑤ 常庆:《上海合作组织的经济职能》,《国际观察》2003 年第 4 期。

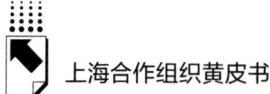

上合组织成员国之间不仅双边合作与多边合作更为频繁,而且合作种类与合作协议也更加丰富,具体表现在道路联通、能源管道、物流通信、市场和海陆通道、产业转移和对外投资等各个方面。如上文所述,阿富汗国内的经济发展动力不足,国内经济重建困难重重。因此,阿富汗周边有一个经济资源如此丰富的地区性国际组织,这对其发展来说是很大的机遇。从这个角度讲,阿富汗在上合组织的资源决定下的需求是开展经济合作,获得经济支持,助力经济发展。

最后,在政治层面上,阿富汗问题的政治性也是较为突出的方面。如前文所述,阿富汗问题在政治上不仅包括其国内政治层面的政权有效性不足、党派间的制衡与分权未完成以及政治腐败等问题,也包括国际政治层面的大国博弈、巴阿局势等问题。而上合组织的地缘重要性以及其规模都决定了上合组织越来越得到国际社会的重视[1],并因此拥有一定的政治资源。从这个角度看,阿富汗对上合组织政治上最大的需求便是获得上合组织成员国或者上合组织整体的外交支持。上合组织的成员国均是阿富汗的邻国或近邻,阿富汗的长期发展离不开与这些国家的合作,更需要上合组织在具体问题上的外交支持。

四 问题与前景

(一)上合组织与阿富汗相互需求的对称性与非对称性

结合前文论述,上合组织和阿富汗的相互需求如表1所示,可以明确看出,上合组织与阿富汗问题的相互需求有其对称性,体现在对方身份决定下保存各自现有身份的需求以及双方在安全、经济与政治领域三大方向上的需求,互相需求方向上的对称性使双方对互利共赢的合作有了更多期待。

---

[1] Stephen Aris and Aglaya Snetkov, "'Global Alternatives, Regional Stability and Common Causes': The International Politics of the Shanghai Cooperation Organization and its Relationship to the West," *Eurasian Geography and Economics*, Vol. 54, No. 2, 2013, pp. 202–226.

非对称性则更多地体现在具体内容上。对上合组织而言，阿富汗安全环境得到改善、政治稳定、国内重建进程加快以及经济发展、社会稳定是其在阿富汗问题上的需求，就是说阿富汗问题本身得到改善便是上合组织的殷切希望及最大需求，这也是上合组织在推进区域一体化以及地区发展进程中的关键挑战。而对阿富汗来说，对上合组织的需求更多地得益于上合组织所拥有的资源和所能提供的公共产品，包括安全和经济方面资源和公共物品的提供以及政治方面的外交支持，并与上合组织之间开展经济与安全上的合作。

表1 上合组织与阿富汗的相互需求概览

	上合组织的需求	阿富汗的需求
对方身份决定下的需求	保证阿富汗对上合组织的尊重与认同； 阿富汗问题得到有效管控	维持其上合组织观察员国的地位； 上合组织职能的有效发挥
阿富汗地缘重要性决定下的需求	上合组织的需求	
	阿富汗安全环境得到改善； 政治稳定,国内重建进程加快； 经济发展社会稳定,开展经济合作	
上合组织的资源决定下的需求	阿富汗的需求	
	与上合组织展开安全合作； 开展经济合作,助力经济发展,取得经济支持； 上合组织安全、经济等领域内公共产品的提供； 上合组织的外交支持	

资料来源：笔者自制。

（二）上合组织未来在阿富汗问题上的作为展望

上合组织与阿富汗问题的相互需求以及其对称性和非对称性并存的特征可以从上合组织和阿富汗两种视角回归到上合组织的单一视角，为未来上合组织在阿富汗问题上的角色和作为提供很好的政策启发。

首先，相互需求的对称性决定了上合组织未来阿富汗政策的重点方向选择依然是安全与经济并行。尽管长期以来上合组织在阿富汗问题上的作用都是间接性的，其对阿富汗问题的政策也主要以政治声明和外交表态的形式出现。[1] 但历次公告与声明中都清楚地表明了其对阿富汗问题的关切，[2] 成员国之间也屡次表达了开展以反恐、打击非法犯罪等为主的安全合作及更广泛的经济合作以共同应对阿富汗问题的意愿。而且，上合组织在经济上有着更多的自信，并在经济方面为实现区域经济一体化、互利互惠等目标投入了更多的实际行动。上合组织和阿富汗都有着对阿富汗问题得到改善的共同需求，因此，对上合组织而言，其未来在阿富汗问题上的政策选择方向依然是关注安全问题，加强安全合作，同时巩固并提升区域经济合作水平，助力阿富汗经济发展。

其次，相互需求的非对称性决定了上合组织未来在阿富汗问题上的作为将会在尊重阿富汗自主性的基础上更加注重发挥积极引导与支持的作用。2009年《上海合作组织阿富汗问题特别会议宣言》中指出："在国际社会共同努力的背景下，上海合作组织不仅是就阿富汗问题开展广泛对话的适宜论坛之一，也是阿富汗与邻国加强务实合作，打击恐怖主义、贩毒和有组织犯罪的有前景的多边渠道。"[3] 可见，上合组织对自身在解决阿富汗问题中的角色定位是一种"适宜论坛"和"多边渠道"，这是对"上海精神"中"协商""尊重多样文明""谋求共同发展"等要领的遵守与诠释。但目前阿富汗问题的改善进程缓慢，阿富汗问题中的各项具体问题仍然是上合组织需要积极面对的难题，再考虑到阿富汗对上合组织的实际需求，上合组织未来需要以更为积极的姿态为阿富汗问题的改善起到更好的支持与指引作用。比如，上合组织在许多互利的具体项目上将阿富汗转化为贸易和经济合作的大陆桥，并充分利用阿富汗的贸易和交通枢纽地位，为带动阿富汗经济发展创造更多实际的条件。同时，"一带一路"建设的积极实施在上合组织的框

---

[1] 杨雷：《上海合作组织在阿富汗问题上的政策运筹》，《亚非研究》2017年第1期。
[2] 赵华胜：《上海合作组织与阿富汗问题》，《国际问题研究》2009年第4期。
[3] 《上海合作组织阿富汗问题特别会议宣言》，http://chn.sectsco.org/documents/。

架下也将促进阿富汗的区域经济一体化。①

最后,虽然扩员后的上合组织资源更为丰富,但是由于成员国之间固有的差异性,使上合组织协调一致行动的难度加大,给上合组织未来在阿富汗问题上的作为带来一定挑战。巴基斯坦和印度与阿富汗的关系有很多变数,而且各自在阿富汗的利益诉求及立场上有很大差异,这在原有成员国在阿富汗问题的分歧上又增添了新的内容。因此,对上合组织来说,在协调成员国之间分歧的同时积极应对阿富汗问题,将是上合组织在整体上与阿富汗相互需求的对称性与非对称性并存的情况下需要关注的重要问题。

结 论

本文分别从上合组织和阿富汗的视角出发评析了上合组织与阿富汗之间的相互需求。从相互需求中可以看出双方需求在"面"上是相互对称的,即相互需求的大体方向对称,这为互相合作带来更大便利。但同时也存在双方相互需求在"线"和"点"上的不对称性,这将是双方面临的挑战所在。这种对称与非对称性为上合组织未来在解决阿富汗问题上所扮演的角色与作为带来一定政策启示。此外,上合组织各个成员国之间的差异性以及各成员国在阿富汗问题上的分歧,都会导致其与阿富汗问题相互需求的差异,本文并没有讨论各成员国在阿富汗问题上的分歧,而是以上合组织为整体展开其与阿富汗相互需求的论述,这是本文的缺陷。

---

① Meena Singh Roy, "Role of the Shanghai Cooperation Organisation in Afghanistan: Scope and Limitations," p. 552.

Y.9
上海合作组织中的俄印关系回顾

郝 赫*

摘　要： 俄印之间的和谐关系在2020年出现了波折乃至罅隙，其意义影响之深远或将持续作用于未来的国际格局。而矛盾出现的深层次根源与百年变局的时代大背景密切相关。中国快速发展与美中力量碰撞产生的强大张力使得俄印之间的立场协调开始出现不同步的现象，俄印关系开始受到影响，而问题产生的根源又决定了这种不利影响具有难以弥合的属性。目前来看，俄印关系毕竟具有深厚基础，双方间的历史因素、合作的结构性因素，甚至文化理念因素都具有坚实的抗压能力，俄印关系中短期内预计仍将以友好合作为主基调，但各自长期道路的选择将会对双方关系构成真正的挑战，且已经开始释放出分化的信号。

关键词： 俄印关系　中国因素　四方机制　战略三角

2020年，俄印关系的走势基本可以形容为"高开低走"，从年初兴致勃勃的各种规划到年末的争执辩论，本以为几乎无懈可击的俄印关系似乎出现了一丝裂隙。本年度对国际关系冲击最剧烈的因素——新冠肺炎疫情——并没有给两国关系带来多少负面影响，而影响更深远的作用因素——中美博弈——却对俄印关系的维护构成了越来越大的挑战，在百年未有之深刻变局

---

* 郝赫，中国社会科学院俄罗斯东欧中亚研究所政治与社会文化研究室副研究员。

之际，俄印双方的形势判断与路径选择开始出现分化，这虽然符合发展变化的客观规律，但两个大国间关系走势的变化必将产生巨大的影响，需要予以更多的关注和足够的重视。

一 2020年俄印关系发展变化的时间线

受新冠肺炎疫情的影响，俄印两国元首在2020年度并没有当面会晤的机会。原定的卫国战争胜利七十五周年庆典、金砖国家峰会、上合组织峰会都没有采取传统面对面会晤的形式。俄印两国元首的交流是以电话和视频的形式进行的，仅就交流频率来看，普京总统与莫迪总理的线上沟通并不比往年少，谈话内容也维持在高信任水平的基础上，但在年底中断了持续二十年的两国元首峰会，由此引发了大量的猜测和怀疑。

2020年1月13日，两国元首进行了新年电话交谈，就年度重点事宜进行了确认，并对热点事件如波斯湾地区和利比亚的局势交换了看法。俄方着重强调了将在莫斯科举行的庆祝卫国战争胜利七十五周年的庆典和将在圣彼得堡举行的金砖四国和上海合作组织峰会，印度明确表示了对这些活动的支持，并希望"加快"俄罗斯S-400防空导弹系统的交付。同时普京与莫迪相互致以新年问候，并做出了进一步发展俄印战略伙伴关系的原则性承诺。[①] 这次通话是为全年工作奠定基础，也明显体现出了双边关系在有条不紊地进展，并具有坚实的基础。

3月25日，在为应对新冠肺炎疫情大流行而召开的二十国集团紧急峰会前夕，两国领导人再次通电话，就新冠肺炎疫情大流行的局势交换了意见。普京和莫迪详细介绍了两国为应对感染扩散所采取的措施，并相互就双方确保印度境内的俄罗斯公民和俄罗斯境内的印度公民的健康与安全所做的努力

---

① Телефонный разговор с Премьер-министром Индии Нарендрой Моди, 详见克里姆林宫网站，http://www.kremlin.ru/events/president/news/62573。

表示共同感谢。双方领导人同时同意在对抗新型冠状病毒威胁的斗争中加强协调。① 这次电话交谈明显具有事前协调立场的意味,侧面也反映出俄印双边关系沟通与合作的顺畅。

随着疫情的大流行,俄印双方重点规划的会晤大都被迫取消,但此时双方间的联系并没有中断。7月2日,莫迪给普京打电话,祝贺俄罗斯成功进行了全俄投票,以批准俄罗斯联邦宪法的修正案。普京则感谢了莫迪的祝贺,并感谢印度武装部队的工作人员参加了6月24日在红场举行的阅兵仪式。之后双方在讨论俄印议程的主题时,重申了双方的共同意愿,要进一步加强两国之间的特殊战略伙伴关系,并以双边形式在国际组织框架内密切互动,同时俄印继续在各个级别上保持联系。② 9月17日,莫迪总理七十周岁生日之际,普京还专门打电话祝贺,祝其七十岁生日快乐,并指出:"印度总理在加强俄印之间特殊战略伙伴关系方面所做出的个人贡献怎样评价都不为过,在莫迪的领导下,印度正在成功地沿着社会经济和科学技术发展的道路前进。""我期待着与您继续进行建设性对话,并就双边和国际议程上的热点问题密切合作。"③ 作为回应,莫迪总理分别在6月12日俄罗斯日和10月7日普京总统生日时致电表示祝贺,并高度赞赏普京为加强两国之间特殊战略伙伴关系所做的贡献。莫迪指出:"两国之间的长期友谊不断发展,在相互信任和考虑彼此利益的基础上,不断获得新的动力和更深入的了解。"他还表示:"期待与普京合作,进一步加深和扩大印俄伙伴关系,包括应对当前的全球健康危机。"④ 可以看到,两国领导人在"公""私"两个层面的频繁友好互动进行得平稳和适度,即不乏友好和热度,也

---

① Телефонный разговор с Премьер‐министром Индии Нарендрой Моди, 详见克里姆林宫网站,http://www.kremlin.ru/events/president/news/63063。

② Телефонный разговор с Премьер‐министром Индии Нарендрой Моди, 详见克里姆林宫网站,http://www.kremlin.ru/events/president/news/63589。

③ Поздравление Премьер‐министру Индии Нарендре Моди, http://www.kremlin.ru/events/president/news/64042。

④ Моди поздравил Путина с Днём России, https://russian.rt.com/world/news/754675‐modi‐pozdravil‐putina.

进展得合规合矩，并不夸张，其背后体现的是两国合作的紧密程度与稳固程度。

在多边合作平台方面，尽管受到疫情的影响，俄印之间的合作基本上仍进展顺利，其中以上海合作组织成员国元首峰会和金砖国家峰会为代表，多边层面上还是形成了一系列合作成果。11月10日，上合组织峰会以视频会议的形式在东道国俄罗斯的组织下举行，成员国领导人共同发表了《上海合作组织成员国元首理事会莫斯科宣言》，并共同缔结了6项声明，分别就第二次世界大战胜利七十五周年的认识、新冠肺炎疫情应对、反对以网络手段传播恐怖主义、共同禁毒、发展数字经济、保障国际信息安全发表了联合声明。仅从内容来看，包括印度在内的成员国还是充分顾及了东道国俄罗斯的利益诉求，并展示了组织的团结与有效性。11月17日，举办了主题为"金砖国家与全球稳定，共同安全和创新增长伙伴关系"的金砖国家领导人第十二次会晤，会晤以视频方式进行。普京作为东道国元首主持了会晤，中国国家主席习近平、巴西总统博尔索纳罗、印度总理莫迪、南非总统拉马福萨出席了会议。会议在即将召开的G20利雅得峰会前协调了五国的立场和原则，就热点问题进行了磋商，并通过了《金砖国家领导人第十二次会晤莫斯科宣言》，该宣言反映了五国对"金砖机制"进一步发展的综合态度，以及金砖国家直到2025年的经济伙伴关系战略和金砖国家反恐战略。包括中俄印在内的这两个重要多边组织在2020年度正常运转，一方面体现了参与国对多边合作平台的认可和重视；另一方面，尤其在中印关系不睦的情况下，俄罗斯作为东道国也起到了避免冲突尖锐化的作用，这也从侧面显示出了俄罗斯对于印度的影响力与重要性。

俄印关系进展的波折主要出现在年底。按照原计划，2020年底，普京总统应该赴新德里参加双边的最高级别会晤——年度峰会，自2000年双方签署了《俄印战略伙伴关系宣言》以来，在过去二十年中，这一年度峰会从未间断过。而且2010年俄罗斯总统普京访问印度期间，两国更是升格了对双边关系的界定，以"特殊战略伙伴关系"作为对彼此关系的总结和概括。此前，2019年9月莫迪总理访问了符拉迪沃斯托克，举行了第20次印俄双边峰会，在此之前，普京总统于2018年10月访问了新德里。但在12月23日，各方都传出消息称将取消俄印领导人年度峰会，并在其后被证实。对此，印度驻俄大使给出的官方解释是"疫情阻断了元首峰会，目前正在准备在2021年上半年达成会晤"①，但这样的理由明显不够充分，仅仅就事情发生的突然性就难以自圆其说，更何况在这样一个具有重要纪念意义的时间节点上。因此，关于俄印间出现了重大分歧，矛盾已难以掩盖的分析与猜测纷纷涌现，本文也将就此加以试析。初步的认知在于，判断俄印间出现了结构性矛盾还言之尚早，转圜余地仍足够大，但双方间出现了认识歧见是可以基本确定的，而正是这些分歧，导致了2020年度俄印间关系先扬后抑的走势。

二 俄印关系出现裂痕的远近线索

俄印间的不和谐因素"近"可从春天看到端倪，"远"可以追溯到2017年"四方安全对话"（Quad）的恢复，普遍认为，印度不断与美国走近，积极呼应美方的"印太倡议"和"四方安全对话"是导致俄罗斯心生罅隙的根本原因，这种判断不无道理，但亦有偏颇之嫌，主要在于对中国因素重视不够。事实上，2020年俄印间出现问题的突发因素，更多应考量到中国事务，中美博弈是个更宏观的背景，中印交恶则会更加直接地作用于俄罗斯的选择。综合来讲，是中美共同作用形成的张力对俄印两国产生了"拉扯"，这才是问题的关键。

2020年2月24~25日，美国总统特朗普对印度进行国事访问，印度予以最高规格的接待，动员了约700万人前来欢迎，还在板球场组织了有11万人参加的欢迎特朗普的大会，印度总理莫迪亲自到机场迎接。特朗普在球场发言中称，印度是美国"全球战略伙伴"，在访问期间，两国签署了30多亿美元的军购协议。莫迪为此表示感谢，声称美国是印度在全球范围的头

---

① Саммит отложенного действия, https://www.kommersant.ru/doc/4636297.

号合作伙伴。美印间这样加速走近是俄印关系发生变化的显著外部因素。

6月，中国和印度在边界地区发生冲突，造成人员伤亡，中印双边关系陷入紧张。对此，俄方做出了调解人的姿态。6月17日，俄罗斯外长拉夫罗夫在新闻发布会上表示："中印的军事代表已经进行沟通，他们正在讨论局势，探讨缓解紧张局势的措施。我们对此表示欢迎。"① 克里姆林宫发言人佩斯科夫也表示，俄罗斯密切关注中印边境发生的事情，称这十分令人担忧。佩斯科夫称："中国和印度都是俄罗斯非常亲密的伙伴和盟友。"佩斯科夫相信："双方有能力采取必要措施来避免这种情况再次发生，使地区局势具有可预见性，保持稳定，成为对人民，特别是对中印人民安全的地区。"② 随后，9月10日，中国国务委员兼外交部部长王毅与印度外交部部长苏杰生与俄罗斯外长拉夫罗夫在俄罗斯举行三国外长会谈，达成了不让两国分歧上升为争端的一系列重要共识，俄方的调停工作发挥了作用。但颇让外界不解的是，在调停有了重大进展之际，印度依然以防疫为由，拒绝参加俄罗斯组织的"高加索－2020"军演。这次军演是俄罗斯年度最大规模军演，并邀请了二十个国家的军队共同赶赴俄罗斯进行演练，其中包括中国和印度。在此情况下参演，本身就具有缓和局势和响应俄方号召的意味，而印度爽约，显然体现出相反的意图。同样是在疫情蔓延的情况下，11月，印度却主导了由"四方安全对话"四国参加的"马拉巴尔"军演，美国、日本、澳大利亚和印度的舰队分两个阶段在孟加拉湾和阿拉伯海展开合练，军演历时长达十七天。印度这样的取舍很难自圆其说，对中国甚至对俄罗斯而言，都难以说是在释放善意。

与中国的关系恶化之后，印度媒体提出了与俄罗斯联邦建立的伙伴关系是否值得信任的话题。11月上旬，执政的人民党党员、国会议员斯瓦米（Subramaniam Swami）博士发表文章《俄罗斯不是印度的朋友》引起了广泛

---

① 《俄方表态：中印都是俄罗斯亲密伙伴和盟友，相信双方有能力避免冲突》，https：//www.guancha.cn/internation/2020_06_18_554571.shtml。

② 《俄方表态：中印都是俄罗斯亲密伙伴和盟友，相信双方有能力避免冲突》，https：//www.guancha.cn/internation/2020_06_18_554571.shtml。

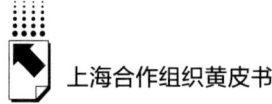

的关注，①文章的主要观点在于："印度必须做出选择：我们将成为美国的战略伙伴，还是俄罗斯和中国的战略伙伴。如果我们与中国发生冲突，俄罗斯将不会被信任，而如果我们这样做（成为俄罗斯联邦和中国的伙伴），那么美国将不会信任我们。因此，通过信任俄罗斯孤立中国的梦想是短暂的。在共同对抗中国方面，俄罗斯不再是印度的朋友。""在我们与中国的边界战争中，俄罗斯会成为印度的真正朋友吗？不。原因是俄罗斯人按照中国的利益行事。也就是说，俄罗斯是中国的主要伙伴，中国可以与俄罗斯结成军事同盟。"斯瓦米在印度是个活跃人士，其文章引起了不小的轰动，以至于俄罗斯驻印度大使馆都对此文章做出了回应，称其是"错误"的，是"对当代俄罗斯现实知识不足的表现"。②类似论调的文章在2020年多有出现，通行的观点都表达了对俄罗斯的不信任，认为在中国影响力大增的趋势下，"俄罗斯靠不住"，俄罗斯一定也只能选择中国，换言之，印度的方向应该是靠向美国，要启动"脱俄"进程。俄方对此通过社交平台进行了多次反驳，阐释说，"俄罗斯不仅是印度的朋友，而且和印度精神相通，"（这些观点）"对真实理解俄印战略伙伴关系的整个发展历程、现状和前景起了误导作用"③。需要注意的是，上述印方的观点都不是发表在印度主要媒体上，更没有印度官方机构为此背书，但其造成的影响无疑在双方间蔓延开来。

最明确的批评出现在年底，12月8日，俄罗斯外长拉夫罗夫在国家杜马国际事务委员会的演讲中明确指出："像许多年前一样，西方国家试图自私地利用规则为自己争取最大的利益。本质上，他们希望复兴单极世界秩序的模式。"为此，"像中国和俄罗斯这样的'极点'几乎不可能被接受"，于是，"印度现在已经成为西方国家持久的、侵略性的和居心叵测政策的目

---

① 文章详见：http：//www.indiandefensenews.in/2020/11/russia – is – not – friend – of – india – dr.html，下文中涉及该文的引述皆见于此。
② Сохранит ли Индия дружбу с Россией，俄罗斯联邦新闻署网站，https：//riafan.ru/1331685 – sokhranit – li – indiya – druzhbu – s – rossiei。
③ https：////t.co/9MDBc46dKk pic.twitter.com/soHyoZpUaX。

标。……这些国家试图通过促进印太战略（所谓的'四方安全对话'）将印度拖入反华游戏。……从而大大削弱我们与印度人民最紧密的伙伴关系和特殊关系……这是美国人在军事技术合作问题上对德里施加的巨大压力"（的结果）。① 拉夫罗夫批评印度加入反华联盟的言论是年内俄印双边关系恶化的一个高点，几乎就是在指责印度的行为属于背弃。这一言论迅速引发了印度国内在野党对于政府的指责，并被广泛认为是取消年内俄印首脑峰会的直接动因。这里需要强调的是，美国大选形势明朗或许对俄罗斯此举具有一定作用，拜登与民主党的获胜对俄罗斯的压力明显增大，俄方提早应对，对印度施压也在情理之中。

三 俄印双边关系的发展态势

仅就 2020 年的状况来讲，俄印双方虽有所争执，但出现严重争端乃至双边关系急转直下的可能性还是很低的，这取决于双方的交往历程、合作结构以及战略规划等，尤其从历史纵向分析各种合作要素可以看到，俄印之间交往合作的基础非常深厚，而且形成了强大的制约力量，短期内"分手""脱钩"是不可能的。

从传统层面看，印度对俄罗斯的依赖程度极深，甚至将其形容为事关国家存亡也不为过。冷战时期，印度的国防装备几乎完全由苏系武器构成，即使走到今天，印度的军事力量仍有不少于 70% 的技术与装备来自俄罗斯。近年来，虽然印度武器来源开始多样化，但在关键领域，如四代战斗机、超音速导弹、大型水面舰只、防空导弹系统等仍全部依靠俄系技术与制造能力。印度即使将来能够获得西方的先进装备与技术，但整个体系全面扭转与替代的代价过于庞大，需要几代人来完成，这对于印度的国家安全诉求而

---

① Выступление Министра иностранных дел Российской Федерации С. В. Лаврова на Общем собрании Российского совета по международным делам, Москва, 8 декабря 2020 года. https://russiancouncil.ru/analytics-and-comments/analytics/vystuplenie-na-obshchem-sobranii-rossiyskogo-soveta-po-mezhdunarodnym-delam/.

言，显然是其无法承受的。俄方也深知此点，并将其定位为维系双边关系的核心支柱。"俄罗斯—印度伙伴关系战略性质的明显证据，是前所未有的高水平的军事技术合作，最重要的是联合研制先进武器。"①

从现实发展层面看，其一，双边的经贸联系在加强，2019年俄印双边贸易额达到了112亿美元，若干重大项目也陆续启动，如在印度洋沿海地区进行石油开采项目；印度公司参与北极大陆架的开发；萨哈林1、萨哈林2、萨哈林3项目；原子能、高技术和通信、基础设施（包括河道净化）、矿物肥料和医药项目等。虽然目前双方间贸易总额不高，但已经展现出广大的互补前景。其二，俄罗斯面对印度时，是更为强势的一方。俄罗斯对印度的利益诉求主要集中在战略考量与军品贸易上，受到的现实利益牵制并不多，这反倒容易达成"主从式"平衡，换句话说，只要印度对俄方有所依从，双方的分歧很容易弥合。其三，双方的远期战略目标相近，都想独立自主地成为世界权力体系中的一极，对成为西方的附庸都很排斥，只要印度方面明确要与西方保持距离，俄方仍旧会视印度为关键伙伴。

从国际体系的实际可操作性角度看，俄方一直希望俄印中三角（RIC）能成为抗衡西方世界的集团。第一，20世纪90年代，普里马科夫任总理时就提出了RIC构想，希望将此作为俄罗斯"东向"战略的一个重要支点。直至今日，俄罗斯对于推进RIC的渴望是一以贯之的。尤其在目前俄罗斯受到来自西方空前压力的局面下，在"东向"方面取得进展和突破是俄罗斯的迫切需要。第二，从当前国际局势角度讲，推进RIC有助于未来俄罗斯保持大国地位。中国和印度的崛起趋势已经明确，很大可能将是未来世界发展的推动者和主要角力者，俄罗斯把自身与未来发展的动力源绑定，首先就可以在未来的发展中占得先机。同时，在中国和印度处于利益与矛盾深度纠葛的复杂局面下，俄罗斯自视为印中双方可以同时接受的唯一大国，如此一来则可左右逢源，协调双方，从而两面获益。第三，从地缘政治的角度

---

① 《与印度的战略伙伴关系》，俄罗斯外交部网站，https：//www.mid.ru/strategiceskoe-partnerstvo-s-indiej。

看，推进 RIC 有利于维护俄罗斯在欧亚大陆区域组织中保持主导地位。在欧亚大陆区域内，欧亚经济联盟缺乏经济发展动力，上海合作组织渐由中国主导，俄罗斯客观上存在被边缘化的隐忧。推动 RIC，尤其是拉入印度因素，则既可以在上海合作组织内平衡中国的优势，也可以为欧亚经济联盟创造更好更广阔的外部环境。第四．从经济发展的角度而言，推进 RIC 首先可以增强俄罗斯在世界经济体系中的话语权，从金砖国家开发银行到亚洲基础设施投资银行，俄罗斯作为创始国之一，事实上获得了与其自身经济实力并不相称的更高地位，RIC 显然具有同样的功能。第五，在中国与印度两大经济体的折冲樽俎中，作为欧亚经济联盟首领，俄罗斯既可以挟集团之力在中印面前提高对话地位，同时也无疑会巩固自身的领袖地位，巩固联盟的团结与凝聚力。基于这些理念与逻辑，俄方有强烈的动机来维护运营好俄印中三角机制。

综上所述，俄印关系依旧有着深厚的链接根底和继续经略的必要性，从俄罗斯的愿景来分析，俄方显然绝无破坏俄印关系的主观意愿，俄方更多的顾忌可能在于美国民主党政府施政后美印关系的进一步靠拢。俄印双边问题目前的症结更多在于印度的战略取舍，而印度的取舍又取决于印度对几项关键趋势的认知：其一，是否能够认同国际格局"东升西降"的大势；其二，是否能够准确评估好与中国合作或对抗的利弊得失；其三，是否认同西方世界的底色仍旧是现实主义的根底，因此同样要评估好西方政治文明能否真正包容印度文明。印度作为一个新兴的具有巨大潜力的大国，能否展现出足够的政治理性与政治智慧是其未来发展的关键，在很大程度上这也将成为国际格局大变动、大重塑的因素之一。

Y.10
上合组织、集安组织与独联体
—— 维护欧亚地区安全的三驾马车

刘 丹*

摘　要： 上海合作组织、集体安全条约组织与独立国家联合体都位于欧亚地区，是欧亚地区密切合作的重要地区性国际组织。三方在维护地区和平、安全、稳定等方面有共同利益，并在打击恐怖主义、打击非法贩运毒品、打击非法贩运武器，以及打击有组织跨国犯罪等方面有所合作，并不相互排斥。三方在欧亚安全方面的合作有现实基础：成员构成多有交叉，利益重叠，面临共同的地缘政治风险。同时，它们之间也存在重要差异：集安组织是后苏联空间的一个政治军事一体化组织，是军事联盟；上合组织是一个以地区安全为基础的综合性国际组织，经济发展和安全是上合组织最主要的利益；而独联体是苏联解体后各独立主权国家的协调组织，现在成为后苏联空间涉及政治、经济、文化等广泛议题交流的平台。实践表明，加强三方的合作可使相关工作效率倍增。今后发展中三方还将密切关系、协同合作，以应对新的挑战和威胁，共同维护欧亚地区的安全稳定。

关键词： 上合组织　集安组织　独联体　安全合作

---

* 刘丹，博士，中国社会科学院俄罗斯东欧中亚研究所外交室助理研究员。

上海合作组织、集体安全条约组织[①]与独立国家联合体[②]都处在欧亚地区,是欧亚地区密切合作的重要地区性国际组织。三方在维护地区和平、安全、稳定等方面有共同利益,并在打击恐怖主义、打击非法贩运毒品、打击非法贩运武器,以及打击有组织跨国犯罪等方面有所合作,并不相互排斥。近几年三方的合作日趋密切。

一 上合组织、集安组织、独联体双边和多边合作

独联体和集安组织是上海合作组织的传统合作伙伴。合作形式既包括双边合作,也包括三边合作。

(一)上合组织与集安组织在阿富汗的反毒品与反恐合作

上合组织和集安组织的合作由来已久。鉴于中亚地区复杂的安全形势,两个组织在建立发展初期就表达了相互合作的意愿。2007年10月6日,集体安全条约组织成员国在塔吉克斯坦首都杜尚别举行的首脑峰会上讨论了涉及促进地区和平稳定、打击恐怖主义和极端主义、各国间军事—经济合作等20个问题,并签署了一系列文件。[③] 在这次峰会上集体安全条约组织与上海合作组织签署了合作备忘录:双方将开展情报互换,打击武器、毒品走私和有组织犯罪,以及共同应对包括恐怖主义在内的新威胁、新挑战,维护欧亚地区和世界的稳定与安全。依据这份备忘录,集安组织与上合组织分别派代

[①] "集体安全条约组织"前身是部分独联体国家1992年5月15日签署的《集体安全条约》,2002年5月正式改为集安组织,是一个地区性国际组织。现由亚美尼亚、哈萨克斯坦、吉尔吉斯斯坦、俄罗斯、塔吉克斯坦与白俄罗斯六国组成。主要任务是依靠集体力量共同捍卫成员国领土完整与经济空间,抗击外部军事政治侵略、国际恐怖活动及严重的自然灾害。
[②] "独立国家联合体"是由原苏联大多数加盟共和国组成的进行多边合作的国际组织,成立于1991年12月8日,除波罗的海三国以外的苏联其他十二个加盟共和国相继成为这一组织的成员国。2005年8月,土库曼斯坦宣布退出独联体,后以联系国的方式参与独联体活动;2009年8月18日,格鲁吉亚正式退出独联体。
[③] 《集体安全条约组织与上海合作组织签署合作备忘录》,http://tj.mofcom.gov.cn/aarticle/jmxw/200710/20071005155088.html。

表出席对方举办的国际安全会议及论坛,共同制定并落实相关合作规划。这是两个组织首次以正式文件的形式确定了共同的合作目标与方向。

2009年,阿富汗地区的恐怖主义和毒品问题逐渐严峻起来,在上合组织召开的阿富汗问题国际会议上,俄罗斯外长谢尔盖·拉夫罗夫建议在上海合作组织和集体安全条约组织框架下在阿富汗建立一个反毒品和反恐安全带。此后,两个组织不断密切在阿富汗的协同合作。

当前,阿富汗局势的动荡仍然是国际社会中最尖锐的问题之一。自2001年美国在阿富汗发起"持久自由行动"以来,该国海洛因生产增加了近50倍,具备了真正的产业化特点。同时,该国境内"伊斯兰国"所属团伙的恐怖主义活动更加猖獗。根据2015年资料显示,该国的各类武装分子达5万人,分布在4000多个不同派别的团伙里,喀布尔能否独立抵抗这一威胁的问题仍然悬而未决。① 消除毒品生产成为集安组织和上合组织努力的重点。两个组织还通力合作,向阿富汗政府提供必要的援助,以使阿富汗达成民族和解和经济复苏。

(二)三方通力合作应对欧亚地区的恐怖威胁

除了上合组织与集安组织的双边合作,独联体也很早就与上合组织展开了合作。2005年4月12日,独联体执行委员会与上合组织秘书处签署谅解备忘录,该文件规定双方合作的优先方向是安全、经济及人文。独联体成为第一个与上合组织以签署具有法律效力的文件来确立合作关系的国际组织。双边合作和互动为多边合作积累了经验并打下了基础。2018年5月,集安组织秘书处、独联体反恐中心②和上合组织地区反恐怖机构签署了合作和相

---

① 《俄国防部:阿富汗约有5万名不同团伙的武装分子》,http://sputniknews.cn/military/201510171016681092/。
② 独联体反恐中心是根据2000年6月21日独联体国家首脑会议通过的《关于建立独联体国家反恐怖中心的决定》成立的。2000年12月1日独联体国家首脑会议在明斯克通过《反恐怖中心条例》,确定了中心职能、任务、编制和结构。正是在这一天独联体反恐怖中心正式启动。独联体反恐中心总部设在莫斯科。独联体反恐中心是独联体地区反对恐怖主义的重要机构,在维护地区稳定、打击恐怖主义方面发挥积极的作用。

互协作备忘录。2018年上海合作组织青岛峰会期间，上合组织、独联体和集安组织高官在峰会平台上举行三方会晤，提出必须共同努力完善国际反恐怖主义合作。

三方合作取得了积极成果。2018～2019年，在上海合作组织地区反恐怖机构的协调下，联合制止了360多起恐怖主义犯罪，消灭了80多个地下武装组织，消灭67名恐怖分子，包括10名恐怖组织头目，还限制了对16万多个包含恐怖主义和极端主义资料网站的访问。① 2019年11月，俄副总理普里霍季科在上合组织成员国政府首脑（总理）理事会会议召开前夕接受采访时认为："有必要制定措施，以全面应对与中东地区，首先与叙利亚局势有关的风险。其中包括外国恐怖分子从冲突地区返回的情况。"他认为："加强上海合作组织、集体安全条约组织和独立国家联合体之间的合作将有助于维持地区内部政治局势稳定。"②

可以说最近两年，在应对欧亚地区的恐怖威胁、维护中亚地区安全方面独联体反恐中心、集安组织秘书处和上合组织地区反恐怖机构执行委员会三方的合作质量提升到了新的水平。

（三）三方商讨和探索新型军事合作形式

上合组织、集安组织和独联体三方成员国多有重合，有很强的安全合作需要。近年来，三方不断探寻合作的新形式。

第一，边境协作越来越成为合作中的重要事项。普京认为，边境部门开展顺畅和明确的协作、提出新的边境安全合作形式是非常重要的事情，尤其是同集安组织、上合组织以及欧亚经济联盟的伙伴进行相关工作。③ 当前，各方在一体化联合框架下逐步消除内部边界的非必要壁垒，展开了从信息交

---

① 《俄官员：上合组织和集安组织应制定措施应对从叙返回的武装分子》，http://sputniknews.cn/military/20191101029968644/。
② 《外媒关注：上合组织总理会勾画出新蓝图》，http://www.gov.cn/xinwen/2019-11/03/content_5448103.htm。
③ 《普京：俄罗斯应该向集安组织和上合组织提出新的边境安全合作形式》，http://sputniknews.cn/politics/201804071025096090/。

换到采取联合行动等一系列最广泛的合作,进一步保障了未来建设中各国所在组织外部边界的安全稳定。

第二,三方通过国际会议共商安全议题。自2010年以来,三个组织的最高行政官员定期组织工作会议,极大地丰富和拓展了三方之间的合作领域及合作形式。国际和区域安全中最紧迫的问题以及协调工作方面的具体问题等都是三方会议的主要内容。2020年9月4日,在莫斯科举行的集安组织、独联体和上合组织成员国国防部长联合会议上提出9月底在"高加索－2020"军事演习上将演练共同的反恐任务,与会防长在联合公报中将打击恐怖主义和极端主义列为优先事项。这种共同商讨和应对地区安全的形式对优化协调各方在军事政治领域的立场起到重要作用。①

第三,通过军方互动和联合军事演习打造新型军事合作的平台。三方建立合作机制后,进行过多次军事合作。2020年是新冠肺炎疫情在世界范围内肆虐的一年。尽管如此,三方仍然开展了有序合作。6月24日,上合组织、独联体和集安组织成员国的军人参加了在莫斯科举行的胜利日阅兵式,并且均以很高的水准出色地完成了这一任务。

2020年9月21~26日,在俄罗斯南部军区属地和黑海、里海地区举行了"高加索－2020"军事演习,除俄罗斯军人外,亚美尼亚、白俄罗斯、中国、巴基斯坦和缅甸军人也参加了演习。人数近8万人,动用了250辆坦克、450辆步兵战车和装甲车、200门火炮。② 9月25日,普京视察了军演。新冠肺炎疫情流行丝毫没有影响各方武装部队的战备状态。此次演习内容丰富并具有重要意义。演习分两个阶段进行:第一阶段是对有条件的军事政治局势和计划进行评估;第二阶段是多国部队集团的作战行动。

"高加索－2020"军演可以被看作独联体、上合组织和集安组织之间新型军事合作的平台。虽然这些组织的权重类别以及主要活动领域有所不同,

---

① 《普京:期待独联体、上合组织和集安组织成员国定期举办防长会议》,http://sputniknews.cn/politics/202012021032641455/。

② Путин на военных учениях «Кавказ－2020» — трансляция, https://regnum.ru/news/3073305.html.

但是它们之间更紧密的军事合作无疑会对欧亚地区的总体军事政治架构产生决定性影响。展望未来，这种方法可以为建立类似于北约的新欧亚同盟铺平道路。①

二 上合组织、集安组织、独联体合作的原因

作为欧亚地区重要的三个组织，上合组织、集安组织与独联体之间存在差异：上合组织是一个以地区安全为基础的综合性国际组织，经济发展和安全是上合组织最主要的利益；集安组织是后苏联空间的一个政治军事一体化组织，是军事联盟；而独联体是苏联解体后各独立主权国家的协调组织，现在成为后苏联空间涉及政治、经济、文化等广泛议题交流的平台。独联体以主权平等为基础，宗旨是为各成员国进一步发展和加强友好、睦邻、信任、谅解和互利合作服务；为各成员国在国际安全、裁军、军备监督和军队建设方面协调政策。但三方之间的差异并不妨碍它们在维护地区安全稳定、应对新型挑战和威胁方面开展合作，它们的合作有一定的原因和现实基础。

第一，共同面临西方的地缘政治挑战。冷战虽然结束，但是以美国为首的北约仍然视俄罗斯为潜在敌人，北约不断加强军事潜力，赋予该组织全球功能，其成员国军事基础设施向俄罗斯边境靠近，持续部署新式武器和打造全球反导系统。西方国家对俄罗斯、集安组织成员国以及上合组织成员国施加强大的政治、经济和信息压力。它们毫不掩饰自己的战略目标，企图进一步破坏欧亚地区的稳定，分解在这里已建成的国际组织机制。②

2020年11月，俄对外情报局局长谢尔盖·纳雷什金在接受卫星通讯社采访时表示，目前国际局势、国际环境表明以西方为中心的世界秩序正在瓦解，取而代之的多极化正在发生。美国和欧盟经历着深刻的危机，西方在自

---

① 《普京：期待独联体、上合组织和集安组织成员国定期举办防长会议》，http://sputniknews.cn/politics/20201202103264l455/。
② 《博尔久扎：集安组织须停止与北约对话，加强与上合组织合作》，http://radiovr.com.cn/news/2014_06_16/273593671/。

身社会政治危机背景下,对欧亚空间内的一体化进程极为担忧,试图在欧亚经济联盟、上合组织和集安组织等一体化组织中制造不和。①

区域外因素对欧亚地区的安全稳定构成很大影响,这迫切需要欧亚地区上合组织、集安组织与独联体三个组织通力合作,协调该区域主要国家的工作,共同应对西方地缘政治挑战。

第二,中亚地区面临复杂的安全形势。中亚地区的安全形势非常复杂,充斥着经济发展差异导致的移民问题、边界冲突问题、资源争夺问题以及极端势力、分裂势力、恐怖主义的威胁等问题。同时,中亚地区位于世界反恐和反毒品走私的最前沿。宗教极端组织在所有的中亚国家都有涉足,毒品贩卖问题非常严重。阿富汗已经变成向欧洲和中亚地区输送毒品的中转站,与阿富汗接壤的乌兹别克斯坦、土库曼斯坦、塔吉克斯坦也成了毒品运输的必要通道。所有这些挑战都需要从区域层面和区域以外的更高层面来共同应对,有效利用现有的安全机制,充分发挥地区安全机制的作用,加强各种安全机制之间的合作,建立更加强有力的地区安全网络,提高维护中亚地区安全的效率。②

第三,结构、功能相近,具有合作的基础。从组成结构上来说,上合组织成员中有四国(俄罗斯、哈萨克斯坦、吉尔吉斯斯坦、塔吉克斯坦)同时是集安组织成员国,上合组织观察员国(亚美尼亚)和对话伙伴国(白俄罗斯)同时也是集安组织成员国。即集安组织六个成员国与上合组织有交集。而且,上述六国又都是独联体成员国。从功能上来说,上合组织在维护地区安全稳定方面发挥着重要作用,而这也是集安组织和独联体反恐中心的主要工作,它们都担任着反恐和保障地区安全的重要任务。这种结构和功能使得成员国利益交叠,为三方合作奠定了良好的基础。

---

① 《俄官员:西方试图在欧亚经济联盟、上合组织和集安组织的工作中制造不和》,http://sputniknews.cn/politics/202011031032425701/。
② 《专家:中亚应建立更加强有力的地区安全组织》,http://sputniknews.cn/china/201607211020210278/。

三 进一步密切三方合作是维护欧亚安全的重要举措

当前国际局势纷繁复杂,国际恐怖主义规模不断扩大,安全威胁时刻存在,维护安全的法律机制异常脆弱,这些现实都迫切需要三方共同努力,以寻求应对之策。[1]

首先,加强三方的合作是欧亚地区国家的需要。中国是上合组织成员国,独联体、上合组织与集安组织成员国大都是中国友好邻邦,俄罗斯尤其是中国外交中的重要大国和重要周边国家。以上海合作组织为平台,中国发展与俄罗斯、中亚以及其他独联体国家的友好关系是稳定周边、改善国际战略环境的需要,符合中国国家利益。上合组织、集安组织与独联体的合作能够进一步推动中俄、中国与中亚国家以及与独联体国家相互关系的发展。

对于俄罗斯来说,其既是独联体、集安组织的发起国和主导者,同时也是上合组织的创始国和主导国家之一,俄罗斯在三个组织中都扮演重要角色。俄罗斯对三方的合作持支持态度,俄罗斯高层也在不同场合表达了这一态度和立场。对于中亚国家来说,中亚地区面临安全威胁和社会发展的双重压力,区域外的力量在中亚安全中扮演着越来越重要的作用,西方势力的介入使中亚地区安全局势进一步复杂化。中亚大部分国家都是上合组织、集安组织和独联体的成员国,因此,囊括中亚地区成员国的三个组织安全机制之间的合作十分重要且有必要。

其次,进一步加强三方之间的务实合作对欧亚地区的发展具有重要意义。目前,三方通过双边和多边展开合作。对于上合组织和集安组织来说,今后可以通过完善安全合作条约、定期举行联合反恐军事演习、加强信息与情报交流等方式进一步增强在安全领域的协调合作,扩大双方在该领域的合作层次。对于上合组织和独联体来说,双方合作范围更加宽泛。上合组织秘书处与独联体执委会签署的谅解备忘录是两个组织合作的基础,该文件规定

---

[1] О сотрудничестве ОДКБ с СНГ и ШОС, https://interaffairs.ru/news/show/26794.

了双方合作的优先方向是安全、经济及人文。继续加强两个组织各专业机构间的安全合作,以及加强独联体各国相关规划与中国"一带一路"倡议的对接对欧亚地区的发展具有重要意义。

上合组织、集安组织与独联体三方的互动合作领域十分广阔,合作内容也更加丰富,合作形式更加灵活。上合组织作为一个地区机制,它需要同独联体、集安组织等其他组织、机构相互补充,发挥潜力,共同努力,共同完成地区繁荣发展的任务。有理由相信,欧亚地区上合组织、集安组织与独联体三驾马车之间的进一步合作将更加有助于国际和区域安全问题的解决,推动形成更加公正、民主的世界秩序。①

---

① О сотрудничестве ОДКБ с СНГ и ШОС, https://interaffairs.ru/news/show/26794.

经 济 合 作

Economic Cooperation

Y.11
上海合作组织经济合作二十年：
地区繁荣的积极推动力量

李建民*

摘　要： 上合组织成立二十年来，在互信、互利、平等、协商、尊重多样文明、谋求共同发展的"上海精神"指引下，积极倡导开放包容、合作共赢的新型国际关系，有力维护了成员国的安全和发展利益，为促进地区稳定和繁荣做出了重要贡献，国际影响力不断提升。二十年来，上合组织经济合作成果丰硕，表现在经济合作机制和制度框架不断完善、区域贸易和投资规模快速增长、金融合作不断深化拓宽融资渠道、互联互通为域内经济合作提供内生动力、产能合作助力成员国工业化、区域经济合作使各方受益实现共同发展诸方面。顺应时代潮流，坚持理论创新，努力探索符合自身实际的发展道

---

* 李建民，中国社会科学院俄罗斯东欧中亚研究所研究员，博士生导师。

路和合作模式是上合组织经济合作取得重要进展的原因和经验。2021年，上合组织将进入第三个十年。在全球疫情持续、全球化和多边贸易体制面临重重压力、各成员国经济普遍受挫的情况下，上合组织必须在充分认识内部和外部环境变化的基础上，直面挑战，抓住机遇，帮助各国经济重回增长。未来需要切实强化自身经济功能，完善机制和体制建设，进一步创新合作模式，以规则标准等制度型合作推动贸易投资便利化，推动区域经济合作迈上新台阶。

关键词： 上合组织　区域经济合作　创新发展　贸易投资便利化

2021年上海合作组织即将迎来二十岁华诞。回望来时路，上合组织是一个缘起于解决边界、裁军和周边安全问题的国际组织。早在"上海五国"时期，当建立边界安全和信任措施这一重任基本解决后，经贸合作便被提上议程，成为领导人重点讨论的话题。上合组织成立后，经济合作即成为主要的合作内容，与安全合作共同成为推动本组织向前发展的双轮。二十年来，在互信、互利、平等、协商、尊重多样文明、谋求共同发展的"上海精神"指引下，上合组织积极倡导开放包容、合作共赢的新型国际关系，有力维护了成员国的安全和发展利益，为促进地区稳定和繁荣做出了重要贡献，国际影响力不断提升。当前，面对全球疫情和百年大变局叠加交织、国际和地区形势复杂深刻演变，上合组织在维护地区安全稳定，促进各国发展繁荣方面肩负的使命更加重要。站在新的历史起点上，上合组织需要抓住机遇，应对挑战，不断提升各领域合作水平，打造更紧密的上合组织命运共同体。

一　经济合作成果丰硕

上合组织的发展历程表明，开展区域经济合作对实现各成员国之间经济

上海合作组织经济合作二十年：地区繁荣的积极推动力量

优势互补、合理配置资源、扩大区域内的经贸发展、增强区域整体竞争力、促进区域经济发展均有重要意义。上合组织成立二十年来，经历了初创、成长、深化三大阶段，在经济合作领域主要取得以下成果。

（一）经济合作机制和制度框架不断完善

上合组织经济合作是一个不断探索和取得进展的过程。上合组织成立的第一个十年，已顺利完成从建章立制到建立各领域有效合作机制的任务，区域经济合作的制度框架和政治机制日趋完善。除政府元首级会晤、总理会晤等最高级别的对话机制外，还形成了经贸部长会议、财长和央行行长会议、交通部长会议、农业部长会议、科技部长会议等30多个机制。其中，经贸部长会议下设海关、质检、电子商务、投资促进、发展过境潜力、能源、信息和电信技术7个专业工作组。2005～2006年成立的上合组织实业家委员会和上合组织银行联合体，通过举办各种务实活动，密切了各成员国工商企业间的联系，成为推进上合组织区域经济合作发展的重要平台，在落实历届峰会及总理会议在经贸领域的决议、协调和推动区域经济合作的进程中发挥着重要作用。

截至2019年，上合组织共通过约1400份文件，其中7%涉及多边经贸合作[①]，主要包括成员国总理签署和批准的《上海合作组织成员国政府间关于区域经济合作的基本目标和方向及启动贸易和投资便利化进程的备忘录》（2001年9月）、《上海合作组织成员国多边经贸合作纲要》（2003年9月）、《〈上海合作组织成员国多边经贸合作纲要〉实施措施计划》（2004年9月）、《上海合作组织成员国关于加强多边经济合作、应对全球金融危机、保障经济持续发展的共同倡议》（2009年10月）、《上海合作组织中期发展战略规划》（2012年6月）、《上海合作组织至2025年发展战略》（2015年7月）、《上海合作组织成员国政府首脑（总理）关于区域经济合作的声明》

---

① 《请回答2019：上合组织今年交出怎样的成绩单?》，https://baijiahao.baidu.com/s?id=1653136557091754456。

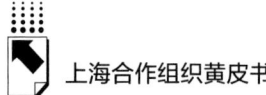

(2015年12月)、《2017—2021年上海合作组织进一步推动项目合作的措施清单》(2016年10月)、《上海合作组织成员国元首关于贸易便利化的联合声明》(2018年6月)、新版《上海合作组织成员国多边经贸合作纲要》(2019年11月)、《〈上海合作组织成员国多边经贸合作纲要〉落实行动计划2021—2025年》(2020年11月)等,这些文件形成了各种深化经济合作的"路线图",为区域经济合作提供了制度框架,为逐步实现各成员国间货物、资本、服务和技术的自由流通创造了有利条件。

(二)区域贸易和投资规模快速增长

2003年,上合组织成立之初,各成员国签署了《上海合作组织成员国多边经贸合作纲要》。中国率先提出了推进贸易便利化改善合作环境、加强经济技术合作使各方从中受益,长期内实现区域内货物、资本、技术和服务自由流动的"三步走"设想,该倡议被各成员国接受,成为区域经济合作的近、中、远期发展目标。历经二十年发展,上合组织在经贸投资领域的合作取得了显著成效。

第一,贸易规模大幅增加。2019年,中国与上合组织成员国贸易额达到2558亿美元(含印、巴,不含印、巴为1480亿美元),与2001年成立之初的121.5亿美元(不含印、巴)相比,十八年间增长了20多倍(含印、巴)。

第二,成员国间已形成紧密的贸易关系。中国与上合组织成员国经济互补性强,经过二十年发展,多数成员国与中国形成了紧密的贸易关系。

2018年,上合组织实现贸易总额62327亿美元,区域内贸易的40%是与中国进行(见表1)。中国已连续多年是俄、乌、吉、巴第一大贸易伙伴国。从中俄经贸看,2018年双边贸易额达到1083亿美元,首次越过1000亿美元关口;2019年达到1107.5亿美元;① 2020年,新冠肺炎疫情大流行

---

① Товарооборот России и Китая в 2019 году превысил ＄24 млрд, https://www.rbc.ru/rbcfreenews/5e1d58e29a794723545c4d34.

并未影响上合组织成员国开展有内涵和高质量的合作。在国际油价下跌和俄罗斯对外贸易大幅下降背景下，中俄贸易实现了预定目标，双边贸易额达到1077 亿美元，① 在俄罗斯对外贸易总额中占比从 2019 年的 16.6% 提升至近 20%。中哈贸易逆势上扬，2020 年 1~10 月双边贸易额达到 182 亿美元，同比增长 2%，② 成为上合组织内唯一保持双边贸易正增长的贸易伙伴。

表 1 2018 年上合组织成员国相互贸易额指标

单位：亿美元，%

国别	外贸总额	相互贸易额			与上合组织贸易额在外贸总额中占比
		与上合组织	与中国	与俄罗斯	
中国	46230	2550	—	1083	5.51
俄罗斯	6917	1449	1083	—	20.94
印度	7090	961	817	110	13.55
巴基斯坦	804	221	190	7	27.48
哈萨克斯坦	844	352	117	176	41.70
乌兹别克斯坦	339	164	64	57	48.37
吉尔吉斯斯坦	60	53	20	19	88.33
塔吉克斯坦	43	29	15		67.44
合计	62327	5779	2306	1461	9.27

资料来源：Экономический ракурс ШОС, https://www.review.uz/ru/post/ekonomicheskiy-rakurs-shos。

第三，区域内双向投资快速增长。随着合作的不断深入，投资和经济技术合作已逐步成为区域合作的主要内容。截至 2019 年 8 月底，中国对上合组织累计投资额超过 879 亿美元，累计工程承包合同总额达到 2444 亿美元，累计完成营业总额 1818 亿美元，涉及农业、制造业、基础设施建设等诸多领域。中国已成为乌、吉、塔第一大投资来源国，俄、哈第四大投资来源国。在上合组织框架内，中国政府提供大量"两优"贷款，建设社会保障

---

① 《海关总署：2020 年中俄贸易额超 1077 亿美元》，科技生活快讯网站。
② Казахстан и Китай нарастили товарооборот, 07.12.2020. https://bigasia.ru/content/news/bussinness/kazakhstan-i-kitay-narastili-tovaroobort-/.

房、医院、学校等一大批重点项目，惠及当地民众，产生了良好的社会效益。与此同时，上合组织各成员国对华投资也日渐活跃，截至2017年9月，各成员国累计对华投资额达20.6亿美元。

第四，贸易商品结构不断优化，贸易方式不断创新。机电产品、高新技术产品和农产品成为新的贸易增长点，跨境电商成为新业态。近年来，中国通过单边开放市场，扩大上合组织成员国对华粮食和农产品进口，培育了新的贸易增长点。2020年，哈萨克斯坦贸易和一体化部启动哈首个"出口加速"计划，将中国定位为目标市场，将食品行业作为优先领域，制定企业对华出口个性化路线图和操作指南。近年来，中俄不断拓宽两国市场准入，俄小麦、大豆、油菜籽粕、禽肉、牛肉等十余种农产品陆续获准进入中国市场，农产品贸易已成为双边贸易新亮点，中国作为俄罗斯农产品和食品第一出口大国地位不断巩固。2020年，俄出口禽肉的67%发往中国。

（三）金融合作不断深化拓宽融资渠道

2005年10月，上合组织银行联合体（银联体）成立，标志着上合组织金融合作的正式启动。金融合作在推动成员国不断深化经贸合作、完善工业体系和基础设施、实现经济转型升级、优化投资环境、改善民生等方面发挥了重要作用。

目前，上合组织域内已经形成了包括上合组织银联体、丝路基金、中国—欧亚经济合作基金、亚投行、金砖国家新开发银行等多渠道的资金支持体系和融资平台。作为上合组织框架下最重要的投融资平台，上合组织银联体采取多样化的融资模式，通过中长期贷款，为一些重要项目提供融资支持，解决了区域经济发展的瓶颈问题。中国国家开发银行是银联体中贷款规模最大的成员银行，截至2018年已累计向上合组织成员国发放贷款超过1000亿美元。①

自2014年12月29日成立以来，丝路基金已在上合组织区域内进行多

---

① 《国开行累计向上合组织成员国发放贷款超过1000亿美元》，新华网，2018年6月7日。

项大手笔投资。2015年12月14日，丝路基金单独出资20亿美元设立中哈产能合作专项基金，重点支持中哈产能合作及相关领域的项目投资；2016年3月16日，出资7.8亿美元收购俄罗斯亚马尔液化天然气项目9.9%股权。参加亚马尔项目，是中国能源公司第一次实现进入能源勘探、开发、生产、LNG工厂建设和运营的全过程开发。2017年6月8日，丝路基金与上合组织银联体签署关于伙伴关系基础的备忘录，拟与银联体各成员行共同推进在上合组织地区开展多元化投资，构建各方长期高效的互利合作模式。① 2018年6月，丝路基金与哈萨克斯坦阿斯塔纳国际金融中心签署战略合作伙伴备忘录，并通过中哈产能合作基金购买阿斯塔纳国际交易所部分股权等。②

在货币合作方面，中国通过与上合组织成员国积极开展本币结算和货币互换促进贸易投资增长。目前，中国已先后与俄罗斯、哈萨克斯坦和吉尔吉斯斯坦三国签订边境贸易本币结算协定。其中中俄双边本币结算开始得最早、进展最大。双方于2002年开始在边境地区开展银行间本币结算，2008年本币结算扩展到贸易领域，2011年6月本币结算范围从边境贸易扩大到一般贸易，并扩大了地域范围。截至2020年10月，中俄本币结算规模已达到双边贸易额的25%，七年内几乎增长10倍，结算商品已拓展到原油、军工产品、农产品和木材。③ 除此之外，中国银联亦与俄罗斯银行开展合作。目前，俄罗斯已基本全面受理银联卡，俄18家本地银行发行了银联卡，超过160万台终端支持银联卡手机支付。本币结算业务的陆续开展，有助于两国进出口企业有效规避使用美元、欧元等外币所带来的汇率风险，降低结算成本，提高结算效率。

自2008年中国开始与外国进行货币互换起，中国已与俄罗斯（1500亿

---

① 《丝路基金与上合组织银联体签署关于伙伴关系基础的备忘录》，《金融时报》2017年6月10日。
② 《丝路基金与哈萨克斯坦阿斯塔纳国际交易中心签署战略合作伙伴备忘录》，中国"一带一路"官网，2018年7月19日。
③ Результат долгой работы: за счёт чего Россия и Китай рекордно нарастили расчёты в нацвалютах, https://russian.rt.com/business/article/817644 - rossiya - kitai - raschyoty - nacvalyuty.

元人民币)、哈萨克斯坦（70亿元）、乌兹别克斯坦（7亿元）、塔吉克斯坦（30亿元）、巴基斯坦（100亿元）等上合组织成员国，与白俄罗斯（200亿元）和蒙古国（100亿元）等上合组织观察员国签署双边本币互换协议。① 2010年12月、2014年9月，人民币分别在莫斯科银行间外汇交易所和哈萨克斯坦证券交易所正式挂牌交易。本币互换不仅有助于推动本币结算和扩大贸易规模，同时也有利于加快人民币国际化进程。除本币互换外，中俄、中哈之间还积极探索人民币融资的新渠道。2017年3月16日，俄罗斯铝业联合公司在中国上交所发行首单10亿元人民币"熊猫债券"②，9月1日，再次发行5亿元人民币"熊猫债券"③，这是俄罗斯大型骨干企业在中国的有益尝试，拓展了企业资金融通渠道。2020年3月，由中国建设银行阿斯塔纳分行发行的离岸人民币债券——"雄鹰债"正式在阿斯塔纳国际交易所和香港交易所同时挂牌，这是中亚地区首支离岸人民币债券，将促进哈萨克斯坦以及整个中亚地区离岸人民币市场的发展。

（四）互联互通为域内经济合作提供内生动力

纵观世界各国经济发展史，基础设施建设一直是吸收投资、创造就业、扩大内需、改善民生的重要抓手，是一国经济实现持续、快速发展的必要条件。基础设施投资有较强的乘数效应。有研究表明，1美元的投资可以拉动3~4美元的社会投资需求，在亚洲地区，投资10亿美元可以创造1.8万个就业机会。④ 上海合作组织成员国开展基础设施互联互通合作条件得天独厚，各国在资源禀赋和消费需求上的差异以及便利的地理区位优势为各成员国深化互联互通合作提供了必要的前提和重要保障。实现上合组织基础设施互联互通符合各方的切身利益，有利于增强政治互信和提供合作内生动力，得到各成员国积极响应，也成为上合组织合作成果最突出的领域。

---

① 《我国和33个国家和地区签署了货币互换协议》，中国金融信息网，2017年6月27日。
② 《首单"一带一路"熊猫债券成功发行》，《金融时报》2017年3月18日。
③ 《俄罗斯铝业联合公司成功发行第二期熊猫债券》，《证券市场周刊》2017年9月17日。
④ 《中国领导人首提"基建合作伙伴关系"，富有创意》，中国新闻网，2013年4月24日。

上海合作组织经济合作二十年：地区繁荣的积极推动力量

早在2012年，中国就提出在未来十年把实现本组织区域内基础设施互联互通作为务实合作的首要目标，更有效地发挥上合组织成员国现有过境运输潜力和能源供应潜力，"一带一路"倡议的提出则为上合组织互联互通注入新动力。近年来，上合组织基础设施的"硬联通"和政策、市场、规则、标准等方面的"软联通"互促互进。在各成员国共同努力下，区域内一批互联互通合作项目相继建成，初步形成涵盖公路、铁路、油气和通信的复合型基础设施网络，进一步拉紧了成员国间的利益纽带。

油气管道合作。自2003年启动中哈原油管道建设以来，中国与中亚国家和俄罗斯已相继建成中哈原油管道、中国—中亚天然气管道（A、B、C线）、中俄原油管道、中俄原油管道（二线）、中俄天然气管道（东线）。截至2021年1月1日，中俄原油管道正式开通运行十周年，俄罗斯累计对华输油近2亿吨。① 2019年2月2日，历经五年建设，中俄天然气管道开始投产通气。截至2020年底，中哈原油管道累计对华输油超过1.4亿吨。② 截至2020年3月底，中国—中亚天然气管道累计对华输气3037亿立方米。③ 该管道不仅将来自土库曼斯坦的天然气输送到中国的千家万户，也让哈萨克斯坦近半数人口告别只能烧煤、无天然气可用的历史。上述油气管道的建成和运营对于保障双方稳定的能源需求和供给及进出口安全起到重要作用，能源合作成为上合组织成员国合作共赢的战略性项目。

电力合作。以跨国联网送电、电力项目投资和技术交流等方式为主的电力合作是上合组织经济合作的重要内容。中俄电网互联合作起步早，成效显著。自1992年7月1日国网黑龙江电力110千伏布黑线（俄罗斯布拉戈维申斯克变电站—中国黑河变电站）投运送电以来，中国通过3条在运跨国联网线路，累计对俄购电294.53亿千瓦时，减少境内煤耗约992.8万吨。④ 在电

---

① 《中俄原油管道开通运行10周年由俄进境原油达2亿吨》，中国新闻网，2021年1月1日。
② 《互联互通成为中哈关系的"金字招牌"》，中国物流行业网，2021年1月4日。
③ 《中国—中亚天然气管道向中国输气超100亿立方米》，金投网，2020年4月10日。
④ 《中俄跨国联网成能源互联互通典范：3条线路27年累计对俄购电超294亿千瓦时》，《中国能源报》2019年9月18日。

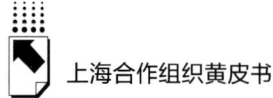

力项目投资方面,在中国政府提供"两优"贷款框架下,由中国企业承建的吉尔吉斯斯坦达特卡-克明输变电线项目、塔吉克斯坦杜尚别2号热电站项目相继顺利竣工,解决了当地居民冬季购电和取暖所需,保障了国家电力独立和安全。2020年9月,中国公司再度中标乌兹别克斯坦与塔吉克斯坦之间的500千伏输电线重建工程。未来,上合组织将着力推动建立区域电力系统,创造条件实现成员国之间电力市场相互准入,最终实现区域内电力输送畅通。

运输便利化合作。上合组织交通部长会议机制自2002年成立以来就成为上合组织交通运输领域的主要沟通合作机制,迄今已围绕加大过境运输领域合作力度、制定成员国政府间国际道路运输便利化协定、开展交通基础设施建设合作、建设区域交通走廊、制定上合组织成员国公路协调发展规划、保障紧急情况下交通平稳运行等主要问题召开过八次会议,各成员国进行协商沟通,并推动合作不断深化。

在制度建设方面,各成员国历经十年努力,于2014年9月12日签署《上海合作组织成员国政府间国际道路运输便利化协定》,为中亚、东亚、南亚及周边地区国家开展国际道路运输合作提供了有效的法律基础和保障。未来,将在该协定框架下开通6条通道,做到对成员国全覆盖。除多边合作取得进展外,各成员国间的双边交通协定也在逐步完善,中国与俄、哈、乌、吉、塔等成员国之间建立了双边交通分委会,有效地推动了政府间合作。

近年来,"一带一路"倡议为上合组织区域经济合作注入强大动力,区域内国际通道规划建设平稳推进。首先,中欧班列实现常态化高效运行。自2011年3月成功开行,九年来中欧班列已形成"三通道""五口岸""多线路""多模式"的基本格局。截至2020年11月底,中欧班列累计开行超过32000列,通达欧洲21个国家、92个城市。中欧班列所依托的第一、第二亚欧大陆桥联通了上合组织内所有成员国,其集装箱运输量分别占俄罗斯和哈萨克斯坦过境集装箱运输总量的67%和60%。[①] 中欧班列的开行不仅促

---

① Объемы транзитных контейнерных перевозок по сети ОАО РЖД выросли на 33.7%,РЖД - Партнер https://news.rambler.ru/other/44836048/? utm_content = news_media&utm_medium = read_more&utm_source = copylink.

进了中国与"一带一路"沿线国家和地区的跨境贸易,对稳定全球产业链、供应链起到重要作用,还为过境国提供了新的发展机遇,哈萨克斯坦已从传统的内陆国转型为亚欧大陆互联互通的重要枢纽,2020年哈全年完成集装箱运输量87.6万标箱,同比增长32%。① 其次,助力上合组织成员国国内交通基础设施建设。近年来,利用中国政府优惠贷款,由中国企业参与实施的吉尔吉斯斯坦北南公路、乌兹别克斯坦安格连—帕普铁路卡姆奇克隧道、塔吉克斯坦瓦赫达特—亚湾铁路、中吉乌公路等项目相继竣工;中国西部—欧洲西部公路、中俄同江铁路桥、中俄黑河公路桥等项目顺利进展,极大地改善了成员国之间跨境物流条件,缩短了货物陆路运输时间,增强了成员国发展能力。

(五)产能合作助力上合组织成员国工业化

上合组织区域内各国之间工业化水平差距较大,中、俄同处于工业化后期,中亚国家分布在工业化初期和中后期两头,印度处于工业化中期,巴基斯坦则处于前工业化向工业化初期过渡的过程中,各成员国面临着共同的工业化挑战,产业互补性高。基于此,加快推进和持续深化国际产能合作,助力工业化进程,使上合组织在全球价值链中,由现在的相对低端向中高端迈进,成为上合组织成员国一项新的共同任务。

中国与哈萨克斯坦是国际产能合作的先行者,两国建立了常态化合作机制。自2015年启动双边产能合作以来,中哈先后举行了18轮产能和投资合作对话会,确定了56个投资总额约276亿美元的产能合作重点项目,涵盖钢铁、有色、化工、水泥、平板玻璃、医药、农产品、汽车、能源等领域,主要以在当地投资建厂或由中方设计、施工的方式进行。中哈产能合作开展以来,在战略层面、合作机制、具体项目上均取得积极进展。目前,56个重点项目中,15个项目已正式投产,11个项目正在实施,投产和正在实施

---

① 《2020年哈萨克斯坦制造业保持经济发展态势》,中国驻哈萨克斯坦大使馆经商参处网站,2021年1月13日。

的项目总投资金额达到77亿美元。中哈产能被视为国际产能合作的典范，在有效带动中国装备及技术出口的同时，更重要的是填补了哈萨克斯坦国内工业领域空白，有助于哈推进工业体系建设，提供新的就业岗位，促进哈社会经济发展。据哈萨克斯坦国家经济部数据，2020年，哈经济结构改善，加工制造业在工业中占比从2019年的39.4%提高至48.8%，增长9.4个百分点。轻工业、汽车制造业和金属制成品生产呈两位数增长，保持良好发展势头。①

除哈萨克斯坦外，中国还与吉尔吉斯斯坦签署了《共同推动产能与投资合作重点项目的谅解备忘录》，与塔吉克斯坦签署了《中塔合作规划纲要》，涉及科技、农业、能源、基础设施、人力资源等多个领域。中国已在上合组织成员国建立7个境外国家级经贸合作区，有利带动了各成员国间的产能合作，产业聚集和示范效应逐步显现。

（六）区域经济合作使各方受益实现共同发展

上合组织各成员国经济的繁荣和发展既是实现地区稳定的重要前提，也是上合组织持续发展的物质基础。回顾上合组织成员国的合作历程，可以看到，2008年全球金融危机之后，各成员国对中国经济的依存度和发展周期的协同性愈益增强，双方利益融合不断加深，形成了你中有我、我中有你的利益共同体。

中国在全球经济中的地位不断提升，为促进地区经济发展起到了重要支撑作用。改革开放四十年来（1978~2017），中国国内生产总值按不变价计算增长33.5倍，年均增长9.5%，远高于同期世界经济2.9%左右的平均增速。② 自2013年以来，中国经济已连续七年对全球经济增长贡献率超过30%。上合组织多数成员国经济属于资源型经济，其增长的很大部分要依靠

---

① За 11 месяцев 2020 года внешнеторговый оборот Казахстана составил $77,7 млрд, 12.01.2021. https://news.myseldon.com/ru/news/index/243691601.
② 《国家统计局：改革开放40年中国GDP增长33.5倍，年均增长9.5%》，《经济日报》2018年8月27日。

国外市场拉动。中国经济的快速增长为上合组织成员国提供了广阔的出口市场，有效带动了整个区域贸易投资规模的快速增长和经济总量的显著提升。2010~2019年，上合组织绝大多数国家经济保持了较快和稳定的增长，增幅均高于同期全球经济增长速度。中亚国家通过大宗商品贸易完成了本国经济的原始积累，成功从农工社会迈入工业化社会，人民脱贫致富。根据世界银行的统计，2014年，哈萨克斯坦、土库曼斯坦的人均国民收入分别达到12090美元和7200美元，进入中高收入国家行列，乌兹别克斯坦、塔吉克斯坦、吉尔吉斯斯坦分别达到2110美元、1340美元和1250美元，已经脱贫，进入中低收入国家行列。① 2017年，实现扩员后的上合组织在全球GDP中占比达到22.5%，市场和政策空间扩大，影响力进一步提高。2018年上合组织成员国主要宏观经济指标见表2，2010~2019年上合组织成员国GDP增长情况见表3。

表2　上合组织成员国2018年主要宏观经济指标

国别	GDP（亿美元）	各国在上合组织GDP总量中占比(%)	GDP增幅（%）	出口（亿美元）	进口（亿美元）
中国	132800	73.80	6.6	24877	21356
印度	25970	14.43	7.2	2920	4170
俄罗斯	15765	8.76	2.3	4431	2486
巴基斯坦	3050	1.70	5.2	248	556
哈萨克斯坦	1705	0.95	4.1	547	297
乌兹别克斯坦	486	0.27	5.1	143	196
吉尔吉斯斯坦	80	0.044	3.5	15	44
塔吉克斯坦	73	0.040	7.3	11	32
总计	179929	100	—	33192	29137

资料来源：Экономический ракурс ШОС, 22.04.2019. https://www.review.uz/ru/post/ekonomicheskiy-rakurs-shos。

---

① Рейтинг стран по уровню валового национального дохода на душу населения, в июле 2020г. https://nonews.co/directory/lists/countries/gni-per-capita.

表3 2010～2019年上合组织成员国GDP增长情况

单位：%

国家\年份	2010	2011	2012	2013	2014	2015	2016	2017	2018	2019
中国	10.6	9.5	7.86	7.7	7.3	6.8	6.7	6.9	6.6	6.1
俄罗斯	3.8	4.3	3.4	1.3	0.5	-3.9	-0.2	1.4	2.3	1.3
塔吉克斯坦	5.5	7.4	7.5	7.4	6.0	3.0	6.9	7.1	7.3	7.5
乌兹别克斯坦	8.2	7.8	7.4	7.0	7.0	6.8	7.8	5.3	5.1	5.6
哈萨克斯坦	4.9	7.4	4.8	5.0	4.6	1.5	1.1	4.0	4.1	4.5
吉尔吉斯斯坦	-0.5	6.0	-0.1	7.4	4.1	2.0	4.3	4.6	3.5	4.5
印度	8.3	8.1	4.1	3.2	5.6	7.3	7.1	6.6	7.0	5.3
巴基斯坦	2.7	4.2	3.5	3.6	4.1	4.2	4.2	5.7	5.4	3.3

世界银行：World Bank GDP growth (annual %) World Bank national accounts data, and OECD National Accounts data files. https://data.worldbank.org/indicator/NY.GDP.MKTP.KD.ZG。

二 未来发展任重道远

站在上合组织成立二十周年的新起点上，未来上合组织区域经济合作仍有巨大发展潜力和上升空间。面对新形势、新要求，上合组织应抓住时机，提出下一阶段合作的新路径，实现区域合作高质量发展，这是要着力解决和推进的紧迫问题。

（一）坚持理论创新，探索区域合作新模式

顺应时代潮流，坚持理论创新，努力探索符合自身实际的发展道路和合作模式是上合组织经济合作取得重要进展的原因和经验。上合组织自成立之日起，就始终面对发展模式和路径的选择。按照传统的区域经济一体化理论，政治制度相近或相同、经济发展水平接近的国家比较容易组成经济一体化组织。在经济一体化组织的建立过程中，各成员国需要让渡一些国家主权，且经济主权的让渡不能导致本国政治制度的改变。一般认为，传统的区域理论主要以欧盟的实践为蓝本，提出了制度设计和合作路径。而上合组织

上海合作组织经济合作二十年：地区繁荣的积极推动力量

是以新兴经济体和发展中国家为主体的区域组织，各国在文明背景、政治制度、规模体量、发展水平、开放程度上存在巨大差异，既有中国、俄罗斯等大国，也有吉尔吉斯斯坦、塔吉克斯坦等小国（2018年吉、塔两国的GDP分别相当于中、俄的0.060%、0.055%和0.50%、0.46%），导致各方在区域经济合作模式、一体化组织形式及推进速度上存在不同的利益诉求。完全照搬以成熟市场经济为背景的区域理论，不能恰当解释和指导上合组织的区域合作实践，如果采用统一标准，众多后进国家将很难参与区域经济一体化进程，因此上合组织必须寻求符合自身实际的合作方式。

二十年来，上合组织顺应时代潮流，不断进行理论创新，吸收借鉴了过往欧盟、东盟和APEC等区域合作的成功经验，同时超越了传统国际关系和区域理论的固有范式，在决策机制上真正做到了求同存异、平等和协商一致，在合作方式上兼顾各国利益，循序渐进，以共识而不是制度性一体化来推进合作进程，实现区域的利益聚合，从而避免了强约束性对总体合作进程形成阻碍的可能。这种机制在一定程度上可能会影响合作的效率，却最大限度地维护了组织的团结协作。上合组织成立至今，经受住了时间的考验，探索出异质性极强的国家和谐共处开展区域经济合作之路，在成员国中逐步形成了对上合组织的认同感。尽管还存在诸多不足，上合组织仍为国际社会提供了一个拥有众多文明的国家开展地区合作的全新模式，以其自身实践丰富了当代国际关系理论和区域合作理论。

作为上合组织中的大国，中国经济的发展理念、发展模式和发展方向对于本组织举足轻重，并在上合组织的制度建设和合作框架构建调整中发挥着重要作用。如同上合组织现任秘书长弗拉基米尔·诺罗夫所言，中国为推动上合组织的安全、政治、经济、人文合作提出了多项倡议，发挥着开创性和建设性的关键作用。[1]

上合组织成立之初，中国提出了以促进成员国之间的经贸关系、减少区

---

[1] "Китай играет созидательную и конструктивную роль в ШОС" В преддверии празднования 70 - летия КНР Генеральный секретарь ШОС В. Норов дал интервью о роли Китая в ШОС 2019/09/29. http：//rus. sectsco. org/news/20190929/583400. html.

域内贸易投资壁垒、推进贸易便利化为主要目标的设想，但实践中贸易便利化推进效果并不理想。针对上合组织所在地区幅员辽阔、资源丰富、潜力巨大等特点，2006年中国提出了在各方共同感兴趣的能源、交通、电信等优先合作领域建设多方参与、共同受益的网络性项目的建议，主张首先把上合组织打造成地区经济发展的推动力量。近年来，随着网络性项目的逐步完成，各成员国参与区域经济合作的能力和水平得以大幅提升。

2013年，中国提出的"一带一路"倡议为上合组织提供了更多公共产品，为实现成员国合作共赢注入了新内涵。2015年7月上合组织乌法峰会期间，各成员国就共建"一带一路"首次达成共识，标志着上海合作组织区域经济合作进入与"一带一路"建设融合发展的新阶段。上合组织与"一带一路"在重点区域、主要原则、核心精神、终极目标、合作内容五个方面高度一致，二者互为机遇，相互支撑。中方提出的包容发展理念，与各成员国的发展愿景和战略高度契合，上合组织成为"一带一路"倡议与各成员国发展战略对接的有效平台。

在2018年上合组织青岛峰会上，中国国家主席习近平首次提出上合组织命运共同体的理念，对上合组织进行全新的定位。中国提出新发展观、安全观、合作观、文明观、全球治理观，赋予"上海精神"新的时代内涵，有助于凝聚各方参与区域经济一体化的共识，对破解发展不平衡难题、缩小各国间差距、实现上合组织共同发展繁荣具有重要引领意义。而上合组织成员国也纷纷推出本国的中长期发展战略，加大对外开放力度，积极改善国内营商环境，为构建上合组织命运共同体提供了有利契机。

2019年上合组织成员国政府首脑（总理）理事会第十八次会议批准新版《上海合作组织成员国多边经贸合作纲要》①，中方提出的加强经贸合作战略规划、推动贸易和投资自由化便利化、提升互联互通水平、加强全球经济治理合作等建议，得到各方积极响应。新合作纲要确立了扩员后的上合组

---

① 《上海合作组织成员国政府首脑（总理）理事会第十八次会议联合公报》，《人民日报》2019年11月3日。

织区域经济合作新"三步走"发展目标,成为未来十五年推动上合组织区域经济合作在新时代取得新发展的重要纲领性指南。

在2020年上合组织成员国元首理事会第二十次会议上,习近平主席提出了上合组织携手构建卫生健康共同体、安全共同体、发展共同体、人文共同体的倡议,这是对疫情危机的积极应对和各国合作愿望的有力呼应,反映了上合组织最新的理论创新成果,符合各方的根本利益。

(二)新征程新任务

2021年,上合组织即将进入第三个十年。在全球疫情持续、全球化和多边贸易体制面临重重压力、各成员国经济普遍受挫的情况下,上合组织需在充分认识内部和外部环境变化的基础上,直面挑战,抓住机遇,积极推进自身改革,帮助各成员国经济重回增长,推动区域经济合作迈上新台阶。

从长远发展看,上合组织还应切实强化自身经济功能。当前,上合组织成员国都面临抗击疫情和重振经济的双重任务,亟须抱团取暖,共克时艰。疫情强化了成员国的命运共同体意识,为加强合作提供了契机和动力。上合组织必须用前所未有的合作应对前所未有的困难,进一步加强在应对危机和协调政策方面的合作。按照新版多边经贸合作纲要提出的方向,拓展合作领域,充实合作内涵,加强创新与发展数字经济,培育经济合作新动能;深化产业合作,推动产业链、供应链和价值链的深度融合,包括农业的全产业链合作、医学医药医疗全方位合作、电子商务和打造海外仓等;提高成员国市场相互开放度,释放区域内贸易潜能,加强各国区域间直接对接,积极开展中小企业合作,培育和打造区域大市场,使各成员国能够充分发挥自身在市场、资源、产业等方面的互补优势,尽快走出危机,实现经济复苏,推动多边合作取得实质性进展。

后疫情时期,上合组织仍须完善自身的机制体制建设。经过多年的实践,上合组织形成了独特的运行模式和议事程序,为本组织区域经济合作的起步和早期发展提供了必要的舒适度和灵活性。但客观而言,上合组织非约束性的合作方式在推进高水平的区域经济一体化方面并非尽善尽美,一些代表区域经济合作长期发展方向的贸易和投资合作的制度性安排推进缓慢，2003年、2019年分别签署的两版《上海合作组织成员国多边经贸合作纲要》在贸易投资自由化的目标上均未能取得实质性突破，经济领域通过的很多计划和设想未能真正得以落实，在加强区域经济合作的实效性方面仍有巨大的改进空间。未来，如何在"协商一致"原则下保证决策效率，是对上合组织整合能力的考验。

采用多层级差异化的合作模式，逐步提高合作的实效性。未来上合组织各成员国经济发展水平的显著差异性还将长期存在，为了实现新版《上海合作组织成员国多边经贸合作纲要》提出的创新增长和高质量发展的目标，各方需要加强政策沟通，寻找利益诉求上的共性和互补性。在遵循协商一致原则的基础上，设计出分步骤、具有可行性的建设路径和差异化的合作模式，吸引观察员国和对话伙伴国参与合作，拓宽合作范围，允许部分具有更强意愿和能力的成员率先启动或深化某些领域的合作，双边、多边及区域相结合，形成更加广泛的开放合作格局。目前中国在山东省青岛市建立中国—上合组织地方经贸合作示范区、在陕西省杨凌市建设上合组织农业技术培训交流示范基地，正在筹建中国—上合组织技术转移中心，这些措施将有助于推动上合组织务实合作朝纵深方向发展。

以规则标准等制度型合作推动贸易投资便利化。当前，世界进入动荡变革期，在逆全球化、单边主义、保护主义、民粹主义兴起及地缘经济与政治冲突泛起的背景下，上合组织经济合作的内外环境发生了重大变化。中国共产党第十九届五中全会提出，"十四五"时期，要加快构建以国内大循环为主体、国内国际双循环相互促进的新发展格局；推动共建"一带一路"高质量发展；积极参与多双边区域投资贸易合作机制，推动贸易和投资自由化、便利化，推进贸易创新发展，增强对外贸易综合竞争力。这对新时期开展上合组织经济合作同样具有重要指导意义。首先，调整上合组织延续多年的以政府为主导、大项目带动的合作模式，转为以企业为主体、以市场为导向，推进各项经济合作项目的开展。其次，遵循国际惯例和债务可持续原则，健全多元化投融资体系，充分发挥资本市场在多元化融资中的重要作用。再次，通过在上合组织框架内制定贸易和投资领域稳定透明的规则和程序，共同改善营商环境和投资环境，为各国经济的增长和转型提供法律保证。最后，充分依托上合组织平台，继续推进成员国间的战略、规划、机制对接，加强政策、规则、标准联通，落实海关通关、检验检疫、物流运输、标准认证、支付结算等全方位便利化措施，消除壁垒和限制，增强相互依存度，逐步形成地区经济合作的有效机制。

Y.12
2020年上海合作组织经贸合作：
疫情下携手前行

李中海*

摘　要： 2020年在新冠肺炎疫情冲击下，上合组织成员国经济不同程度下滑，因抗击疫情所采取的诸多措施限制了人员和经济往来，导致成员国之间贸易规模总体下降。上合组织及成员国克服疫情带来的负面影响，成功举行了国家元首和政府首脑理事会视频峰会，继续以顶层设计引领组织发展。在疫情形势下，各成员国之间继续探索扩大贸易规模、增进经济合作的新路径。中国率先走出疫情阴霾，实现经济正增长，成为上合组织经贸合作的稳定锚。在世界进入动荡变革期的背景下，上合组织唯有继续秉持"上海精神"，强化合作共赢思想，加强务实合作，才能有效应对包括疫情在内的各种风险和挑战，实现经济繁荣、社会稳定和国家长治久安的目标。

关键词： 上海合作组织　经贸合作　贸易规模　投资合作　金融合作

2020年新冠肺炎疫情在世界多地多点流行，上海合作组织成员国经济社会发展受到不同程度的冲击，多数国家采取了禁足、限行、封城等措施，导致全年大部分时间经济停滞、人员往来和经济合作停顿。在这种前所未有

---

* 李中海，中国社会科学院俄罗斯东欧中亚研究所研究员，《俄罗斯东欧中亚研究》执行主编。

的艰难局面下，上合组织多数成员国携手合作，坚持开展有效的经济合作，虽然从数据看经贸合作规模有所减小，但从总体和长远来看，各国经贸合作仍富有潜力，疫情并未对成员国经贸合作基础造成根本性影响，如果疫情得到缓解或消除，上合组织成员国经贸合作一定会焕发出新的生机。

一 2020年上合组织经贸合作新进展

首先，在贸易方面，上合组织双多边贸易额总体有所下降，除少数国家仍然维持增长势头，多数国家之间的贸易额呈现下降趋势。具体情况如下。

中俄贸易额略有下降，但仍突破1000亿美元关口。据中国海关统计，2020年中俄贸易额达到1077.65亿美元，同比下降2.9%。其中，中国对俄罗斯出口为505.85亿美元，同比增长1.7%；自俄罗斯进口为571.81亿美元，同比下降6.6%。在新冠肺炎疫情流行背景下，中俄贸易达到如此水平难能可贵。

中哈贸易额逆势增长。据中国海关统计，2020年1~10月，中哈实现贸易额181.9亿美元，同比增长2.3%。其中，中国对哈出口96.1亿美元，同比下降6.2%；自哈进口85.8亿美元，同比增长13.7%。中方顺差为10.3亿美元，同比下降61.8%。中国是哈最大出口目的国，1~9月出口额达71亿美元，占哈出口额的19.9%。

中乌贸易额降幅较大，但中国继续保持乌最大贸易伙伴国地位。据乌兹别克斯坦国家统计委员会发布的数据，2020年1~11月，中乌双边贸易额57.36亿美元，同比下降17.2%，占乌外贸总额的比重为17.4%。其中，中方出口39.87亿美元，下降13.2%，占乌进口额的21.2%；中方进口17.49亿美元，下降24.9%，占乌出口额的12.3%，中方贸易顺差22.38亿美元，继续保持乌最大进口来源国和最大出口目的国地位。①

---

① 《2020年1~11月乌外贸额约329.72亿美元》，http://uz.mofcom.gov.cn/article/jmxw/202012/20201203025273.shtml。

中吉贸易额大幅下滑。根据吉尔吉斯斯坦国家统计委员会发布的数据，2020年1~9月，中吉贸易额为5.9亿美元，同比下降56.7%，其中，吉对华出口3790万美元，同比下降22.3%；吉自华进口5.52亿美元，同比下降58%。中国占吉贸易额比重为14.1%。①

其次，贸易结构出现新变化。传统上中国是上合组织其他成员国的原材料进口国，是制成品的出口国，即上合组织多数国家是中国制成品的销售市场。近年来这样的贸易结构正在被打破，尤其是疫情发生以来，中国消费品供应来源出现新变化，中国可能成为上合组织成员国一些商品的大市场。

比如，2020年中俄贸易结构发生了新变化。中国医疗设备、电子和轻纺产品对俄出口增加，俄罗斯天然气、铁矿石对华出口继续快速增长，同时中国成为俄罗斯农产品第一大出口目的地国，1~10月，俄对华农产品出口保持两位数增长，大豆出口量增加。俄产冷冻和冰鲜牛肉已获准进入中国市场。再比如，哈萨克斯坦对华农产品出口也呈现增长趋势。1~6月，哈萨克斯坦对华出口农产品48.9万吨，金额1.96亿美元，同比增长15%，其中，农作物27.4万吨，金额8600万美元，增长11%；农业加工产品21.3万吨，金额1.04亿美元，增长18%；畜产品2000吨，金额500万美元，增长25%。哈萨克斯坦累计对华出口粮食和面粉33.96万吨。哈萨克斯坦还与中国签订了关于哈猪肉输华检验检疫要求议定书，双方就实施远程检测及肉类加工企业、生猪养殖企业和水产加工企业列入输华清单的管理办法达成一致。未来，中国将成为哈萨克斯坦猪肉的出口市场。巴基斯坦等国也在寻求扩大对华棉花出口。

再次，上合组织投资合作平稳发展。中俄之间多个大型合作项目取得积极进展。黑河—布拉戈维申斯克公路桥具备过货条件，两国合作建设的别雷拉斯特物流中心正式投入运营，中方企业承建的莫斯科地铁西南段项目首条隧道顺利贯通，长城汽车与俄政府签署特别投资合同。中哈两国产能合作正

---

① 《吉方统计：2020年前三季度吉中贸易额为5.9亿美元》，http://www.mofcom.gov.cn/article/i/jyjl/e/202011/20201103017646.shtml。

在逐步展开。11月，由中国锦州天晟重工有限公司承建的哈萨克斯坦卡拉干达州YDD硅铁矿热电炉项目3号电热炉正式投产。12月21日，位于卡拉干达州萨兰市的"哈萨克技术"汽车组装厂投产仪式隆重举行。该厂由哈萨克斯坦与全球最大的客车生产销售企业——中国郑州宇通集团公司合作建设，项目投资230亿坚戈，设计年产1200辆大客车和电动客车，以及500辆特种车辆，可创造超过1000个新工作岗位。此外，中巴经济走廊建设取得很多积极进展，中巴基础设施与能源项目进展顺利，随着经济走廊建设不断推进，中巴之间对产业合作的关注度也将逐渐增强。

在金融合作方面，上合组织自成立以来，金融合作经历了从无到有、从小到大、从个案合作到逐渐系统化的进程。上合组织银行联合体成立于2005年10月26日，是上合组织成员国政府支持优先合作领域投资项目的融资和银行服务机制。2020年上合组织金融合作虽无明显进展，但面临新形势提出了新任务。10月30日，上合组织银联体理事会第十六次会议以视频方式召开。理事会会议期间，银联体成员签署了一份银行联合体消除疫情对上合组织国家经济影响的抗疫"路线图"，以及在上合组织空间扩大本国货币使用问题的联合办法。

在世界经济秩序正在发生深刻变化的背景下，上合组织多数成员国先后提出双多边贸易的本币结算问题。目前在欧亚经济联盟内部本币结算量已明显增长，占比接近50%。欧亚经济联盟和上合组织对摆脱美元支配地位存在共识，成员国多主张更多使用本币进行结算。俄罗斯总理米舒斯京出席上合组织成员国政府首脑理事会会议时表示，要建立美元之外的结算体系，扩大上合组织框架下本币结算规模，探讨建立上合组织项目融资支持机制。哈萨克斯坦总统托卡耶夫也表示，要通过采取制定路线图等措施，逐步扩大本币结算份额，推动建立欧亚金融咨询机制，为上合组织成员国相互贸易增长注入动力。哈萨克斯坦也向俄方提出在双边贸易中扩大使用卢布和坚戈进行结算。目前，欧亚经济联盟和中国之间约一半的交易结算不通过SWIFT系统。在中俄贸易结算中人民币占比不断上升，美元份额继续下降。俄央行和海关的统计数据显示，2020年第一季度，美元在俄

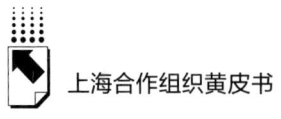

中贸易中的占比为46%，首次跌破50%。人民币占比超过17%，增长2个百分点。

2020年上合组织经贸合作的另一个突出特点是成员国地方合作展现出新活力。10月29日，上合组织成员国第一届地方领导人论坛以视频方式举行。各方一致认为，必须就促进工业和农业、贸易与投资、科学与创新、教育和文化等领域的合作制定具体措施，并为此成立工作组。特别提到了应提高上合组织成员国地方合作水平，并为在新冠肺炎疫情大流行的背景下发展地方全面合作创造有利条件。中俄地方合作成果最为显著。"中国东北—远东"委员会第三次会议在线上成功召开，为两国地方间基础设施、农业、交通物流等领域合作明确了方向。两国有关地方和行业协会积极利用线上平台开展"云对接"：黑龙江省主办"后疫情时代中俄地方合作视频会议"，共同举办第二届中俄大豆贸易与投资对接会，推动达成多项合作意向。俄地方和企业积极线上参加第三届进博会、广交会等活动，并组织多场线上洽谈对接活动。

二 支撑上合组织疫情下经济合作的有利条件

上合组织经济合作虽面临疫情冲击，出现了一些意想不到的困难和问题，但合作动力仍然强劲，成员国希望借助上合组织平台，扩大贸易规模，深化经济合作质量。

（一）继续发挥顶层设计优势，成员国领导人的引领作用进一步增强

在新冠肺炎疫情肆虐背景下，上合组织克服困难，成功举办了国家元首理事会和政府首脑理事会会议，对成员国加强各领域的经济合作凝聚了共识，指明了方向，为成员国继续加强双多边提供了有利条件和保障。

11月10日，上合组织成员国元首理事会第二十次会议以视频方式举行，会后发表了《上海合作组织成员国元首理事会莫斯科宣言》。宣言强

调，继续完善全球经济治理体系十分重要，上合组织将继续维护和巩固以世界贸易组织为核心，以规则为基础的开放、透明、公正、包容、非歧视的多边贸易体制，促进开放型世界经济，反对破坏多边贸易体制和威胁世界经济的单边贸易保护主义行为。成员国一致同意，继续加强贸易、产能、交通、能源、金融、投资、农业、海关、电信、信息技术、创新及其他共同感兴趣领域的合作，实现开放、包容、创新、绿色、可持续发展。

11月30日，上合组织成员国政府首脑（总理）理事会第十九次会议以视频方式举行。各国政府首脑指出，当前人类面临前所未有的全方位挑战，新冠肺炎疫情持续蔓延加剧了这一局面。世界政治经济形势持续剧烈动荡，单边主义和保护主义严重阻碍经济全球化进程，金融市场不稳定性加剧，国际贸易面临重重挑战。在这种背景下，成员国应进一步深化合作，支持和共同发展以透明、开放、包容、公正和非歧视为原则，以世界贸易组织规则为核心的多边贸易体制，推进开放型世界经济。各国政府首脑和代表在会上表示，希望进一步加强成员国在工业、交通、贸易投资、数字技术等各领域合作，携手构建区域内更紧密伙伴关系。成员国政府首脑表示，应继续落实2030年可持续发展议程，在贸易、产能、能源、工业、交通、投资、金融、农业、海关、电信、卫生等共同关心的领域加强合作。

（二）中国克服疫情影响后经济恢复活力，成为上合组织经贸合作的稳定锚

新冠肺炎疫情出现后，中国政府迅速采取果断措施，掀起了一场全民抗疫的阻击战，很快就使疫情得到控制，社会经济秩序逐渐恢复，经济活动不断趋于活跃，成为世界上唯一一个实现经济正增长的主要经济体。同时，中国政府向包括上合组织在内的世界许多国家伸出援助之手，派遣医疗队，提供医疗物资，协助各国抗击疫情，起到了稳定全球经济的作用，也成为上合组织经济合作的稳定锚。正如诺罗夫秘书长所说："上合组织成员国受到疫情的严重冲击，中国经济很好地稳定了全球和上合组织经济体的经济发展。……中国对世界各国经济发展起到了驱动作用，我们将共享中国的经济发

展，从中获利。"①

2020年，中国与日本、韩国和东盟各国签署了《区域全面经济伙伴关系协定》（RCEP），完成了中欧投资协定的谈判，展现出中国推进高水平对外开放的决心和信心，标志着美国的战略围堵将随着中国进一步对外开放而不攻自破。上合组织成员国对与中国的合作更加积极，俄罗斯、哈萨克斯坦和乌兹别克斯坦等国都参加了第三届国际进口博览会。哈方参展企业的展位面积扩大至260平方米，参展企业数量增至35家，展品扩大到面粉、食盐、饮料、肉制品、乳制品、蜂蜜、植物油、调味料等八大类别。乌兹别克斯坦总统米尔济约耶夫发表了视频致辞，对中乌扩大经济合作规模、提高合作效率提出了具体建议。

（三）成员国实业界对加强上合组织经贸合作存在广泛共识，合作动力进一步增强

在新冠肺炎疫情肆虐、人员往来受阻情况下，上合组织秘书处单独或联合其他机构通过视频方式组织数十场视频会议，会议内容广泛，起到了交换意见、凝聚共识的作用。如，7月7日，召开"出口战略问题视频圆桌会议"，就上合组织成员国出口导向性企业的政府扶持措施及上合组织国家技术法规和标准化问题对话前景进行了讨论；9月28～30日，召开成员国对外经济贸易高级别官员委员会会议，讨论了保护知识产权、支持中小企业和发展贸易关系等问题，并对新冠肺炎疫情应对措施等进行了深入讨论；10月22日，召开"上合之合——农产品贸易与跨境电商"圆桌会议，与会者就进一步加强农业领域和现代农业发展问题交换了意见；11月23日，举办"提高经济可持续性，利用区域互补性"商务会议，与会人员就在落实上合组织经济领域发展的优先事项方面进一步开展经济合作和部门互动交换了意见，各方讨论了疫情后加强上合组织成员国企业活动和调整总体经济结构的措施。

---

① 《上海合作组织秘书长诺罗夫：中国为全球经济稳定做出了重要贡献》，https://www.chinanews.com/cj/shipin/cns/2020/11-26/news873650.shtml。

三 2021年上合组织经贸合作面临的挑战及前景

2021年上合组织经贸合作将面临两大挑战：其一是新冠肺炎疫情及其对成员国国内政治经济社会形势的影响；其二是进入动荡变革期的世界将走向何方。

新冠肺炎疫情及其影响在短期内不大可能得到根本缓解，今后一个时期，疫情形势的发展及抗疫效果可能将成为决定世界政治经济走向的决定性因素。一场感染人数达数千万人甚至可能达近亿人、死亡人数达到数百万人的全球性疫情，即便现代医学能够制造出疫苗和有效药品，其影响在短期内也难以快速消除。世界银行的一份报告指出，这场危机使得许多经济体同时陷入经济衰退，其数量之多超过1870年以来的任何一个时期，并可能导致以增长乏力、多个卫生和教育系统崩溃和新一轮主权债务危机为特点的失去的十年。如果疫情从公共卫生危机演变成为经济社会的全面危机，一些国家可能爆发更为严重的政治危机。上合组织多数成员国是经济体量相对较小、经济实力相对不强、经济发展严重依赖国际市场的经济体，面对短期冲击尚可通过调整政策缓解压力，如果全球经济陷入混乱，加之可能发生的粮食危机及基本消费品短缺，这些国家难以依靠自身力量进行应对。

世界进入动荡变革期，不确定因素增多，可能进一步冲击各成员国的经济。习近平总书记多次指出，当今世界正经历百年未有之大变局。新冠肺炎疫情全球大流行使这个大变局加速演进，经济全球化遭遇逆流，保护主义、单边主义上升，世界经济低迷，国际贸易和投资大幅萎缩，国际经济、科技、文化、安全、政治等格局都在发生深刻调整，世界进入动荡变革期。习近平总书记的判断全面准确地勾勒出了当今世界所面临的风险和挑战。上合组织多数成员国能够就团结合作、携手应对风险和挑战达成基本共识，但是组织内部仍然存在不少杂音，突出表现在有些国家从追求地区优势地位出发，谋求通过引入外部势力增加自身分量，并在边境地区制造紧张对抗气氛，在共建"一带一路"问题上采取不合作立场。也有一些国家可能受狭隘民族主义情绪的裹挟和对域外势力的不现实期待，在上合组织双多边经济合作问题上制造障碍。

需要认识到，上合组织不是大国角逐领导地位的工具，而是一个追求"互信、互利、平等、协商、尊重多样文明、谋求共同发展"的多边合作平台，"上海精神"是上合组织生存、发展和扩大影响力的重要原则。习近平主席在上合组织成员国元首理事会峰会上，首次提出在上合组织框架内构建卫生健康共同体、安全共同体、发展共同体、人文共同体的重大倡议，这是中国近年来倡导的人类命运共同体理念在上合组织框架内的具象化，四个"共同体"的建立将有力促进上合组织所在地区的稳定与繁荣。

2021年上合组织成员国将面临外部环境出现新的不确定性、内部经济社会发展出现新挑战的双重压力，今后一个时期需要密切协调各自经济发展战略和政策，以合作共赢的思想破除单一国家谋求绝对优势的迷思，通过开展灵活高效务实的经济合作，促进组织所在地区的经济繁荣、社会发展和国家长治久安。

Y.13
上海合作组织区域经济走廊合作

王海燕*

摘　要： "一带一路"建设确立的六大经济走廊中，上海合作组织区域就包括中国—蒙古国—俄罗斯、第二亚欧大陆桥、中国—中亚—西亚、中国—巴基斯坦、孟加拉国—中国—印度—缅甸五大经济走廊，上合组织区域的经济走廊建设对"一带一路"推进意义重大。上合组织经济走廊的建设包括铁路、管道、公路等陆上走廊，航空、航运等硬联通和信息、标准等软联通，以及物流基础设施建设和园区建设等多种路径，并面临区域安全、大国博弈、交通机制及标准一致化建设等挑战。其规划与建设应立足整个区域的现状和需要，在区域内外统筹规划和协调，选择共同建设、共同经营的模式。为实现区域经济一体化，应整合各地已有的交通设施，由点到线、由线到面，充分挖掘合作潜力。展望未来，通过上海合作组织经济走廊的建设与拓展，亚欧区域经济合作将会更加紧密，可以更好助力丝绸之路经济带和21世纪海上丝绸之路建设，形成上合组织命运共同体，改变亚欧地缘经济和区域经济发展格局。

关键词： 上海合作组织　经济走廊　互联互通建设

---

* 王海燕，经济学博士，华东师范大学国际关系与地区发展研究院和华东师范大学俄罗斯研究中心副研究员，华东师范大学哈萨克斯坦研究中心执行主任。

为促进国际经济合作，2013年，中国国家主席习近平提出与世界各国共建"一带一路"倡议。习近平主席提出的"一带一路"倡议要实现"五通"，即推进政策沟通、设施联通、贸易畅通、资金融通、民心相通，推动建立覆盖整个亚太的全方位、复合型互联互通网络。其中，设施联通在"一带一路"建设中作用重大，核心就是中国与上合组织其他成员国共建经济走廊。2016年3月发布的中国国民经济和社会发展第十三个五年规划纲要专门明确了"畅通'一带一路'经济走廊"的目标和实施路径。这些经济走廊连接亚欧广阔的区域，将对促进亚欧区域经济合作、改变亚欧区域经济发展格局、推动"一带一路"建设发挥不可替代的作用。

一 上海合作组织共建经济走廊的范畴与内涵

走廊是连接两个或多个地带的交通通道；经济走廊是在此交通通道上通过经济活动，连接起该地带的核心节点城市，实现由点到面、从面到片的多层次区域经济合作模式。经济走廊需要解决通达性和流动性问题，须在高度的政治互信保障、经济相互依存保障和区域合作机制保障的基础上实施，其实施路径为构建立体交叉互补的多元化交通网络。① "一带一路"区域包括六条经济走廊，即中国—蒙古国—俄罗斯、第二亚欧大陆桥、中国—中亚—西亚、中国—巴基斯坦、孟加拉国—中国—印度—缅甸、中国—中南半岛六大国际经济走廊建设，推进中国与东南亚、东北亚、中亚、西南亚等周边国家到欧洲等地交通基础设施互联互通。其中上合组织区域包括除中国—中南半岛之外的其他五大经济走廊，是"一带一路"建设的重要区域。

在地理上，上合组织中的中亚成员国均为内陆国，被周围邻国陆地领土所包围，缺少出海口，上合组织区域各国之间相互依存度极高，为保证各国

---

① 王海燕：《"一带一路"视域下中蒙俄经济走廊建设的机制保障与实施路径》，《华东师范大学学报》（哲学社会科学版）2016年第5期。

能够顺利地跨越国界与国际市场连接亟须开放联通的内陆运输体系，实现陆海联通。上合组织区域由北向南五大经济走廊范畴依次如下。其一，中蒙俄经济走廊中国国家发改委确定将其分为两条线路：一是东北地区，从哈尔滨、长春、沈阳、大连到俄罗斯的赤塔和中国的满洲里；二是华北地区，从北京天津河北等地到内蒙古的呼和浩特，再到俄罗斯和蒙古国。两条走廊由线到面互联互通形成一个新的一体化开发开放经济带。其二，新亚欧大陆桥，又名第二亚欧大陆桥。是以亚欧铁路干线为主动脉的交通运输走廊，起点为江苏省连云港市，终点为荷兰鹿特丹港，沿中国陇海铁路和兰新铁路，途经山东、江苏、安徽、河南、陕西、甘肃、青海、新疆 8 个省、区，65 个地、市、州的 430 多个县、市，在中国与哈萨克斯坦交界的阿拉山口出境；通过北线、中线和西线三条线路经俄罗斯、白俄罗斯、波兰、德国等国最终抵达荷兰的鹿特丹港，全长 10900 千米，辐射世界 30 多个国家和地区。其三，中国—中亚—西亚经济走廊，东起中国新疆，经过和辐射哈萨克斯坦、吉尔吉斯斯坦、塔吉克斯坦、乌兹别克斯坦、土库曼斯坦中亚五国和西亚的伊朗、沙特、土耳其等十七个国家和地区，向西抵达波斯湾、地中海沿岸和阿拉伯半岛，在中国与中亚和西亚各国之间形成一个互联互通的经济合作区域，大致与古丝绸之路范围相吻合，是丝绸之路经济带的重要组成部分。其四，中巴经济走廊。分东、中、西三线，以西线为优先路线，从中国喀什出发，最终抵达巴基斯坦瓜达尔港，全长 3000 千米，将丝绸之路经济带与 21 世纪海上丝绸之路相连，是贯通南北陆海丝路的重要走廊。其五，孟加拉国—中国—印度—缅甸经济走廊。是将中国西南部、印度东北部、缅甸和孟加拉国相连的经济走廊，其辐射作用将带动南亚、东南亚、东亚三大经济板块联合发展。

上合组织共建经济走廊的主要内涵为：一是共同发展，本着周边是首要的原则，促进周边和谐稳定，坚持与邻为善、以邻为伴，坚持睦邻、安邻、富邻，突出体现亲、诚、惠、容的理念，直接为当地民众提供大量工作机会，促进当地经济和民生发展，共建上合组织命运、责任和利益共同体；二是推进亚欧区域基础设施互联互通，物畅其流，人畅其通，为上合组织共建经济走廊建立重要基础；三是促进建立亚欧区域统一大市场，加强同世贸组织、

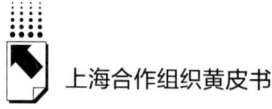

G20、亚太经合组织、RCEP 等国际和亚欧区域机制的合作，共同促进世贸规则升级发展，保障亚欧区域发展和各国经济安全，促进上合组织区域贸易便利化，坚持国际经济全球化，通过建立规则体系便利各种生产要素流通，形成拥有超过 30 亿人口的统一大市场；① 四是重构区域产业分工体系，利用彼此资源、设备、技术等互补优势，促进上合组织成员国经济现代化，保障技术、设备等先进性和环保性，建立更加完善合理的产业结构，在国际价值链、供应链、产业链市场上获得竞争优势；五是促进上合组织区域投融资便利化，重塑国际金融体系；六是积极开展与周边国家的区域经济合作，在世界经济全球化、区域化、一体化和丝绸之路经济带建设的大背景下，"共同发展、共同繁荣"，提高同是转型国家、发展中国家、新兴经济体的上合组织各成员国在世界市场中的份额，最终实现共同发展、共创美好未来，推动建设人类命运共同体。

二十年来，上合组织成员国已签署《上海合作组织成员国政府间国际道路运输便利化协定》（简称《协定》）、《中欧班列运输联合工作组工作办法》和《深化中欧班列合作协议新成员加入办法》等各种相关协议，并参与中欧班列运输联合工作组、国际道路运输联盟等多个合作机制。这些为跨境走廊的建设提供了保障，将推动上合组织各国共建经济走廊。随着上合组织区域经济一体化的发展，上合组织国家之间的贸易合作取得了很大发展，经过多年的合作，上合组织各国互为过境亚欧商品的运输大通道，相互贸易和投资水平不断提高。这些对上合组织跨境经济走廊合作的广度和深度提出了更高的要求。

二 上海合作组织区域经济走廊建设的路径

上合组织区域经济走廊建设的内容主要包括交通走廊、物流基础设施建设硬联通和标准一致化建设等软联通在内的立体交叉互联互通网络。

---

① 作者根据世界人口网数据计算得出，http：//www.renkou.org.cn/。

具体实施就是构建铁路、公路、管道跨境联通的陆上走廊，海河联通的水上走廊，航运相连的空中走廊，以及信息互通的信息走廊，构建立体丝绸之路。

（一）陆上走廊

陆上走廊建设包括管道运输、公路运输、铁路运输、水运在内的交通运输走廊，对上海合作组织区域经济发展起到基础性的支撑作用。

1. 铁路运输占比最大

上合组织区域各国地处欧亚大陆的中心地带，尤其中亚国家都是内陆国，经过多年发展，铁路运输占据上合组织区域货运的70%以上，成为上合组织国家对外联通开展国际贸易最便捷和最经济的运输合作方式，对沿线经济的带动作用最明显。近些年来，东西向和南北向多条铁路运输线路陆续开通，上海合作组织区域的铁路网基本形成，主要为第一亚欧大陆桥、第二亚欧大陆桥、第三亚欧大陆桥与运行多年的中哈乌土伊铁路、新开辟的"丝绸之风"线路和哈土伊铁路等铁路干线，以及上合组织各成员国国内铁路线等支线。近年来，这些铁路干线和支线运输量不断扩大，在连接亚欧货物运输和人员运输中发挥了巨大的作用。

近年来，上合组织区域联通亚欧运输通道的作用日益突出，随着共建"一带一路"沿线国家贸易货运量的不断扩大，上合组织国家不断规划和联通新的跨国铁路。从上合组织区域各国已有和正在规划修建的线路来看，大致可将其概括为"两纵""三横"东西和南北走向的基本框架："两纵"是哈萨克斯坦—土库曼斯坦—伊朗铁路和俄罗斯—哈萨克斯坦—吉尔吉斯斯坦—塔吉克斯坦铁路，"三横"即"丝绸之风"线路、塔吉克斯坦—阿富汗—土库曼斯坦铁路和中国—吉尔吉斯斯坦—乌兹别克斯坦铁路。未来很有前景的线路将包括启动中国—吉尔吉斯斯坦—乌兹别克斯坦铁路中吉路段的建设①，开

---

① 2016年2月27日中国政府优买项目、中铁隧道集团承担的上合组织国家内最长隧道，丝绸之路经济带铁路网中吉乌铁路的重要一环——乌兹别克斯坦安格连至琶布铁路甘姆奇克隧道贯通，意味着乌兹别克斯坦段已修好，只剩下吉尔吉斯斯坦段了。

发中欧班列等三条亚欧大陆桥延伸至上合组织各国支线的潜力，改造和扩建通往南亚、中亚第一亚欧大陆桥的南线、中线和北线等跨境交通基础设施领域优先推进项目，以及巴基斯坦1号铁路干线升级等上合组织各国国内铁路升级改造项目。高铁方面，塔什干—撒马尔罕—卡尔施、塔什干—撒马尔罕—布哈拉、安卡拉—伊斯坦布尔高铁等上合组织国家国内的多条线路已开通，还可将欧亚高铁、中亚高铁和泛亚高铁等跨境高铁线路纳入上合组织区域经济走廊建设项目当中。

中欧班列是按固定班期、运行时刻、线路和车次开行，在第一亚欧大陆桥和第二亚欧大陆桥铁路干线和支线上，往返中国与欧洲各国的集装箱国际铁路联运班列，有东、中、西三条路径：东部通道起始于中国东南部沿海地区，经满洲里（绥芬河）出境；中部通道起始于中国华北地区，经二连浩特出境；西部通道起始于中国中西部，经阿拉山口或霍尔果斯口岸出境。中欧班列于2011年开行首趟渝新欧班列，开辟了第一条横跨亚欧大陆的运输通道，当年仅开行17班。到2020年11月，中欧班列已通达欧洲二十一个国家、92个城市，开行运行线73条，物流网络覆盖欧洲主要城市，共开行1.24万列，首次突破万列大关。[1] 班列运营开始由"点对点"向"枢纽对枢纽"转变，智能化水平不断提高。2020年，"数字口岸系统"上线运行，口岸交接效率大幅提升。[2] 疫情期间，全球海运、空运纷纷受阻，中欧班列逆"疫"出征向包括上合组织国家在内的一百五十多个国家和国际组织运输280多批紧急抗疫物资援助、800余万件医疗物资，共计6万多吨，开辟"生命之路"，成为全球供应链的"守护者"，与世界守望相助，让沿线各国人民感受到了"休戚与共"的中国温暖。

2. 油气管道运输战略意义重大

中国五大能源战略通道中，上合组织区域就占了重要的三条。上合组织

---

[1] 姜利康：《中欧班列十年风雨，"一带一路"共建繁荣》，高铁网，http://news.gaotie.cn/pinglun/2021-03-25/571109.html。

[2] 安蓓：《增长50%！2020年中欧班列全年开行12406列》，新华网，http://www.xinhuanet.com/2021-01/19/c_1127001191.htm。

区域能源合作的最重大成果就是开辟了中国首个陆上能源通道中哈石油管道,2006年5月实现全线通油,到2019年底,共输油超过1.3亿吨。① 连接中国、哈萨克斯坦、吉尔吉斯斯坦、乌兹别克斯坦、塔吉克斯坦和土库曼斯坦多国的中国—中亚天然气管道,成为上合组织参与国家最多的重大多边合作项目,共分A、B、C、D四条线路,其中D线尚未开通,A、B、C三条线自2009年12月相继开通,到2020年12月,已累计输气超过3000亿立方米。② 中俄东、西线油、气管道成为中国重要的能源通道,其中,2019年12月中俄东线天然气管道正式通气,西线建设提上议事日程;中俄东线原油管道2011年1月正式投产运行,到2017年5月累计输送原油1亿吨。③ 今后,应加快推进中国—中亚天然气管道D线的建设进程,确保其顺利联通;设计中的中巴油气管道也将成为中巴经济走廊中的重要组成部分。

3. 公路运输起补充作用

塔吉克斯坦、吉尔吉斯斯坦属于山地之国,公路运输极其重要,上合组织区域的公路运输带已基本成形。该运输带东起连云港,沿连云港—霍尔果斯高速公路连接江苏、安徽、河南、陕西、甘肃、新疆等省区,经乌鲁木齐、阿拉山口、巴克图、霍尔果斯等重要城市和重要口岸,向外延伸至哈萨克斯坦、俄罗斯等亚欧广阔的区域。公路运输成为上合组织各国间的重要运输通道,带动了中国和上合组织国家口岸经济的发展。

上合组织地区公路相互衔接,上合组织各国连接的主要干线公路均加入了亚洲公路网。连云港—霍尔果斯的国家高速公路与穿越中亚的欧洲E40号公路相连,中国—吉尔吉斯斯坦—乌兹别克斯坦公路、"比什凯克—土尔尕特"公路、喀喇昆仑公路和E-40公路等多条通往塔吉克斯坦、吉尔吉斯斯坦和哈萨克斯坦口岸的公路线路已开通,尤其中国与塔吉克斯坦、吉尔

---

① 顾煜:《2019年中哈原油管道向国内输送原油超1088万吨》,新华网,http://www.xinhuanet.com/2020-01/09/c_1125441977.htm。
② 顾煜、杜刚:《中亚天然气管道已累计向我国输气超3000亿立方米》,新华网,http://www.xinhuanet.com/2020-02/28/c_1125640113.htm。
③ 《中俄原油管道一线输油量累计将破亿吨,技术攻坚合作升级》,央视网,http://jingji.cctv.com/2017/05/13/ARTIAMb9Vsx2PGhNkezAMdeB170513.shtml。

吉斯斯坦的货物运输主要通过公路完成，成为联通各国的重要货运通道。中国、俄罗斯和中亚五国等上合组织国家中的大部分国家都先后加入了国际道路运输联盟，成为七十个缔约国之一，中国与上合组织国家的国际道路运输不仅可节省最高可达80%的运输时间和30%的过境成本，还可持续推进跨境运输便利化，深化与周边国家经贸合作。目前中国通过公路运输实现的贸易量仅占其国际货物运输总量的10%，中国与上合组织国家间的国际道路运输潜力巨大。

"双西公路"是上合组织区域公路运输跨境合作的成功典范，该线路东起江苏连云港，西至俄罗斯圣彼得堡，途经中国河南郑州、甘肃兰州、新疆乌鲁木齐，经霍尔果斯口岸进入哈萨克斯坦，从哈萨克斯坦北部边境出境进入俄罗斯，经奥伦堡、喀山、莫斯科抵达圣彼得堡，与欧洲公路网相连，全长8445千米。从2008年中哈两国同时启动项目建设到2018年9月全线贯通，历时十年。这条国际大通道把中国新疆到西欧的广阔地域连为一体，从连云港前往欧洲所需时间从此前海运的45天缩短至10天。"双西公路"对中国从海港经陆路再到波罗的海的海公联运意义重大，沿途的中国、哈萨克斯坦和俄罗斯都很重视该线路的建设，这成为丝绸之路经济带中一条重要的线路。

（二）空中走廊

航空运输主要用于人员往来，在上合组织国家之间人员往来中占据非常重要的地位。在货运方面，上合组织区域的航空运输方式不断创新，主要有班机运输、包机运输、集中托运和航空快递业务。

目前，上合组织国家共拥有几百个国内和国际机场，已开通上百条互联互通的国际航线，中国北京、乌鲁木齐、西安、成都、广州等地已开通直达俄罗斯莫斯科、哈萨克斯坦阿拉木图、乌兹别克斯坦塔什干、吉尔吉斯斯坦比什凯克、塔吉克斯坦杜尚别、土库曼斯坦阿什哈巴德等城市的多条航线。航班线路还在不断增加，将助力上合组织区域经济发展，夯实丝绸之路经济带设施基础，提高上合组织区域经济合作的效率。中国乌鲁木齐、西安、北京、广州等城市逐渐成为上合组织与中国航运的重要中转站,在上合组织的合作中占据重要地位。今后中国会加强与上合组织国家的航空合作,还可增加中国上海、重庆、喀什、伊宁等地直飞上合组织国家主要城市的多条线路,建立辐射上合组织各国,甚至南亚、欧洲等地的国际航线,促进各方人员交流互往,畅通其行。

(三)水上走廊

上合组织国家的水运合作受地缘因素的制约发展缓慢。由于上合组织国家中的中亚国家是内陆国,缺少出海口,河湖海运业不发达,且水运线路距离海洋非常遥远。水运正在成为上合组织区域各方亟须合作的领域。

近年来,中国与上合组织国家建设了以哈萨克斯坦最具发展潜力的阿克套港、中国连云港以及巴基斯坦瓜达尔港等为核心的"海上走廊",丝绸之路经济带和21世纪海上丝绸之路的交汇为中国打通了通往欧洲、南亚、东北亚、东南亚等各国的出海口,打开通向太平洋、印度洋、黑海和地中海等的出海捷径,并使中亚国家通过连云港、霍尔果斯等口岸陆海连接,实现从"陆锁国"到"陆联国"的转变,从而成为互联互通的重要枢纽,使上合组织区域的海上辐射范围不断扩展。中哈(连云港)国际物流港等项目实现了哈萨克斯坦走向海洋的梦想,哈方积极参与"一带一路"建设,并带动整个中亚地区国家积极参与,也保障了中国西向通往欧洲的运输通道的畅通,形成了良性循环的局面,极大地拓展了上合组织区域及通往东南亚、东北亚等第三方国家的商品市场,为各国带来巨大的市场前景。

今后,中国还将与上合组织国家开辟更多海上航线,充分挖掘中国大连、天津、日照、上海、连云港、广州等沿海城市的陆海联运潜力,将丝绸之路经济带与东北亚、东南亚的海上丝绸之路通道对接,协助上合组织国家商品入境中国,陆路经中国中部与水路联运;上合组织国家为中国商品开辟更多的水陆联运、空铁联运、海铁联运通道,从中国经里海到波罗的海再延伸到欧洲等地。

（四）物流基础设施建设

物流是供应链流程的一部分。习近平主席在2014年APEC领导人非正式会议上提出了实施全球价值链、供应链领域合作的倡议，物流基础设施建设非常重要，这也是"一带一路"建设的重要组成部分。多年来，上海合作组织的物流基础设施建设亟须跟上经贸发展水平和发展速度，在连云港、乌鲁木齐、伊宁、喀什、霍尔果斯、阿拉山口、阿拉木图、比什凯克、塔什干等上合组织的多个主要城市，已建立了包括国际陆港商务中心、国际商品展示交易中心、国际陆港联检中心、物流信息中心、特色商品口岸、多式联运集疏中心、保税物流区等在内的多个物流基地，如"上合组织（连云港）国际物流园"等。随着上合组织区域对物流服务的优质化和全球化要求越来越高和交通运输线路的延伸，中国的企业采取多项措施，如学习美欧一些大型物流企业的经验、与上合组织国家共建物流基地或企业战略联盟等，共同提高上合组织物流基础设施建设的质量和合作化水平。

今后还将鼓励中国的物流企业与国际先进物流企业合作，一是推进上合组织区域的物流技术装备现代化，提升物流装备的专业化水平，在上合组织区域采用先进适用的技术和装备；二是推进上合组织区域物流协调发展，提高区域物流标准化建设水平，增建物流通道，优化区域物流条件，开拓具有特色优势的农产品、矿产品等大宗商品物流产业；三是提高物流效率，重点发展绿色物流，促进节能减排，减少返空、迂回运输，合理配置各类运输方式，优化运输结构。

此外，亚欧光缆已经连接上合组织许多国家，中国与上合组织及周边国家共开放了20多个国家一类口岸，已初步建成包括铁路、公路、航空、管道、通信和口岸设施在内的连接中国与上合组织及周边国家的立体交通运输走廊硬件设施体系。

（五）信息走廊

信息通信合作是经济走廊建设的一个重要组成部分，尤其是后疫情时代,信息互通尤为重要。

1. 信息平台建设

伴随现代通信技术的飞速发展以及信息化的不断普及,上合组织区域信息合作需求增多,对国际、国家间信息合作的实时、高效、协同与共享等方面的要求也越来越高,需要与时俱进应对这些新的挑战。首先,上合组织国家构建了多个信息交流与通信合作的平台。2013年9月2日,主题为"推动亚欧地区通信网络一体化"的中国—亚欧区域通信交流与合作论坛在中国新疆乌鲁木齐举行,中国工业和信息化部副部长指出,中国将加快新疆与上合组织其他国家信息通信业务的合作,使新疆成为面向亚欧大陆的区域国际通信业务中心、国际通信转接中心。① 二十年来,亚心网、天山网、上合组织区域经济合作网等多个信息网站先后建立;2014年4月,上合组织科技经济信息中心还在阿拉山口市成立了分中心,上合组织国家的信息共享机制初步形成。其次,上合组织职能部门间的信息合作,尤其是交通运输、金融、海关、出入境检验检疫等功能领域的信息合作与互通越来越重要。中国与上合组织国家在这些领域的信息合作很早就已开展,尤其是海关的电子口岸合作一直在逐步推进。二十年来,乌鲁木齐海关与哈萨克斯坦等上合组织国家的海关开展了统计数据信息交换、互认海关单证和标识、进出口商品和人员监管和手续办理、中哈霍尔果斯国际边境合作中心信息联通、中哈原油管道监管等双边合作,② 成为中国海关积极参与和推动上合组织地区国家海关合作的重要成果。

今后上合组织成员国间还需要在海关、交通运输、边境口岸、出入境检验检疫等功能领域加强信息合作,尤其是后疫情时代各国间人员往来的信息互通;加快企业物流信息系统建设,发挥核心物流企业合作能力,打通物流信息链,实现物流信息全程可追踪;加快物流公共信息平台建设,积极推进

---

① 《中国—亚欧区域通信交流与合作论坛在乌鲁木齐举行》,http://news.ts.cn/content/2013-09/02/content_8647614.htm。
② 王海燕等:《贸易投资便利化:中国与哈萨克斯坦》,华东师范大学出版社,2012,第54~55页。

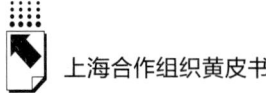

全社会物流信息资源的开发利用；进一步推进交通运输物流公共信息平台发展，推进铁路、公路、水路、民航、邮政、海关、检验检疫等信息资源互通，促进物流信息与公共服务信息有效对接，鼓励区域间和行业内的物流平台信息共享，实现信息互通。

2. 强化电子商务合作

近年来，上合组织各国电子商务蓬勃发展，市场潜力巨大。二十年来，先后建立了"亚欧国际物资交易中心"和"新疆上合组织商品交易中心"等电子平台，为上合组织国家的原料、农产品进出口和边境地方产品进出口服务，惠及当地百姓，促进了地方合作。中国电商巨头阿里巴巴集团联合聚划算、天猫国际、速卖通、菜鸟网与上合组织主要口岸及综合保税区开启"汇聚全球·新丝绸之路"活动，提高了上合组织区域电子商务的辐射范围、交易量和服务水平，助力中国与上合组织国家电子商务的合作与发展。后疫情时代，随着各国积极推动数字经济战略，电子商务合作将成为未来上合组织区域最具潜力的合作领域。

（六）各类经贸区

中国—上合组织经济走廊的建设不仅仅是交通运输线路的建设，而且是涉及沿线国家和地区经济发展、社会民生发展的综合系统工程，需要综合施策。上合组织国家发展严重不平衡，处于中部的中亚国家和俄罗斯尤其希望依托和用好亚欧大陆桥等黄金通道，发挥重要综合交通枢纽的作用，变"过路经济"为"通道经济"。为此需要综合施策，因地制宜，加强通道经济建设。这些措施有的已开展，有的还在酝酿中，主要包括：一是在中国境内沿亚欧大陆桥地带需要设立的各种开发区、保税区和自由贸易区，如"霍尔果斯自由贸易区""喀什综合保税区"；二是建立资源型开发区，中国在本国或上合组织不同国家与当地政府和企业合作，按照高起点和与国际接轨的要求，综合资源和资源加工型新型企业及各类产业建立新型园区，如在山东青岛建立"中国—上合组织地方经贸合作示范区"等；三是开办中国中西部农业合作开发区，促进沿线地区工业化和城镇化建设，建立亚欧农产品批发交易中心，如在陕西省杨凌市建立的"上合组织农业技术培训交流示范基地"；四是因地制宜，在上合组织经济走廊沿线中心城市建立经济发展区，如以乌鲁木齐、兰州、西安等城市为中心的经济区，以日照为中心的国际经济贸易合作区，以郑州为中心的中原经济区等。同时中国企业积极参与上合组织国家和地区设立的开发区、特殊经济区、工业园区等的建设。这些将有效地促进上合组织国家和地区的发展和繁荣。

综上所述，上合组织区域已初步建立起东西南北多向度的立体交通网络，通过多元化的发展路径为"一带一路"发展创造了基础条件，共建区域经济走廊建设已取得丰硕成果。

三 上合组织区域经济走廊建设面临的挑战与思考

上合组织经济走廊建设的核心是解决流动性与通达性，实现互联互通，助力区域经济发展。上合组织经济走廊建设不可能一蹴而就，这是个长期过程，目前及今后还会受到多方面的限制，面临诸多挑战。上合组织国家之间交通运输合作机制尚不完善，上合组织区域传统和非传统安全威胁、国家内部矛盾以及大国在中亚国家的博弈，加上复杂的地形、气候都会影响流动性与通达性，这些也是上合组织各成员国在共建经济走廊进程中需要共同面对的问题。

（一）区域安全问题影响经济走廊安全

传统和非传统安全威胁影响上合组织区域安全。[①] 尤其是非传统安全问题影响经济走廊的建设。上合组织区域一直面临着严峻的恐怖主义、极端主义和分裂主义威胁，传染病、非法移民、非法贩运武器和毒品走私等影响地区安全；相邻的阿富汗未来安全走势和毒品问题将长期影响上合组织地区；西亚北非地区持续的政治动荡也无时不在冲击着欧亚大陆；上合组织一些国

---

① 赵常庆：《上中亚五国新论》，昆仑出版社，2014，第166页。

家领导人更替，这些国家能否保持内政稳定也令人担忧。上合组织各国间经济发展不平衡、资源分布不均，一些国家间存在领土纷争、水资源冲突等矛盾也是威胁上合组织地区安全形势的主要因素。同时，上合组织还缺乏保障地区安全的相应实体和应急机制等安排，这些也将影响上海合作组织跨境运输走廊的安全。

为保障上合组织跨境运输走廊的安全，上合组织在安全领域至少要做好两个方面的工作：一是在打击"三股势力"、毒品走私等问题上协调一致，深化合作；二是上合组织各国应当加强政治互信，化解彼此在边界、水资源问题上的争议，① 实现上合组织区域稳定，和谐发展。习近平主席在2014年亚信峰会上首次提出了"共同、综合、合作、可持续"的亚洲新安全观，② 这对上合组织加强互信、保障地区安全具有指导意义。二十年来，上合组织各国为保障区域安全，签署了多项联合打击"三股势力"的文件，多次开展了意见交流并在上合组织框架内建立了联合反恐等安全协调机制，围绕打击恐怖主义、分裂主义、极端主义等安全问题举行了反恐军演，并签署了有关打击恐怖主义等"三股势力"的多项多边协议，为区域安全合作奠定了基础。

（二）大国博弈制约上合组织区域经济走廊的发展

上合组织区域横跨亚欧大陆，其连接亚欧经济走廊的重要位置使其成为世界和地区大国的必争之地。尤其是中亚各国独立近三十年来，大国博弈不断加剧，引起中国、俄罗斯等邻国，美国、欧盟国家、日本、韩国、印度等域外国家，以及土耳其等伊斯兰国家积极介入该地区事务，这种趋势在未来仍将延续。中、俄等均提出与中亚国家合作的倡议并获得积极响应，美国、日本、欧盟国家等也先后提出与中亚国家合作的计划并建立了不同机制，土

---

① 王海运：《中亚地区安全形势及强化上合组织维稳合作的思考》，《俄罗斯中亚东欧研究》2011年第1期。
② 《习近平亚信峰会发言首次提出对恐怖主义零容忍》，http：//news.sina.com.cn/c/2014-05-22/045930193178.shtml。

耳其、韩国等也不断加强与中亚国家的多领域合作。多国在上合组织地区的博弈会影响上合组织国家对经济走廊路径的选择。

为共建上合组织经济走廊，实现上合组织国家共同发展的目标，中国在上合组织区域推行的是睦邻友好的外交政策，尤其是新冠肺炎疫情加速国际格局深刻演变，更加需要推动建设相互尊重、公平正义、合作共赢的新型国际关系，共建上合组织命运共同体。首先，摒弃文明冲突、冷战思维、零和博弈等陈旧观念，弘扬"互信、互利、平等、协商、尊重多样文明、谋求共同发展"的"上海精神"，深化团结协作，促进上合组织进一步融合发展。其次，着眼地区现实，守望相助，中国加强与上合组织国家在抗疫、救援、复工复产等方面的合作，在上合组织框架内构建卫生健康共同体、安全共同体、发展共同体和人文共同体，将上合组织打造成团结互信、安危共担、互利共赢、包容互鉴的典范。最后，处理好与上合组织域内外大国的关系，上合组织成员国应互助合作，对接各国发展战略，共同保障地区安全，确保上合组织区域经济走廊安全畅通。上合组织国家还应警惕美欧等国推行"颜色革命"的企图，共同维护地区安全。

（三）交通运输合作机制不完善

上合组织应与时俱进地不断完善交通运输合作机制。首先，信息共享方面，由于语言和文化差异，上合组织国家的信息共享平台主要集中在新疆等地，范围不够广，常出现信息不对称的情况；信息合作主要在双边政府高层间展开，民间信息交流不足。其次，通关合作方面，上合组织区域内有不少的关税优惠区，但由于上合组织区域尚未形成自贸安排以及部分国家出于保护本国贸易的考虑，不时出现通关不畅的问题。最后，人员交流方面缺乏一个系统的交流机制，大多以商人、探亲者、留学生等形式出现，人员往来数量和交流深度有限。

创新上合组织区域的运输合作机制，形成具有约束力的体制和制度安排对于统筹协调上合组织区域的交通运输走廊建设意义重大。长远来看，上合组织国家的合作符合各自的国家利益，上合组织国家应当加强机制共建，促

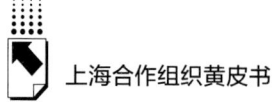

进经济走廊建设在通关合作、人员交流、信息共享等方面有新的突破,为上合组织区域经济的发展奠定基础。在运输便利化的软件方面,上合组织国家正在逐步落实2014年签署的《上海合作组织成员国政府间国际道路运输便利化协定》,并签署了19项运输协定。乌兹别克斯坦共和国提出关于制定《上海合作组织成员国发展交通领域互联互通合作战略》草案和建立联合国中亚地区交通通信合作发展中心的倡议。这些机制都将促进上合组织区域逐步形成国际道路运输统一网络。

此外,在2017年"一带一路"国际合作高峰论坛上,中国海关总署与国际道路运输联盟签署《国际公路运输公约》,中哈海关部门签署海关合作文件,深化沿线海关"信息互换、监管互认、执法互助"合作。这些协定的签署,为上合组织区域交通走廊的畅通奠定了法律基础,极大地促进了中国与上合组织其他国家和其他地区的经济合作。

(四)标准一致化建设问题

铁轨宽度、货车长度等涉及交通运输技术合作中相关技术标准的统一问题,是上合组织跨境运输走廊合作的薄弱环节,也是亟须改善的合作领域。上合组织区域存在三种不同的铁路轨距,中国采用大部分欧洲国家采用的宽度为1435毫米的标准轨距,俄、哈、吉、乌等国采用苏联时期1520毫米的宽轨;印度、巴基斯坦采用更宽的1676毫米轨距。轨距不同的上合组织国家的货物通过铁路运输进出境时必须在口岸进行换装,这会增加通关、时间、效率等成本。上合组织交通运输标准不一致、手续烦琐等带来的通关、过境运输壁垒并未完全消除,这也影响经济走廊建设。因此,亟须加强上合组织机制共建和标准一致化建设。

中国已与哈、吉、乌等上合组织国家签署有关出入境检验检疫的合作协议,与俄、哈、白、蒙等国签署关于加强标准合作的联合倡议,这将促进区域贸易便利化,最终实现上合组织经济走廊的流动性与通达性。

综上所述,上合组织经济走廊建设包括"硬联通"和"软联通",其规划与建设应考虑到上合组织区域经济发展的现状和需要,采用共建、共享、共管模式，对接各国交通运输发展战略，在区域内和国家间进行统筹规划、协调和实施。展望未来，上合组织区域从合作利用各国现有交通设施到共建更多多边或双边基础设施和路线，从局部到整体，从分散到联通，挖掘各方潜力，将会有力促进上合组织区域经济发展。通过上合组织这五条经济走廊的建设与拓展，中国将与区域内各国共建上合组织命运共同体，在广阔的亚欧大陆形成新的区域经济发展格局。

Y.14
新冠肺炎疫情背景下上海合作组织成员国经济发展

郭晓琼*

摘　要： 受新冠肺炎疫情影响，世界经济深度衰退，失业率上升，贫富分化加剧，国际贸易萎缩，国际产业分工和布局发生深刻调整。在此背景下，上合组织成员国普遍出现经济下滑、外贸萎缩、通胀高企、汇率大幅波动、债务风险加剧等现象。新冠肺炎疫情的反复与常态化使各国政府不得不在疫情管控与经济复苏之间进行艰难的权衡与取舍，这也考验着各国的国家治理能力。

关键词： 上海合作组织　宏观经济　新冠肺炎疫情

2020年新冠肺炎疫情席卷全球，不仅引发了全球性公共健康危机，也导致半个世纪以来最严重的全球经济衰退。2020年世界银行发布《全球经济展望》报告，新冠肺炎疫情对全球经济产生巨大负面影响，世界大多数国家经济出现衰退，预计世界经济将下降5.2%，经济增长预期呈负面趋势，并将影响未来几年全球居民的生活水平。各国政府为控制疫情蔓延耗费了大量财政资金，财务压力的加大引发了一系列违约行为，致使全球经

---

* 郭晓琼，中国社会科学院俄罗斯东欧中亚研究所副研究员，中俄战略协作高端合作智库理事。

济深度衰退。① 国际货币基金组织也于 2020 年 10 月发布《世界经济展望报告》，报告中指出新冠肺炎疫情导致近 9000 万人陷入极度贫困，国际社会为此加强了合作，对脆弱国家开展积极的资金援助。自 2020 年第三季度起，世界经济复苏加快，世界主要经济体为应对疫情均推行了相应的财政、货币及监管措施，与 2020 年 6 月国际货币基金组织的预测相比，世界经济衰退状况有所缓和，没有酿成 2008 年那样的金融危机。然而，尽管世界经济已开始逐步复苏，但很可能要经历一个漫长、坎坷且充满不确定的过程。

一 疫情下国际经济形势新变化

2020 年，新冠肺炎疫情下世界经济形势发生了一系列重大变化。

（一）世界经济深度衰退

受新冠肺炎疫情影响世界经济出现严重下滑，尤其是公共卫生系统薄弱、经济对外依存度高，以及一些经济严重依赖旅游业或国外汇款的国家受到的冲击最为严重。2020 年下半年，世界经济开始出现复苏迹象，据国际货币基金组织预测，2020 年发达经济体经济下降 5.8%，由于美国和欧元区经济下半年增长好于预期，因此该预测比 6 月的预测高出 2.3 个百分点，2021 年发达经济体经济增长率预计将增长 3.9%。2020 年全年美国经济下降 4.3%，2021 年预计增长 3.1%。与美国相比，欧元区经济下滑更加严重，2020 年下滑 8.3%，2021 年预计将大幅反弹，达到 5.2% 的增长率。新兴市场和发展中经济体 2020 年下降 3.3%，预计 2021 年将大幅度复苏，达到 6% 的增长率。由于亚洲国家对疫情蔓延及时采取了管控措施，经济下滑的趋势与欧洲相比相对缓和，2020 年下降 1.7%，2021 年将增长 8%。中国经济表现突出，前景大大好于其他新兴市场国家，中国大部分地区于 2020

---

① The world bank, Global Economic Prospects. https://www.worldbank.org/en/publication/global-economic-prospects.

年4月就开始了复工复产，经济活动正常化速度超出预期，2020年经济保持增长，增长率为1.9%，预计2021年增速将加快至8.2%。除中国之外，由于疫情持续蔓延，其他新兴市场和发展中经济体国家卫生保障系统不堪重负，实体经济受到重创，经济都呈下降趋势，预计2021年经济将逐步恢复，增长率约可达5%。印度和印度尼西亚等国疫情失控，2020年印度经济下降了10.3%。拉丁美洲国家经济也陷入低迷，预计2021年经济增长的幅度也相对较低。俄罗斯和中东、中亚等能源生产国经济受到疫情和油价下跌的双重影响，俄罗斯经济2020年下降4.1%，2021年增长2.8%，中东和中亚国家预计下降4.1%，2021年将增长3%（详见表1）。

表1 2018~2021年世界经济发展状况及预测

单位：%

世界	2018年	2019年	预测	
			2020年	2021年
经济增长率	3.6	2.8	-4.4	5.2
发达经济体	2.2	1.7	-5.8	3.9
美国	2.9	2.2	-4.3	3.1
欧元区	1.9	1.3	-8.3	5.2
英国	1.3	1.5	-9.8	6
日本	0.3	0.7	-5.3	2.3
新兴市场和发展中经济体	4.5	3.7	-3.3	6
新兴和发展中亚洲	6.4	5.5	-1.7	8
中国	6.6	6.1	1.9	8.2
印度	6.8	4.2	-10.3	8.8
新兴和发展中欧洲	3.1	2.1	-4.6	3.9
俄罗斯	2.3	1.3	-4.1	2.8
拉美和加勒比	1.1	0.0	-8.1	3.6
中东和中亚	1.9	1.4	-4.1	3.0

资料来源：IMF, World Economic Outlook: A Long and Difficult Ascent https://www.imf.org/zh/Publications/WEO/Issues/2020/09/30/world-economic-outlook-october-2020。

（二）国际能源价格暴跌使世界经济形势雪上加霜

为防止疫情蔓延，各国纷纷出台限流措施，出行的减少和大面积停工导致能源需求急剧下降,石油库存增长,2020年3月,国际油价创下有史以来单月最大跌幅,疫情和油价暴跌的双重影响相互叠加,对世界经济造成严重冲击。同样,2020年下半年国际油价的小幅回升也为经济重启提供了初步支持。

(三)失业率上升,贫富分化加剧

新冠肺炎疫情大规模蔓延导致全球极度贫困率抬头,出现了自20世纪90年代以来的首次上升。疫情管控措施导致很多低收入人群收入减少,甚至生活突然失去经济来源。2020年,被列为每天收入低于1.9美元的极端贫困人群有9000万人。疫情导致失业率上升,尽管各国政府采取各种救助措施,包括补偿居民收入损失、鼓励企业扩大招聘、加大社会援助力度、提供信用担保等,但就业率和劳动参与率仍低于疫情暴发前的水平,尤其是女性、非正式部门就业者和受教育程度较低的人群失业率更高,贫困和失业加剧了贫富分化。

(四)国际贸易萎缩

根据世界贸易组织公布的世界主要国家进出口数据,2020年1月,进口降幅同比小幅收窄,2~5月进出口均呈跌幅加深趋势,服务贸易下降程度更为严重。2020年6~7月,随着疫情缓和及世界经济缓慢复苏,国际货物贸易跌幅收窄,总体看,2020年1~7月,进出口总额同比下降12.2%。

(五)财政救助不可持续,货币政策持续宽松

新冠肺炎疫情大流行后,各国政府都推出了大规模财政救助计划,为企业和居民提供补贴,帮助他们度过危机,然而财政救助政策不可持续:一方面,疫情冲击下经济下行导致财政收入大幅减少,大规模财政救助消耗大量财政资金导致支出激增,财政赤字扩大;另一方面,短期的财政救助可以增加居民收入,扩大内需,但从长期看会降低居民就业意愿,对供给面造成负

面影响。因此,随着疫情的常态化,各国大多采取宽松的货币政策来提振经济。①

(六)国际产业分工和布局发生深度调整

2008年全球金融危机之后,经济全球化有所放缓,2020年新冠肺炎疫情的大流行加速了这一趋势。疫情后,很多国家会对其全球产业布局进行反思和调整,在对全球产业布局的安全性与高效性进行权衡时,更加注重前者。因此,出于安全性的考虑,各国产业链、价值链和供应链国内化的趋势将有所加强,但由于跨国公司具有逐利性,其全球产业布局应该不会出现大规模回撤,而会是更趋多元化,以多元化模式来分散风险。

(七)疫情背景下,世界经济面临着一系列风险及挑战

首先,疫情呈反复与常态化。当前,全球疫情仍在继续扩散,一些国家和地区在实行了一段时间限制人员流动的管制性措施后,由于经济形势的恶化,财政紧张,不得不放松管制推动复工复产,从而导致疫情反复。这些国家和地区又不得不暂停经济重启进程,再次实施管制措施。此外,病毒的变异也对疫情防控提出了更高要求,疫情短时间内不会结束,呈现常态化趋势,如何在疫情管控与经济复苏之间进行权衡与取舍,也考验着各国的国家治理能力。

其次,全球经济不均衡加剧。尽管全球经济正在缓慢复苏,但很可能要经历一个漫长、坎坷且充满不确定性的过程。2020年第三季度,印度、巴西等新兴市场和发展中国家疫情蔓延加速。与发达经济体相比,除中国之外的新兴市场和发展中经济体偏离疫情前产出预测的程度将会更多,全球经济发展不均衡加剧。此外,因经济衰退和社会贫富分化加剧,一些国家民粹主义和民族主义思潮上升,国际社会间的不信任感加剧。

---

① The World Bank, Global Economic Prospects. https://www.worldbank.org/en/publication/global-economic-prospects.

新冠肺炎疫情背景下上海合作组织成员国经济发展

最后，金融市场预期负面，主权债务水平上升。金融情况恶化可能会导致脆弱经济体难以获得新贷款（或无法将现有债务延期），外部的需求疲软所造成的跨境溢出效应也可能会对一些国家经济造成严重影响。潜在产出的下降意味着税基的缩小，从而加大了债务偿还的难度，许多国家被迫在推行短期经济刺激措施和避免进一步债务累积之间进行艰难的权衡。①

二 上合组织成员国经济发展态势

（一）中国

新冠肺炎疫情出现后，中国政府积极应对，果断地采取了有效的防疫措施，仅用三个月时间就使疫情得到了有效控制。4月初，各行业逐步复工复产，经济形势持续好转。面对新冠肺炎疫情的巨大冲击和复杂严峻的国际国内环境，中国经济增长由负转正，充分显示了中国经济的强大韧性和发展潜力。2020年下半年国民经济持续稳定恢复，供需关系逐步改善，市场活力动力增强，就业民生得到较好保障，2020年1~9月中国GDP达到72.28万亿元，按可比价格计算，与上年同期相比增长0.7%，其中，第一季度同比下降6.8%，第二季度同比增长3.2%，第三季度同比增长4.9%。②

1. 实体经济稳步复苏

2020年1~9月，第一产业增加值为48123亿元，与上年同期相比增长2.3%；第二产业增加值为274267亿元，与上年同期相比增长0.9%；第三产业增加值为400397亿元，与上年同期相比增长0.4%。

农业生产形势较好。全国夏粮早稻产量合计17010万吨，比上年增加224万吨。秋粮播种面积增加，粮食种植结构持续优化，优质稻谷与大豆播

---

① The World Bank, Global Economic Prospects. https：//www.worldbank.org/en/publication/global-economic-prospects.
② 中国国家统计局：《前三季度经济增长由负转正》，http：//www.stats.gov.cn/tjsj/zxfb/202010/t20201019_1794596.html。

种面积进一步扩大。2020年1~9月，牛奶产量与上年同期相比增长8.1%，禽蛋产量增长5.1%；猪牛羊禽肉产量下降4.7%，降幅与上半年相比收窄了6.1个百分点，其中禽肉产量同比增长6.5%，牛肉、羊肉、猪肉产量同比分别下降1.7%、1.8%、10.8%，但降幅均比上半年收窄，幅度分别为1.7个、0.7个、8.3个百分点。

工业生产逐步恢复。2020年1~9月，规模以上工业增加值与上年同期相比增长1.2%。各经济类型中，私营企业增长最快，与上年同期相比增长2.1%，国有控股企业增加值与上年同期相比增长0.9%，股份制企业同比增长1.5%，外商及港澳台商投资企业同比增长0.3%。各工业部门中，高技术制造业和装备制造业增速较高，同比分别增长5.9%、4.7%。采矿业增加值与上年同期相比下降0.6%，降幅收窄0.5个百分点；制造业增长1.7%，电力、热力、燃气及水生产和供应业增长0.8%，上半年同比分别为下降1.4%、0.9%。各类产品中，载货汽车、挖掘和铲土运输机械、工业机器人、集成电路产量同比分别增长23.4%、20.2%、18.2%、14.7%。①

服务业复苏态势良好。2020年1~9月，服务业增加值与上年同期相比增长4.3%，与上半年相比，增速加快2.4个百分点。信息传输、软件和信息技术服务业、金融业等现代服务业行业增长较快，分别增长15.9%、7.0%，与上半年相比分别提高1.4个、0.4个百分点。1~11月，服务业生产指数同比下降0.7%，降幅比1~10月指数降幅收窄0.9个百分点。铁路运输、航空运输、电信广播电视卫星传输服务、金融业等行业商务活动指数位于60%以上高位景气区间。②

2. 市场销售回暖，网上零售快速增长

2020年1~9月，社会消费品零售总额为273324亿元，与上年同期相

---

① 中国国家统计局：《前三季度经济增长由负转正》，http：//www.stats.gov.cn/tjsj/zxfb/202010/t20201019_1794596.html。
② 中国国家统计局：《11月份国民经济恢复态势持续显现》，http：//www.stats.gov.cn/tjsj/zxfb/202012/t20201215_1809253.html。以下有关中国2020年经济数据均来自国家统计局的以上两篇文章，不再标注。

比下降7.2%，与上半年相比，降幅收窄4.2个百分点，其中，城镇消费品零售额236843亿元，同比下降7.3%；乡村消费品零售额36481亿元，同比下降6.7%。1~11月，社会消费品零售总额351415亿元，同比下降4.8%，与2020年1~9月数据相比，降幅继续收窄。2020年第三季度服务业增长0.9%，季度增速年内首次转正。餐饮业下降最为严重，同比下降23.9%，商品零售业同比下降5.1%。通信器材类、体育娱乐用品类、化妆品类等消费升级类商品销售呈较快增长趋势，零售额分别增长7.2%、6.8%、4.5%。疫情影响下，实体经济不景气，但网上零售额快速增长，2020年1~9月网上零售额达到80065亿元，与上年同期相比增长9.7%。2020年1~11月，网上零售额105374亿元，与上年同期相比增长11.5%，增速持续提高。其中，实物商品网上零售额87792亿元，同比增长15.7%，占社会消费品零售总额的25%；在实物商品网上零售额中，吃、穿、用这三类商品分别增长32.9%、5.9%和17.1%。

3. 固定资产投资增速稳步回升

2020年1~9月，固定资产投资额为436530亿元，与上年同期相比增长0.8%，其中，基础设施投资与上年同期相比增长0.2%，上半年同比下降2.7%，增长率年内首次由负转正；制造业投资与上年同期相比下降6.5%，与上半年相比降幅收窄5.2个百分点；房地产开发投资额增长5.6%，与上半年相比投资增速提高3.7个百分点。三次产业中，第一产业投资同比增长14.5%，第二产业投资同比下降3.4%，第三产业投资同比增长2.3%。高技术制造业和高技术服务业投资增长较快，高技术制造业同比增幅达到9.3%，高技术服务业增长8.7%。高技术制造业中，医药制造业投资同比增长21.2%，计算机及办公设备制造业投资同比增长9.3%；高技术服务业中，电子商务服务业同比增长20.4%，信息服务业同比增长16.9%，科技成果转化服务业投资同比增长16.8%。社会领域投资同比增长9.2%，其中卫生部门投资同比增长20.3%，教育领域投资同比增长12.7%。

4. 出口表现好于预期

2020年1~9月，货物进出口总额为231151亿元，与上年同期相比增长0.7%，其中，出口额为127103亿元，同比增长1.8%；进口额为104048亿元，同比下降0.6%；贸易顺差为23055亿元。2020年1~11月，货物进出口总额为290439亿元，与上年同期相比增长1.8%。其中，出口额为161291亿元，同比增长3.7%；进口额为129148亿元，同比下降0.5%。贸易结构继续优化。2020年1~9月，一般贸易进出口在进出口总额中占比为60.2%，比上年同期提高0.8个百分点。2020年1~9月，机电产品出口增长3.2%，1~11月，增长率提高至5.4%，机电产品占出口额的59.3%，发挥了出口支柱作用。2020年前三季度，最终消费需求、资本形成、净出口"三驾马车"对经济增长的拉动分别为-2.5%、3.1%、0.1%，其中货物和服务净出口对经济增长的贡献率达14.3%，超过近几年的水平，表现好于预期。

5. 就业民生保障有力

2020年1~9月，城镇新增就业人员为898万人，2020年1~11月，城镇新增就业达到1099万人。2020年11月，城镇调查失业率降为5.2%，比10月下降了0.1个百分点，失业率已保持连续4个月下降；其中25~59岁人口调查失业率为4.7%。食品价格回落，保供稳价成效显著。2020年11月食品价格同比下降2%，其中猪肉价格同比下降12.5%。脱贫攻坚成果显著，832个国家级贫困县全部实现了脱贫。①

6. "六稳""六保"政策取得成效

近年来中美贸易摩擦加剧，中国经济发展的外部环境发生明显变化，在此背景下中国政府提出实施"六稳"政策，即稳就业、稳金融、稳外贸、稳外资、稳投资、稳预期，"六稳"政策的出台及实施对中国经济的平稳运行起到了重要作用。新冠肺炎疫情流行后，中国经济下行压力加大，中国政

---

① 中国国家统计局：《国家统计局新闻发言人就2020年11月国民经济运行情况答记者问》，http://www.stats.gov.cn/tjsj/sjjd/202012/t20201215_1809389.html。

府提出要突出底线思维,又提出"六保"政策,即保居民就业、保基本民生、保市场主体、保粮食能源安全、保产业链供应链稳定、保基层运转。财政政策方面,将特别国债主要用于帮扶受疫情影响最大的中小微企业和家庭;货币政策方面,采取了降息等刺激政策;宏观政策组合也出现从"土地+财政"到"货币+财政"的深层次转化。

(二)俄罗斯

新冠肺炎疫情在中国出现后,俄政府立即关闭了与中国的口岸,禁止中国公民入境,防止疫情从中国向俄罗斯扩散,但俄罗斯将防疫工作重点放在中国,却忽视了欧洲疫情的影响。2020年3月底随着大量欧洲侨民的回撤,疫情在俄罗斯逐步扩散。2020年俄罗斯经历了两波疫情,第一波从3月起,新增确诊病例激增,在5月达到峰值后逐渐下降;第二波从9月开始,随着气温的逐渐降低,新增确诊病例又不断攀升。截至2020年底,俄罗斯累计确诊人数达到330万人,居全球第四位,仅次于美国、印度和巴西。

1. 经济下滑,但不会演化为严重的经济危机

近年来,在经济增长内生动力不足的影响下,俄罗斯经济一直低速增长,2018年经济增长率为2.3%,2019年仅为1.3%。2020年新冠疫情的流行和国际油价暴跌相叠加,对俄罗斯经济造成严重冲击。2020年1~9月,俄罗斯国内生产总值为76.54万亿卢布,与上年同期相比下降3.4%,其中,第一季度与上年同期相比增长1.6%,第二季度下降8%,第三季度下降3.4%。2020年前三季度,各产业中,仅农业保持了1.5%的增长率,工业降幅较大,受油价暴跌和减产影响,矿产开采业与上年同期相比下降8.6%,加工制造业下降1.6%,降幅相对较小。服务业中运输和仓储业、餐饮和酒店、体育、文化和娱乐等行业下滑最为严重,其中,运输和仓储业下降11.2%,餐饮和酒店业下降28.1%,文化、体育和娱乐业下降12.4%,金融和保险业发展态势较好,还出现8%的增长。总的来看,尽管疫情对经济各部门造成不同程度的冲击,但俄经济局势整体可控,不至于出现系统性经济危机。

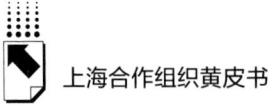

2. 失业率上升，居民生活水平保持相对稳定

2020年11月，15岁以上失业人口达到460万，比上年同期增加了110万人，失业率上升至6.1%，比上年同期增长了1.5个百分点。尽管因隔离和管控措施生产陷入停滞，但俄罗斯政府采取了一系列反危机措施，帮助中小企业和居民应对疫情的负面影响。前两套措施总共投入2.1万卢布，对52.6万家企业（其中17.6万人为个体经营者及其雇员）和530万名居民给予补贴及政策支持。根据俄政府计划，到2020年底，不包括防疫费用这笔巨额开支，政府仅用于支持经济的投入就达到GDP的3%～3.5%。在政府的财政支持和救助下，居民生活水平在疫情下保持相对稳定，甚至有小幅增长。2020年1～10月，企业职工月平均实际工资同比增长2.4%。

3. 通胀率超过目标

2020年11月，俄罗斯通货膨胀率为4.4%，超过原定4%的通胀目标。在需求面，2020年11月，食品价格同比增长5.1%，食品价格上涨和汇率波动使居民和企业对通胀的预期有所提高。在供给面，许多专业领域劳动力短缺，为遵守反流行病标准，企业生产成本增加。在以上因素影响下，2020年12月，通胀率继续上升至4.9%。①

4. 积极谨慎的财政政策和适度宽松的货币政策

在财政政策方面，俄罗斯调整税制，拓宽财政收入的非油气来源，为支持国家经济复苏计划，允许暂时突破预算规则设置的上限，引入垂直化管理，提高支出效率，增加转移支付，减轻地区债务负担。在货币政策方面，央行在2020年内分别于2月10日、4月27日、6月22日和7月27日4次下调基准利率，使基准利率从年初的6.25%降低至4.25%，为恢复经济创造良好条件。卢布适度贬值，提高了俄罗斯的出口竞争力，也为非能源产品的出口创造更加有利的条件。

5. 调整国家经济发展目标

2020年7月21日，普京签署《关于2030年前俄罗斯联邦国家发展目

---

① Банк России. http://www.cbr.ru/press/keypr/.

标》的总统令，对2018年颁布的"新五月命令"所设定的国家发展目标做出重要调整，不再将争取进入"世界经济前五强"作为国家经济发展的总体目标，数字化转型明确成为新版国家发展目标之一，将国家经济发展的具体目标数量从9个减少到5个，并将多个应于2024年完成的目标推迟至2030年。此外新版国家发展目标更趋社会导向，更加重视医疗卫生、科技教育、生态环保和数字经济等领域。

（三）印度

疫情流行初期，印度及时采取了措施，关闭边境并实行隔离监测，然而由于未能控制住人口流动，许多在城市打工的农民返回乡村，疫情从大城市向中小城市及农村扩散。由于印度人口密度大，贫困人口多，医疗条件更差，一旦病毒扩散至人口聚集的贫民窟，疫情迅速扩散，一发不可控制，印度已成为全球仅次于美国疫情最严重的国家。截至2020年底，印度累计确诊病例超过1000万人，死亡人数超过15万人。

1. 经济严重下滑

近年来，印度经济增长势头迅猛，但自2018年以来，印度经济增速明显下降，2019/2020财年经济增长率仅为4.2%。疫情开始流行后，印度实施了封锁政策防止疫情的蔓延，企业停工停产，工业和服务业生产急剧下滑。在全球需求疲软、居民收入减少等内外因素共同作用下，2020/2021财年第一季度，印度经济增长率同比下降23.9%，根据世界银行预测，2020/2021财年印度经济同比下降9.6%，此后或许会呈现复苏态势，但风险较大。①

2. 通货膨胀率高企

印度政府致力于降低通胀，从2016年开始实行通货膨胀目标制，将4%定为通货膨胀目标。随着国际油价降低和印度本国农业市场功能的改善，通胀率已从2013年接近10%的水平下降至2018年8月的4%。然而，

---

① The World Bank, India, https://www.worldbank.org/en/country/india/overview.

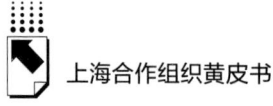

新冠肺炎疫情导致印度通胀率突破4%的目标上限,至2020年6月已超过6%。

3. 贫困人口激增

自2000年以来,印度在消除贫困方面取得了积极进展,根据国际贫困线标准,印度贫困人口占比从2011年的21.6%下降至2015年的13.4%,约有1亿人口摆脱了极度贫困。然而,新冠肺炎疫情导致经济形势迅速恶化,尽管印度政府已出台各种社会保障政策,对居民和中小企业给予资金支持,但仍有一半人口生活在贫困线附近,任何收入和工作机会的减少都会增加他们重新陷入贫困的风险。①

(四)哈萨克斯坦

2017年以来,哈萨克斯坦的经济增长率一直保持在4%左右。在2020年中亚国家新冠肺炎疫情的相关统计中,哈萨克斯坦是累计确诊病例最多的国家。疫情出现后,哈政府也出台了相应管控措施,企业停工停产,再加之国际油价暴跌的影响,2020年哈萨克斯坦经济出现下滑,第一季度哈经济增长2.7%,第二季度经济开始下降,降幅为1.8%,前三季度经济降幅继续扩大至2.8%。2020年9月后,哈萨克斯坦出现了第二波疫情,哈萨克斯坦央行被迫下调经济预测指标,哈全年经济下降2.5%~2.7%。如2021年疫情形势趋稳,世界经济和哈国内需求逐步复苏,哈经济有望于2021年第二季度转负为正,据预测2021年经济增速为2%~2.3%。

1. 服务业下降严重,拖累经济增长

2020年1~9月,哈萨克斯坦国内生产总值为44.821万亿坚戈,同比下降2.8%。其中,商品生产总值为18.15万亿坚戈,同比增长2.2%,劳务生产总值为23.87万亿坚戈,同比下降6.1%,服务业产值的下降拖累了经济增长。第二产业中包括工业和建筑业,2020年1~9月,工业增长基本与上年持平,仅有0.2%的小幅增长,其中采掘业同比下降2.2%,加

---

① The World Bank, India, https://www.worldbank.org/en/country/india/overview.

工制造业增长3.3%。建筑业近年来增长迅猛,2019年1~9月建筑业同比增长13.5%,即使在疫情之下,2020年哈建筑业仍保持了10.5%的高增速。①

2. 国际原油价格暴跌,汇率贬值

采掘业是哈萨克斯坦的主导产业,其产值在工业产值中占一半以上比重。2020年3月,由于俄罗斯拒绝减产,"欧佩克+"减产谈判破裂,国际原油价格暴跌,原油期货合约有史以来首次跌至负值。此后,尽管能源价格小幅回调,但始终在40美元至50美元/桶区间徘徊。2019年WTI原油期货年平均价格为57.04美元/桶,布伦特原油期货年平均价格为64.16美元/桶,与2019年的相比,2020年原油平均价格下跌了近20%。在国际油价下跌的影响下,2020年1~9月,哈萨克斯坦采掘业同比下降2.2%,跌幅大于工业整体水平,其中原油开采下降3.5%,天然气开采下降0.5%。②为应对低迷的能源消费需求,避免原油库存增加和油田停产,哈萨克斯坦能源部对大中型油田实行限产,下调国内市场原油供应及出口指标,将原油产量预期从9000万吨下调至8500万吨,年度炼油计划从1700万吨下调至1550万吨。受国际能源价格下跌影响,哈萨克斯坦货币大幅贬值,2020年初坚戈兑美元汇率为382∶1,4月一度贬值至447∶1。此后,随着国际油价的回升,坚戈汇率也有所回调,2020年12月29日,坚戈兑美元汇率为419.87∶1。

3. 固定资产投资增速下降

2020年1~9月哈萨克斯坦固定资产投资为8.29万亿坚戈,与上年相比下降4.9%。其中,对建筑物的建设和维修投资占55.6%,对机器、设备、工具及库存的投资占24.4%,其他投资占20%;从固定资产投资各行业占比来看,对采掘业的固定资产投资最大,占39.2%,对运输和仓储业的投资占9.8%,对不动产行业的投资占16.9%。

---

① Бюро национальной статистики Агентства по ратегическому планированию и реформам Республики Казахстан. https://stat.gov.kz/edition/publication/month.
② Бюро национальной статистики Агентства по ратегическому планированию и реформам Республики Казахстан. https://stat.gov.kz/edition/publication/month.

4. 对外贸易大幅缩减

近年来，国际能源供需变化导致油价下行，受油价影响，哈萨克斯坦进出口增速下降。2018年哈外贸总额同比增长20.5%，2019年增幅快速下降至1.2%。2020年，在国际能源价格暴跌的影响下哈萨克斯坦外贸规模大幅缩减。2020年前三季度，哈萨克斯坦对外贸易总额为628亿美元，与上年同期相比下降12.9%，其中出口额为353亿美元，与上年同期相比下降18%，对欧亚经济联盟国家出口额为38.2亿美元，下降16.5%；进口额为275亿美元，下降5.1%，自欧亚经济联盟国家进口额为98.87亿美元，下降9.6%。哈萨克斯坦出口的主要商品为能源、金属等初级产品，出口结构中矿产品比例最高，达到68.9%，金属及制品为第二大类出口产品，占15.4%，机器、设备、仪器和交通工具等工业制成品的比例仅为2.1%。进口结构中机器和设备的比例最高，达到44.1%。中国是哈萨克斯坦最大的出口对象国，2019年中国在哈萨克斯坦出口总额中的占比为13.8%，2020年前三季度，该比例进一步提高，达到19.9%，居第二位的为意大利，占14.3%，居第三位的为俄罗斯，占9.6%。俄罗斯是哈萨克斯坦最大的进口来源国，哈自俄进口比例为33.7%，居第二位的为中国，占15.5%，第三位为韩国，与中国占比几乎相当，为15.4%。①

5. 政府出台反危机措施应对疫情冲击

哈萨克斯坦从3月发现新冠肺炎病例，2020年经历了两波疫情。哈政府在3月23日和3月31日先后出台两套措施，旨在稳定经济和救济居民，划拨资金总额达到5.9万亿坚戈，主要用于保障就业、失业人群补贴、支付社保费用、住房建设等。主要措施包括：第一，为1.25万家企业主提供延期还本付息的优惠贷款政策，为1年期内贷款降息；第二，为70万家企业提供总额超过1万亿坚戈的税收减免；第三，为居民发放生活救助补贴，超过100万人领取了食品和生活用品，460万人获得了收入补贴，180

---

① Бюро национальной статистики Агентства по ратегическому планированию и реформам Республики Казахстан. https://stat.gov.kz/edition/publication/month.

万人享受了延期偿还贷款的优惠政策;第四,启动《就业路线图》,累计为19万人解决了就业问题。5月20日,哈政府出台《2020年底前恢复经济增长的综合计划》,该计划包括一系列支持行业发展的措施,涉及税收减免、扩大信贷规模、加强基础设施建设、支持企业经营和保障居民就业等。

疫情下哈政府被迫在疫情防控和复苏经济之间进行艰难的权衡和选择。5月11日,在经济下行压力下,哈政府在疫情尚未被完全控制前就宣布结束紧急状态。由于放松管控,疫情迅速蔓延,政府再次启动管制措施后,新增确诊病例自6~7月达到峰值后开始逐渐减少。8月下旬,哈政府又通过第二阶段解除隔离的决议。10月下旬起疫情再次反复。12月初,单日新增确诊病例一度超过2500例。截至2020年12月24日,哈萨克斯坦累计确诊人数达到19.1万人,死亡人数为2200人左右。哈政府不得不在2020年12月25日至2021年1月5日再次强化防疫隔离限制措施。

(五)吉尔吉斯斯坦

疫情流行后,吉尔吉斯斯坦政府采取了严格的防疫措施,下达总统令宣布比什凯克等城市进入紧急状态,并禁止大型集会和演出,取消国内航班和客运列车等,疫情一度得到控制,但随着议会选举的临近,国家的管制措施逐渐放松,尤其是10月吉政局动荡以来,疫情管制措施更是形同虚设,导致确诊人数激增。截至2020年12月27日,吉尔吉斯斯坦累计确诊人数达到8万人,死亡人数1344人,现有确诊病例4361人。

1. 经济严重下滑

在政局动荡、疫情冲击、外需萎缩等因素综合作用下,吉尔吉斯斯坦经济出现严重下滑,2020年1~9月,吉尔吉斯斯坦国内生产总值为4002亿索姆,与上年同期相比下降6%,去除库姆托尔金矿后GDP为3504亿索姆,比上年同期下降7.1%。从三大产业看,第一产业增加值为616.9亿索姆,比上年同期增长2.1%,由于第二、三产业生产出现下降,第一产业在GDP中的比重提高至15.4%。第二产业中工业的增加值为894.2亿索姆,比上

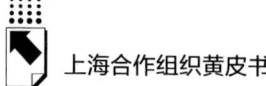

年同期下降1.9%。工业在GDP中的比重增加至22.3%,建筑业增加值为285.8亿索姆,比上年同期下降7.7%,在GDP的占比下降为7.1%。服务业增加值为1783.55亿索姆,比上年同期下降4.5%,占GDP的比重最大,为44.6%,其中批发和零售贸易、汽车和摩托车维修的比重下降了1.9个百分点,降为14.4%,运输和仓储业的比重下降了1.2个百分点,降为2.8%。①

2. 进口大幅缩减

吉尔吉斯斯坦对外贸易主要以进口为主,逆差较大。2020年1~8月,吉尔吉斯斯坦对外贸易总额为34.97亿美元,比上年同期下降22.1%,其中,出口额为12.64亿美元,比上年同期增长3.5%,这主要得益于对非独联体国家出口的增长,2020年1~8月,吉对非独联体国家出口增长22.1%;进口额为22.33亿美元,比上年同期下降31.6%。疫情下,吉尔吉斯斯坦与欧亚经济联盟的贸易联系更加紧密,其占吉外贸总额比例达到41.7%,俄罗斯取代中国成为吉尔吉斯斯坦最大贸易伙伴国,2019年吉俄贸易在吉尔吉斯斯坦外贸总额中的比例为23.8%,2020年这一比例提高至27.4%。英国是吉尔吉斯斯坦第二大贸易伙伴国,吉英贸易在吉外贸总额中的比例为19.5%,中国为吉第三大贸易伙伴国,受疫情影响吉中贸易大幅下跌,2020年1~8月,吉中贸易额仅为5.04亿美元,同比下降幅度高达57.3%,其中吉对华出口额为3330万美元,同比下降17.4%,吉自华进口额为4.71亿美元,比上年同期下降58.7%。②疫情影响下,为确保国家粮食安全,避免商品短缺现象的出现,吉政府开始推行出口管控政策,2020

---

① Национальный статистический комитет Кыргызской Республики, Социально - экономическое положение Кыргызской Республики в январе - сентябре 2020 г. http://www.stat.kg/ru/publications/doklad - socialno - ekonomicheskoe - polozhenie - kyrgyzskoj - respubliki/.

② Национальный статистический комитет Кыргызской Республики, Социально - экономическое положение Кыргызской Республики в январе - сентябре 2020 г. http://www.stat.kg/ru/publications/doklad - socialno - ekonomicheskoe - polozhenie - kyrgyzskoj - respubliki/.

年11月19日，吉政府临时禁止向欧亚经济联盟之外的国家出口活牛、活羊、活家禽、大麦、小麦、大米、植物油、鸡蛋、砂糖、含碘盐等14种与民生密切相关的农产品，为期6个月。

3. 物价上涨，失业人口激增

2020年1~9月，吉尔吉斯斯坦消费价格指数为5.6%，1~11月进一步上涨为7.2%，其中食品和非酒精饮料价格上涨迅速，涨幅达到13.2%，酒精饮料和烟草价格上涨6.2%，非食品价格上涨1.2%，服务价格上涨2.2%。2020年1~9月，吉登记失业人口数量为7.87万人，失业率仅为3%，但在疫情和经济下滑的影响下，临时失业人口激增，据吉劳动和社会发展部初步统计，截至2020年11月1日，有10万多人处于失业状态。

4. 债务水平上升

截至2020年9月30日，吉尔吉斯斯坦国家债务余额达到48.26亿美元，在GDP中的占比高达66%，其中外债余额为41.71亿美元，在GDP中的占比高达57%，国内债务余额为6.55亿美元，在GDP中的占比高达9%。根据吉财政部2020年8月公布的国家债务管理战略，国家债务占GDP的比例不应超过GDP的56%，外债不应超过GDP的36%，当前的债务水平大大超过了这两条红线。2020年12月24日，吉财政部副部长在记者会上表示，财政部建议将国家债务占GDP的上限提高至70%，并准备将此建议纳入预算法修正案。

5. 汇率贬值

吉尔吉斯斯坦索姆汇率在2020年4月出现较大幅度的下跌，2020年初，索姆兑美元汇率为69.5∶1，4月一度跌至84.8∶1，此后有所回调。2020年10月吉尔吉斯斯坦政局动荡，受其影响外汇市场再次出现大幅波动，吉央行两次进行市场干预，抛售5950万美元，仍未遏制汇率下行趋势。2020年11月，吉中央银行对外汇市场先后进行了多达十一次的干预，共抛售8475万美元以稳定索姆汇率。12月1日和12月7日，吉央行再次抛售1555万美元。从2020年初起，吉央行对外汇市场总共进行了二十九次干预，累计抛售4.49亿美元。2020年12月8日，索姆兑美元汇率为84.8∶1，与年初相比贬值了22%。

（六）塔吉克斯坦

1. 经济保持增长

疫情发生后，塔吉克斯坦政府采取管控措施，受其影响2020年上半年塔吉克斯坦经济增长明显放缓，此后随着管制措施的放松，经济活动逐渐恢复，经济增长也开始加速。2020年1~9月，塔吉克斯坦经济增长率达到4.2%，经济增长主要得益于贵金属的出口，农业和工业部门的增长对经济增长起到主要拉动作用。尽管塔吉克斯坦南部出现了蝗灾，但农业仍然保持了较高的增长率，同比增幅达到8.1%。工业生产增长率达到10.7%，其中食品工业和冶金业增速最快，食品工业同比增长25.9%，冶金业同比增长23.3%。疫情导致投资预期下降，塔建筑业的投资中一半以上为预算资金，1/4为国内私营部门投资，1/5为外国投资者投资，疫情下公共投资的减少和外国投资的中断导致建筑业与上年同期相比下降6.9%。疫情的蔓延对服务业影响最为严重，2020年1~9月，服务业增速显著下降，整体保持1.1%的小幅增长，酒店入住率下降了67%，餐饮服务下降19.5%，客运量下降14.3%。同时，疫情对银行、通信和医疗保健行业的发展起到了刺激作用。[①]

2. 经济增长内生动力不足

2020年全球贵金属价格上涨，对黄金的需求强劲，塔当局抓住有利时机，大量出口黄金。2020年1~9月，塔贵金属出口额达到6.9亿美元，占总出口额的58%。在贵金属大量出口的推动下，2020年1~9月，塔出口额增长54.8%，但不包含贵金属的商品出口则下降了22.4%。2020年1~9月，塔进口额与上年同期相比下降6.6%，主要是移民汇款减少导致

---

① The World Bank, Tajikistan: Country Economic Update – Fall 2020, https://www.worldbank.org/en/country/tajikistan.

居民收入下降,进而拉低了消费水平。据俄罗斯中央银行12月23日公布的数据,自然人通过支付系统自俄向塔汇款12.24亿美元,与上年同期相比减少了37%。从需求面看,2020年1~9月,塔国内需求下降4%,疫情对塔国内收入和就业的打击比经济增长率更为严重,贫困人口将会大幅增长。新冠肺炎疫情对外国投资产生巨大负面影响,2020年上半年,外国直接投资流入量仅为5980万美元,同比下降了70%,在GDP中的占比下降至1.8%。采矿业、制造业和金融中介业的外国直接投资流入下降幅度最大。

3. 通货膨胀率转向目标范围

塔吉克斯坦通货膨胀率在2020年4月达到10.6%的峰值,此后开始缓慢下降,2020年10月,通胀率下降至8.5%。由于农业生产的恢复,加之政府又推出了食品出口限制政策,食品价格指数从4月的16.3%下降至10月的11.3%。但运输的中断导致非食品价格出现上涨趋势,从4月的4%上涨至10月的5.5%。新冠肺炎疫情大规模蔓延导致国内对药品、清洁用品和消毒产品的需求急剧增长,在供给不足的条件下,此类产品价格快速上涨。天然气、电力和通信服务价格的攀升导致服务业价格指数提高至5.1%。整体上看,尽管通胀率已转向6%±2%的通胀目标区间,但汇率的贬值(11月初汇率贬值9%)仍然对通胀造成新的压力。①

4. 财政赤字加大

2020年1~9月财政收入大幅减少,税收同比下降3.7%,这主要是由于疫情期间国内需求的收缩以及对企业和家庭临时实施了财政减免政策。此外,预算外资金和其他非税收入也减少了12%~13%。在财政收入减少的同时,医疗保健和社会援助计划的支出增加了19.6%,尽管政府奉行紧缩性财政政策,缩减了工程维护和维修、购买新设备和低优先级别项目的开支,能源行业的财政支出下降23.1%,国家行政部门支出下降11.4%,但

---

① The World Bank, Tajikistan: Country Economic Update-Fall 2020, https://www.worldbank.org/en/country/tajikistan.

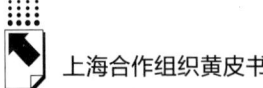

财政预算仍存在较大资金缺口,根据修订后的2020年塔国家预算目标,财政赤字占GDP的5.8%。[1]

5. 债务违约风险增大

为降低新冠肺炎疫情的冲击,弥补由收入不足引起的财政赤字,一些国际组织通过加强医疗保健项目等计划对塔吉克斯坦予以国际援助。国际货币基金组织、亚行和欧洲可持续发展基金会同意以赠款和贷款形式提供国际紧急援助,其中,国际货币基金组织向塔提供资金1.895亿美元,亚洲开发银行提供资金超过1.025亿美元,欧洲可持续发展基金会提供资金5000万美元。世界银行在卫生保健领域先后提供了1130万美元和1620万美元的援助。截至2020年9月,塔外债已接近GDP的40%,临近《国家债务管理战略》中规定的外债水平不应超过GDP 40%的红线,债务违约风险增高,任何新的非优惠借贷都会增加国家债务偿还压力。塔吉克斯坦申请参加G20暂停偿还债务计划,该计划旨在2021年中之前暂停双边债务的偿还以支持低收入国家,为抗击新冠肺炎疫情和复苏经济释放财政空间。在该计划下,塔吉克斯坦可从暂停对中国偿还债务中受益。[2]

(七)乌兹别克斯坦

疫情流行初期,乌政府采取措施比较及时。3月19日,米尔济约耶夫总统签署《关于减轻新冠病毒大流行和全球危机对经济负面影响的优先措施》总统令,成立由总理领导的反危机委员会,并成立规模为10万亿苏姆的反危机基金,主要用于疫情防控、稳定经济和保障就业。6月中旬,乌政府采取分区而治的办法,将国内划分为红、黄、绿三区。由于防疫措施实施得比较得当。6月中旬起,乌逐渐放松管制,恢复各地间的交通。10月初开始开放边境,取消入境限制,恢复国际航班。随着隔离管控措施的放松,经

---

[1] The World Bank, Tajikistan: Country Economic Update-Fall 2020, https://www.worldbank.org/en/country/tajikistan.

[2] The World Bank, Tajikistan: Country Economic Update-Fall 2020, https://www.worldbank.org/en/country/tajikistan.

济活动也逐步恢复。截至2020年底，乌兹别克斯坦新冠肺炎累计确诊人数达到7.7万人，死亡人数为614人，新增确诊人数于2020年8月达到峰值，此后逐渐下降。

1. 经济勉强维持增长

疫情前，2020年第一季度乌GDP增长为4.1%。2020年上半年，受疫情影响，乌GDP增长仅为0.2%。2020年前三季度，乌兹别克斯坦GDP为408.29万亿苏姆，根据1~9月平均汇率9940苏姆兑换1美元折算，折合410.7亿美元，与上年同期相比增长0.4%，前三季度人均GDP为1195.8万苏姆，折合1203美元，比上年同期下降1.5%。从产业结构看，农业是支持经济增长的主要产业，2020年前三季度，乌农业产值为113.9万亿苏姆，折合114.6亿美元，比上年同期增长3.4%，农业占GDP的比例为27.9%；工业产值为145.7万亿苏姆，折合147.4亿美元，比上年同期下降0.6%，在GDP中的占比为35.9%；服务业产值为147.8万亿苏姆，折合148.7亿美元，比上年同期增长1.8%，占GDP的36.2%。疫情虽然对物流、旅游等传统服务业产生了较大冲击，但也刺激了信息与通信业、金融和保险业及卫生保健及社会服务业的发展。2020年1~9月，信息与通信业增长了16.9%，金融和保险业增长19.8%，卫生保健及社会服务业增长22.6%。① 尽管疫情出现后移民汇款减少，但财政支出中预算支付累计增长了17%，最低工资提高了10%，有助于保护国内消费。根据世界银行的预测，乌兹别克斯坦2020年经济增长率为0.4%~0.8%，如疫情缓和，管制措施放松，则2021年经济增长率预计将为4.8%~5%。大量的年轻人口、高质量的投资以及政府实施的各项必要的改革措施将为乌后疫情时期经济增长提供有力保障。②

---

① Государственный Комитет Республики Узбекистан по Статистики, Темпы роста валового внутреннего продукта Республики Узбекистан, https：//stat.uz/ru/ofitsialnaya - statistika/national - accounts.

② The World Bank, Uzbekistan, https：//www.worldbank.org/en/country/uzbekistan/overview#economy.

2. 物价相对保持平稳

近年来，乌兹别克斯坦通胀率一直居高不下，2018年消费价格指数上涨14.3%，2019年上涨15.2%。疫情出现后，由于生产减少，国内食品价格大幅上涨，为了保障粮食安全，稳定食品价格，乌政府自2020年4月起免除基本食品进口关税，保障国内市场供应充足。2020年10月16日，乌总统米尔济约耶夫专门召开会议，要求在塔什干每个区都建立农产品销售点，并要求各州、市负责人向民众通报当地食品保障措施及销售价格。① 在政府采取的有力措施下，乌物价基本保持平稳。2020年底，消费价格同比增长11.1%②，低于2019年通胀水平，但下一步的价格改革仍将会对通胀造成压力。

3. 侨汇收入迅速回升

2020年3~4月，疫情流行导致乌兹别克斯坦跨境汇款收入急剧减少，6~7月后随着管制措施的放松，移民在对象国复工复产，跨境汇款也逐渐多了起来，2020年1~10月，乌跨境汇款收入为48.83亿美元，比上年同期减少1.48亿美元，同比下降3%，其中，9月汇款收入达到6.38亿美元，同比增长8%。③

4. 对外贸易萎缩

2020年1~9月，乌兹别克斯坦对外贸易总额为274.9亿美元，比上年同期下降12%，其中，出口额为124.71亿美元，比上年同期下降6%，进口额为150.19亿美元，比上年同期下降16.5%，贸易逆差为25.48亿美元。中国不仅继续保持乌最大贸易伙伴国地位，且继续保持乌最大进口来源国和

---

① 中国驻乌兹别克斯坦共和国大使馆经商处，《乌总统主持召开会议讨论粮食安全和稳定食品价格问题》，http://uz.mofcom.gov.cn/article/jmxw/202010/20201003009297.shtml。
② Государственный Комитет Республики Узбекистан по Статистики, Инфляция в потребительском секторе Республики Узбекистан в декабрь 2020 года, https://stat.uz/ru/press-tsentr/novosti-goskomstata/7246-inflyatsiya-v-potrebitel-skom-sektore-respubliki-uzbekistan-v-noyabre-2020-goda。
③ Государственный Комитет Республики Узбекистан по Статистики, Темпы роста валового внутреннего продукта Республики Узбекистан, https://stat.uz/ru/ofitsialnaya-statistika/national-accounts。

最大出口目的地国地位。2020年1~9月中乌双边贸易额为达到46.1亿美元，比上年同期下降17.6%，在乌外贸总额中的占比为16.8%。其中，乌自华进口额为32.39亿美元，同比下降11.7%，在乌进口总额中占21.6%；乌对华出口额为13.71亿美元，同比下降28.9%，在乌出口总额的中占11%，中方贸易顺差为18.68亿美元。①

（八）巴基斯坦

巴基斯坦政府于2020年3月疫情突发初期实行了部分封锁管控的措施，包括限制航空旅行、市区内公共交通、宗教及社交聚会，以及关闭所有学校和非必要业务，限制措施直至5月后才逐渐放宽。第一波疫情在6月初新增确诊人数达到峰值后逐渐转好，11月后又出现了第二波疫情。截至2020年底，巴基斯坦新冠肺炎累计确诊人数48.66万，死亡人数为1万人左右。

1. 经济下滑

受限制措施影响，巴基斯坦企业无法正常营业，国民收入下降导致消费者削减了支出，不过，服务业下降幅度不大，仅为1%，工业生产降幅较大，农业由于受管制措施影响较小，保持了略有增长的态势。据世界银行统计，2019/2020财年，巴基斯坦国内生产总值下降1.5%，疫情的发展及防控措施、疫苗供应的不确定性以及不利的外部环境都对巴经济前景造成压力，预计下一财年经济增长约为1.3%。②

2. 食品价格上涨推高通胀

2020年12月巴基斯坦消费价格指数同比增长8.0%，环比下降0.7%，城市消费价格指数同比增长7%，环比下降0.3%。农村消费价格指数同比增长9.5%，环比下降1.2%。整体看物价保持相对平稳。从2020年7月起，小麦、食糖等食品价格出现快速上涨，主要原因是气候因素导致小麦产

---

① Государственный Комитет Республики Узбекистан по Статистики, Внешнеэкономическая деятельность, https：//stat.uz/ru/ofitsialnaya－statistika/merchandise－trade.

② The World Bank, Pakistan, https：//www.worldbank.org/en/country/pakistan/overview#3.

量减少,制糖业行业垄断现象严重导致供应不足等。2020年7月,城市食品价格指数同比增长15.1%,8月增长11.3%,9月增长12.4%,10月增长13.9%,11月增长13%。农村食品价格指数涨幅还要高于城市,7月农村食品价格指数同比增长17.8%,8月增长13.5%,9月增长15.8%,10月增长17.7%,11月增长16.1%。①

3. 侨汇收入逆势增长,汇率升值

疫情流行初期,世界银行和国际货币基金组织都曾预测巴境外汇款将大幅下降,但由于在阿拉伯国家务工的巴基斯坦人失业率下降,从2020年6月起,巴基斯坦侨汇收入与预测趋势相反。2020年10月,巴基斯坦侨汇收入为22.8亿美元,与上年同期的22亿美元相比增长近4%。从2020年6月起,巴基斯坦已连续5个月实现侨汇金额超过20亿美元。2020/2021财年前4个月,侨汇累计金额达到94.31亿美元,同比上涨26.5%。巨额侨汇一方面有利于稳定汇率,2020年11月9日,巴基斯坦卢比兑换美元的银行间市场汇率创下8个月以来的新高,达到158.91∶1,2020年10月,巴基斯坦卢比兑美元升值3.1%,成为亚洲汇率升值第三的国家。② 另一方面也提高了外汇储备,截至2020年底,巴基斯坦央行外汇储备已达到130亿美元,足以为3.2个月进口提供资金。

4. 国际收支实现顺差

尽管全球需求疲软导致巴基斯坦出口额下降了7.5%,但侨汇收入有所增加,这使巴基斯坦成功摆脱了经常项目赤字。经常项目赤字从2018/2019财年的4.8%下降至2019/2020财年的1.1%,2020年10月,巴基斯坦实现了十七年来首次经常项目盈余。此外,外国直接投资净额的增长足以抵补资本流出,使得金融账户盈余增加。因此,2019/2020财年巴基斯坦国际收支实现了占GDP 2%的顺差。③

---

① Pakistan Bureau of Statistics, Monthly Price Indices, http://www.pbs.gov.pk/cpi-nb.
② 第一位为印尼,升值4.5%,第二位为韩国,升值3.6%。
③ The World Bank, Pakistan, https://www.worldbank.org/en/country/pakistan/overview#3.

5. 财政赤字收窄

由于经济活动的减少，2019/2020 财年巴基斯坦税收收入下降至 GDP 的 11.6%，税收支出有所增加，这主要是由于巴政府为恢复经济实施了一揽子财政刺激措施，规模约为 GDP 的 2.9%。然而，非税收收入总规模扩大至 GDP 的 15.3%，使 2019/2020 财年巴基斯坦财政赤字得以从上一财年占 GDP 的 9% 收窄至 8.1%。①

---

① The World Bank, Pakistan, https://www.worldbank.org/en/country/pakistan/overview#3.

Y.15
新冠肺炎疫情背景下上海合作组织粮食安全合作前景展望

蒋菁*

摘　要： 2020年的新冠肺炎疫情给整个国际社会带来严峻挑战，特别是全球疫情大流行以来，部分国家和地区的粮食供应链遭受一定冲击，引发国际社会对粮食安全问题的高度关注。2020年恰逢上海合作组织成员国之间展开农业合作对话十周年。多年来，各方在粮食安全合作领域积累了一定的合作基础。在疫情背景下，进一步推动上合组织框架内的粮食生产、贸易、投资、科技等双边和区域合作成为大势所趋。未来，上合组织将进一步明确粮食安全合作路线图，全面落实粮食安全合作纲要计划，努力在保障粮食安全、稳定世界粮食市场方面发挥积极作用。

关键词： 上合组织　农业合作　粮食安全　新冠肺炎疫情

2020年的新冠肺炎疫情给整个国际社会带来严峻挑战，特别是全球疫情大流行以来，部分国家和地区的粮食供应链遭受一定冲击，引发国际社会对粮食安全问题的高度关注。联合国机构多次发布风险预警提示，认为世界正面临至少五十年以来最严重的粮食危机。并且根据专家的预测，世界人口

---

* 蒋菁，经济学博士、政治学博士后，中国社会科学院俄罗斯东欧中亚研究所副研究员。

到 2050 年将达到 90 亿。而未来若干年内，受天气异常等因素影响，世界粮食产量总体将呈下降趋势。①

尽管疫情发生以来，各国均采取了前所未有的措施来支持医疗卫生和受影响较大的经济部门，但受失业增加、收入减少、成本上升以及国际粮食供应关系复杂化等因素的影响，全球粮食安全受到一定威胁。因此，在后疫情时期，各国在多边机制框架内加强粮食安全合作显得尤为迫切和重要。

一 粮食安全的概念界定与影响因素

一般而言，国内界定的粮食包括谷物类、薯类和豆类三个大类，属于狭义的粮食范畴，而国际上界定的粮食通常包括食物和谷物两个概念，属于广义的粮食范畴。联合国粮食及农业组织定义的谷物包括稻谷类、麦类、粗粮类，以及作为补充主食的薯类和豆类，其中大豆被界定为油料作物，而非谷物。随着居民收入与生活水平的不断提高，人们所吃的食物日趋多样化，不仅要满足基本的饱腹需求，也要满足营养和健康的合理膳食需求。因此大家所关注的粮食安全问题实质更多是指广义的粮食安全问题。而广义的粮食安全（也称为食物安全）概念是联合国粮食及农业组织在 1974 年最早提出的，当时被界定为："保证任何人在任何地方都能够得到未来生存和健康所需要的足够食品。"此后，随着社会经济的不断发展，对粮食安全概念内涵的界定也在发生变化。2001 年，世界粮食安全大会对粮食安全概念的界定调整为："所有人在任何时候都能够在物质、经济和社会条件上获得足够、安全和富有营养的粮食来满足其积极和健康生活的饮食需求和食物喜好。"由此，粮食安全概念的范畴扩展到了无污染、无公害、绿色安全的食品领域。

目前，影响粮食安全的主要因素，除了气候异常、自然灾害、经济波动、战乱冲突等传统因素之外，还有以下几个方面的因素也会影响全球粮食

---

① Обеспечение продовольственной безопасности – важное направление экономического сотрудничества ШОС – Н. Назарбаев, 12. 09. 2014 г., https：//www.tajik – gateway.org/wp/obespechenie – prodovolstvennoj – bezop/.

安全问题。第一,受新冠肺炎疫情影响造成经济衰退,粮食供需动态平衡被打破,因担心国内粮食保障水平下降,一些主要粮食出口国采取了临时性的粮食出口限制措施,造成局部地区粮食供给不平衡。此外,疫情还加剧了弱势群体粮食安全和营养状况的恶化。根据联合国粮农组织发布的《2020年世界粮食安全和营养状况》,2019年全球有6.9亿人处于饥饿状态,相比2018年增加了1000万人,而突如其来的新冠肺炎疫情将使2020年全球新增饥饿人数大幅增加,有可能增加超过1.3亿人,加之疫情导致粮食供应链网络运转不畅,粮食生产所需的物资供应不上,粮价出现上浮,更是严重威胁到了全球的粮食安全形势。① 第二,全球人口增长势头不减,发展中国家,特别是非洲和亚洲是人口增长的主要地区。第三,新兴国家对高质量食品的需求不断增长,特别是对绿色有机农产品的需求增势更为明显。第四,根据联合国粮食及农业组织的预测,世界人均粮食消费将会持续逐年增加,尤其是在东南亚国家(具体见图1),增势更为明显。第五,全球粮食产品消费结构有待调整。全球大多数发展中国家的食品营养结构不合理,缺乏维生素、微量元素、蛋白质等的摄入,造成功能性饥饿的状况时有发生,而发达国家居民的脂肪和碳水化合物摄入过量。根据联合国粮农组织的数据,全球因膳食结构失衡导致的超重或因饮食失调而肥胖的人口占世界人口的比例高达1/4。预测表明,从消费结构变化的角度看,最有发展前景的是食品类产品,如植物油、乳制品、糖和鱼类产品。上合组织中,按照世界食品市场的数据预测,俄罗斯在上述产品的生产方面是极具潜力的,出口潜力看好。

尽管粮食安全问题不是新问题,但此次疫情加剧了世界粮食供给原有的紧平衡状态,缺粮问题会持续引发全球关注。为此,需要国际社会进一步达成共识,在现有的多边和双边合作机制下,加强粮食安全领域全方位的通力合作,共同维护粮食产品供应链和市场价格的稳定,为保障全球粮食安全创造良好条件,携手完成联合国确定的到2030年实现全球"零饥饿"目标。

---

① 周武英:《保障全球粮食安全亟待国际社会携手合作》,《经济参考报》2020年8月25日。

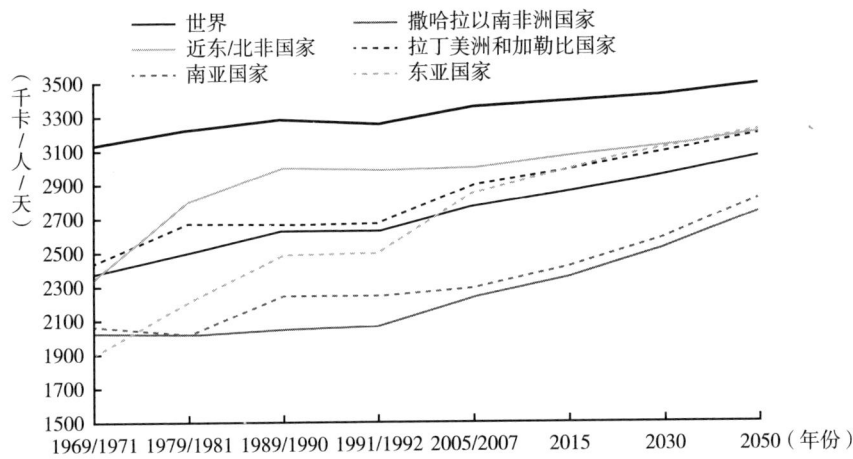

图1 联合国粮农组织预测的世界人均粮食消费情况

资料来源：联合国粮食及农业组织报告。

二 上合组织各国展开粮食安全合作的基础

在新冠肺炎疫情全球大流行的背景下，上合组织各国政府首脑公开表示，将支持加强上合组织在保障粮食安全、促进绿色有机食品生产、农业数字化、农业高新技术应用方面发挥作用。① 这表明，上合组织各成员国促进粮食安全合作的理念和发展现代农业的战略目标是基本一致的。

一直以来，粮食安全合作都是上合组织农业合作的重要内容，受到各方关注。2020年恰逢上海合作组织成员国之间展开农业合作对话十周年。多年来，各方在粮食安全合作领域积累了一定的经验，具备了良好的合作基础，具体体现在以下几个方面。

首先，上合组织成员国展开粮食合作的机制建设不断完善，疫情促使粮食安全合作意愿进一步加强，这构成了各方开展粮食安全合作的制度和意愿

---

① 《上海合作组织成员国政府首脑（总理）理事会第十九次会议联合公报》，新华网，http://www.xinhuanet.com/world/2020-12/01/c_1126805134.htm。

基础。2010年，上合组织成功举行首届成员国农业部长会议，并于6月11日在塔什干签署《上海合作组织成员国政府间农业合作协定》，确立了上合组织农业合作机制，这为上合组织成员国在农工领域展开合作打下重要的基础。2014年，上合组织第三次农业部长会议签署了《上海合作组织第三次农业部长会议纪要》，审议通过了《〈上海合作组织成员国政府间农业合作协定〉2015—2016年农业合作计划》，标志着成员国农业合作机制的不断完善与细化。2018年10月12日，在杜尚别签署《上海合作组织成员国粮食安全合作纲要》，这为巩固各成员国农业合作奠定了坚实的法律基础。目前，上合组织成员国的农业工作组正在积极讨论《〈上海合作组织成员国粮食安全合作纲要〉落实计划》草案，其主要目标是促进粮食安全国际合作，监测和分析区域内粮食安全状况信息，对粮食安全威胁进行预警，以最大限度减少其负面影响。这一计划的有序落实，对深化各成员国粮食安全务实合作，实现更高层次、更大范围的农业国际合作具有重要的指导意义。此次突如其来的新冠肺炎疫情更是强化了上合组织加快加深粮食安全合作的必要性，以确保粮食的有效供给，进而稳定粮食价格，避免因疫情引发新的粮食安全风险。2020年11月30日，塔吉克斯坦共和国作为下届上合组织轮值主席国在上合组织成员国政府首脑（总理）理事会第十九次会议期间，提出了关于制定《2021—2022年应对新冠肺炎疫情对地区经济、金融和粮食领域影响的优先措施计划》的倡议，以及举行上合组织成员国农业和粮食安全等领域有关部门负责人会议的倡议，以应对新冠肺炎疫情对农业和粮食安全的影响。

其次，上合组织区域内农业资源和粮食产品生产差异性明显，在生产、技术、产业结构等方面具有较强的互补优势，这构成了各方开展粮食安全深度合作的经济基础。在农业资源禀赋互补性方面，上合组织中的俄罗斯和哈萨克斯坦等国的农业资源丰富，特别是农地储备量较大，可弥补中国人均耕地面积少、缺口大，且结构性矛盾突出等短板。近年来，俄罗斯、印度、哈萨克斯坦等主要粮食供应国政府高度重视农业战略规划落实，加大了对农业生产扶持的力度，其总体的粮食产能上升空间很大。据俄罗斯农业部早前的不完全估算，俄罗斯的潜在耕地至少可以满足4.5亿人的粮食需求。

再次,在确保粮食质量安全与改善营养膳食结构方面,中国对国际市场优质特色和绿色农产品的需求不断增长,进口增势强劲,这构成了各国开展粮食安全合作的市场基础。近年来,随着生活水平的不断提高,中国居民对粮食安全提出了更高的品质要求,消费升级促使粮食需求结构发生变化,人们从过去单纯的要"吃得饱"转变为如今的要"吃得好、吃得营养和健康",因此中国对海外优质特色农产品的需求旺盛,消费潜力巨大。而上合组织成员国独特的自然资源禀赋和毗邻的地理优势为此成就了天然紧密的合作根基。上合组织成员国中,俄罗斯居世界小麦出口首位,印度则居世界大米出口首位,二者分别占世界小麦和大米出口总量的份额均在1/4左右,但在中国市场其均面临美国、澳大利亚、南美和东盟国家粮食产品的竞争,特别是在高端粮食产品市场,竞争更为激烈,上合组织成员国粮食主要供给端在产品的性价比、知晓度、认同感等方面,在中国市场还有很大的提升空间。2018年起成功举办的历届中国国际进口博览会为上合组织中的俄罗斯、哈萨克斯坦、乌兹别克斯坦、印度、巴基斯坦等国推介本国优质农产品对华出口搭建了重要的平台。

此外,"一带一路"互联互通基础设施建设为上合组织成员国展开粮食安全合作提供了物流便利。"一带一路"六大经济走廊中的五条经过上合组织成员国,这将大大推动区域互联互通,为上合组织国家间扩大粮食产品跨境交易与加快粮食安全合作升级提供新的契机。

三 上合组织粮食安全合作面临的挑战

按照联合国粮农组织对粮食安全的定义,上合组织成员国的粮食安全存在不同程度的风险,整体处在偏低的水平,特别是粮食利用率和粮食稳定性的指标较低。由于上合组织地区人口众多,且人口增势明显,区域内对粮食的需求不断攀升,而成员国大多处在气候多变的区域,粮食产量总体起伏较大,加之农业基础设施整体薄弱,农业现代化水平偏低,特别是农业信息化和数字化建设相对落后,使得上合组织成员国在粮食安全合作过程中依旧面临严峻的内外部挑战。

第一,地区安全形势复杂,地缘政治风险高。粮食安全合作属于较为敏感的经济合作领域,它的顺利开展离不开稳定安全的政治环境。目前,上合组织涵盖的中亚和南亚及周边地区仍面临"三股势力"的威胁,此次长时间流行的疫情加剧了地缘政治风险和社会政治风险,加上大国博弈和地区摩擦不断等因素的影响,会给成员国展开相关的粮食安全合作带来一定的风险挑战。

第二,农业资源利用率偏低,基础设施薄弱,应对灾害的能力弱。上合组织国家中农地资源相对较为充裕,特别是俄罗斯和哈萨克斯坦是联合国粮农组织和相关国际机构公认的可对满足未来全球粮食需求增加产生重要影响的国家,但多数国家面临从事农业劳动力人口不足、农机设备老化、粮食生产技术相对落后、单产水平有待提高、仓储物流能力不足、关联产业基础薄弱,以及水资源管理体系不完善等问题,而这些问题的解决在短期内难以完成,农业保持持续稳定发展具有不确定性。

第三,上合组织贸易便利化与自由化程度较低,跨境农产品贸易成本偏高。尽管近年来上合组织国家的贸易便利化水平有所改善,但与美国、加拿大等农产品贸易发达的国家相比,跨境的贸易便利化程度仍处在较低的水平,粮食、食品、农副产品等农产品贸易的过境手续烦琐,单证要求多,办理时间长,整体关税费用高等制约了上合组织国家间的农产品贸易往来。此外,上合组织各成员国生产的农产品质量参差不齐,且有些国家对某些产品还实施配额或进口限制等,海关和检验检疫等部门的合作机制也不够健全,相互协调能力不足,且缺乏相应的配套措施,这些都使农产品交易成本偏高,合作效率较低,在一定程度上影响了粮食安全合作的积极性。

第四,上合组织国家的营商环境复杂,与粮食安全相关领域的法律法规不健全,且稳定性相对较差,农业投资所面临的壁垒和对外国直接投资的限制较多,这对区域内扩大农业投资规模带来不利影响。

第五,上合组织国家农业信息交流不畅,对农业政策、法律法规、发展战略、经营环境等缺乏必要的了解和交流。加之疫情导致贫困人口增

新冠肺炎疫情背景下上海合作组织粮食安全合作前景展望

加，农产品价格上浮，会对涉农产能合作、农村减贫和社会治理等构成新的挑战。

四 上合组织粮食安全合作前景展望

第一，粮食产品贸易呈现良好增长势头，各方在充分发挥比较优势和供需平衡的基础上，粮食产品贸易的规模和层次有望进一步提升。上合组织扩员后，成员国的人口占全球总人口的比例超过2/5，且上合组织国家在农业领域的生产结构不同，消费市场互补，这为增加互利贸易创造了先决条件。目前，上合组织国家的农业贸易占世界农业贸易的1/10，而中国是全球最大的农产品进口国，进口额占全球农产品贸易额的比例也是1/10，但中国与上合组织国家间的农产品贸易额占比还较小。今后，随着上合组织农业贸易便利化的推进，区域内粮食产品主要供给国在扩大谷物粮食、豆类、畜牧业肉类产品、葵花籽油和绿色食品及其他食品出口方面潜力巨大，而这些产品在中国具有广阔的需求市场，是中国进口的重点农产品领域，双方展开合作的互补性强，未来有较大的增长空间。以农产品主要供给国俄罗斯为例，上合组织是俄罗斯农产品的主要贸易伙伴，与上合组织其他国家的农产品贸易额占俄罗斯农产品对外贸易总额的1/5，农产品出口约占总出口额的1/4。在过去的两年中，俄罗斯与上合组织成员国之间的农产品相互贸易量增长超过30%。2020年前三个季度，尽管世界经济因疫情遭受重创，但俄罗斯与上合组织的粮食贸易量依旧保持了近8%的增长，且未来还有较大的增长空间。①

第二，上合组织国家农业产业园合作建设的潜力巨大，农业投资规模和效益有望进一步提升。由于上合组织地域辽阔，农业发展不均衡，且大多数

---

① АГРОХХI "Главы аграрных ведомств государств – членов ШОС обсудили вопросы сотрудничества в области сельского хозяйства", 22 октября 2020, https://news.rambler.ru/world/45072032 – glavy – agrarnyh – vedomstv – gosudarstv – chlenov – shos – obsudili – voprosy – sotrudnichestva – v – oblasti – selskogo – hozyaystva/.

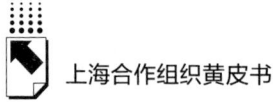

国家农业产业开放度相对较低,与农业和粮食生产、存贮、加工等相关的生产基础设施较为薄弱,加之交通不便造成物流成本高居不下,使得拓宽粮食产品贸易规模遭遇瓶颈。近年来,随着"一带一路"建设项目的不断推进,上合组织区域内的现代化农业园区建设、粮油作物的种植与加工、畜产品养殖与肉产品和奶制品等农副产品的深加工,以及仓储物流基础配套设施体系建设等领域的投资需求始终保持上升趋势。农业投资模式将更趋多元化,投资领域也将逐步延伸至上下游的全产业链。未来,改进粮食生产基础设施,提高粮食产量的稳定性,增强粮食产品国际竞争力仍是各国农业发展战略的主要目标之一。

第三,上合组织国家展开农业科技合作的潜力巨大,未来主要依靠现代技术解决上合组织成员国粮食安全问题。今后,为积极有效应对粮食安全危机,提高农业现代化水平,各方将继续加大农业关联产业中的科技合作力度,涵盖现代农机制造技术、智慧农业水利工程、病虫害防治、土壤改良、检验检疫、现代选种育种及遗传学等各个领域。根据中国倡议在陕西杨凌建成的上合组织农业技术交流培训示范基地,主要目的就是提高上合组织成员国粮食安全和促进农业合作,它将对上合组织国家加强现代农业科技交流合作,加快农业人才培训和拓展新型农业项目合作产生示范效应,共同推动互联网+农产品贸易的创新农业合作模式,并在积极促进上合组织国家现代农业升级发展等方面发挥重要作用。

第四,上合组织国家将进一步细化粮食安全合作保障体系建设,推动粮食安全合作健康持续发展。一方面,将全面加强粮食质量安全监管与质量保障标准协调合作,促进粮食安全风险管理控制和质量规范研究合作。另一方面,将尽快建立区域农产品的质量检验标准和产品认证体系,扩大营销渠道和品牌影响力,打造农业信息合作平台,运用信息化、数字化、物联网、5G等技术,确保上合组织粮食安全合作真正实现提质增效。为此,各方有必要在上合组织框架下加大政策协调力度,进一步加强双边和多边磋商,以确保上合组织国家市场准入和检验检疫等相关标准的统一性,同时不断提高贸易规则的透明度,消除贸易壁垒。

疫情背景下，全面深化上合组织粮食安全合作，不仅有利于进一步提升各成员国之间战略互信和经济融合的水平，还有利于保障地区经济社会环境的稳定，同时这也是上合组织充分利用资源和产业互补优势展开务实合作的重要方向。今后，各成员国将在上合组织框架内充分利用国际资源，加强现代农业技术交流与创新，拓展现代农业合作的新路径和新发展空间，在更高层次上实现国内和国际两个市场的粮食供需动态平衡，提高自身的粮食安全保障水平，在经济下行压力下努力维持国内政治社会和周边地区稳定大局。

结 语

粮食安全不仅关系到人的安全，也关系到国家安全，它是保障国家社会稳定和经济可持续发展的根本前提。在新冠肺炎疫情全球大流行的背景下，推动上合组织框架内的粮食生产、贸易、投资、科技等双边和区域产业化合作不断深化成为大势所趋。

未来，上合组织将进一步明确粮食安全合作路线图，全面落实粮食安全合作纲要计划，努力在保障粮食安全、稳定世界粮食市场方面发挥积极作用。一方面，充分利用成员国粮食产品供需和农业产业结构的互补优势，促进农业领域的相互贸易，不断丰富食物供给，改进膳食营养结构，满足人民不断增长的物质文化需求。同时，利用科技推动农业育种、防害、种植、生产等各个领域的创新与国际合作，加强农业科技互助合作和人才培养，不断提高区域内主要经济作物的综合生产能力和产出效率，提升绿色农产品生产领域和动物性食品深加工领域的合作水平，拓宽在农业数字化领域合作，全面深化农业全产业链合作。另一方面，通过上合组织粮食国际合作机制，有效利用国际资源，加大成员国政府协调力度，整合资源并实现战略对接，进一步激发农业合作的动能和潜能，降低农业贸易壁垒，完善农业基础设施建设，扩大投资并提高投入产出回报率，不断拓展粮食安全合作空间，以期在更高层次实现区域内的粮食供需动态平衡，进而保障上合组织国家粮食安全，维护地区稳定大局。

人 文 合 作
Humanities Cooperation

Y.16
上海合作组织成立二十年来国内研究综述

许 涛*

摘 要： 2021年是上海合作组织成立二十周年。作为冷战后中国参与发起的综合性地区国际组织，上海合作组织的成立不仅是21世纪欧亚地区的一件大事，而且也是改革开放以来中国外交的一个重要创举。二十年来，上海合作组织的发展经历了不断创新和不断完善的过程。围绕这一新事物，中国学界不同学科也开展了相关的学术和政策研究。与这一新型国际组织的成立、巩固、发展相同步，中国对上海合作组织的研究也经历了从无到有、逐步丰满、渐成体系的过程。在这一过程中产生了大量的研究成果，其中不乏被转化为上海合作组织发展的政策行动。而且，这一过程在丰富了中国冷战后外交政策思想库的同时，也造就出不同学科、不同领域、不同方

---

* 许涛，中国现代国际关系研究院研究员，国务院发展研究中心欧亚社会发展研究所特聘研究员、中亚研究室主任。

向的学术研究团队。回顾和梳理这一过程,总结业已取得的主要成就,发现仍需要充实的思想空间,找出不尽如人意的薄弱环节,无疑对这一前景广阔的研究领域有着重要学术意义和现实意义。

关键词: 上海合作组织　二十周年　国内研究综述

从2001年算起,2021年是上海合作组织(以下简称"上合组织")正式成立的第二十个年头。上合组织是中华人民共和国外交史上首次以发起国身份参与建立的综合性地区国际组织,也是冷战后出现在欧亚大陆上的一个倡导多边主义的新型合作平台。作为中国在21世纪外交的重要支点之一,中央及各有关职能部门均给予上合组织极大的关注。同时,中国学术界也长期为上合组织的建立和发展提供了有力的智力支持,为这一新型国际合作组织不断焕发生命力和凝聚力做出了不可替代的贡献。在上合组织成立二十周年这个时间节点上,对国内相关研究工作及其主要成果进行梳理,应是一件有意义的事情。

一　基本状况

上合组织创建的历史背景是,苏联解体后中国与俄罗斯、哈萨克斯坦、吉尔吉斯斯坦、塔吉克斯坦四个有共同边界的国家,为解决遗留的边界划定及军事安全问题,共同以创新模式进行了有效合作。其间,五国谈判与协作的框架被称为"上海五国"。尽管上合组织正式成立于2001年6月,但中国学者对"上海五国"的观察和研究应被视为上合组织研究的初始时期。从这层意义上考量,对中国学术界上合组织研究的回顾也应从1996年4月中、俄、哈、吉、塔签署《关于在边境地区加强军事领域信任的协定》后开始。如果由这一时间节点作为开始的话,国内上合组织研究已近二十五个春秋。回顾这二十五年的研究历史,大致可以分为以下四个阶段。

（一）第一阶段：1996～2001年

1996年4月中、俄、哈、吉、塔签署《关于在边境地区加强军事领域信任的协定》，1997年4月中、俄、哈、吉、塔签署《关于在边境地区相互裁减军事力量的协定》，这开启了冷战后中国外交以一种新型模式构建周边安全环境与发展空间的探索。无论是作为中国改革开放后对外关系的政策突破，还是作为世界形势发生剧变后中国国际关系的理念创新，这一事件及后续的发展很快引起了中国学术界的高度关注。在此期间出现的主要专题论文有：陈明山、何希泉的《谋求地区安全，维护战略稳定——评"上海五国"合作机制》[1]，于志达的《"上海五国"合作机制论析》[2]，夏义善的《"上海五国"：从元首会晤机制向全面合作机制转变》[3]，张步仁的《维护地区安全是"上海五国"合作的主旋律》[4]，潘光的《"上海五国"：成果、意义和前景》[5]，肖斌的《浅谈"上海五国"机制的新发展》[6]，许涛的《弘扬"上海五国"精神，促进地区合作》[7]，王亚栋的《构建一种可行的地区多边合作机制——对"上海五国"的国际机制理论解读》[8] 等。

作为中国国内学术界对"上海进程"的早期研究，在这一阶段中体现出以下特点：一是上述成果均早于上合组织正式成立的2001年6月，体现出中国国际问题研究界的学术敏锐度；二是多数学者已将观察和研究视角由解决冷战遗留问题的五国元首会晤形式提升至"地区多边合作机制"，认识

---

[1] 陈明山、何希泉：《谋求地区安全，维护战略稳定——评"上海五国"合作机制》，《现代国际关系》2000年第8期。
[2] 于志达：《"上海五国"合作机制论析》，《南开学报》2000年第6期。
[3] 夏义善：《"上海五国"：从元首会晤机制向全面合作机制转变》，《俄罗斯研究》2001年第1期。
[4] 张步仁：《维护地区安全是"上海五国"合作的主旋律》，《现代国际关系》2001年第3期。
[5] 潘光：《"上海五国"，成果、意义和前景》，《国际观察》2001年第2期。
[6] 肖斌：《浅谈"上海五国"机制的新发展》，《新疆社科论坛》2001年第2期。
[7] 许涛：《弘扬"上海五国"精神，促进地区合作》，《现代国际关系》2001年第5期。
[8] 王亚栋：《构建一种可行的地区多边合作机制——对"上海五国"的国际机制理论解读》，《俄罗斯研究》2001年第2期。

到其秉持的相互尊重、平等互利、团结协作、共同发展理念和初步形成的睦邻友好模式,将为国际社会摆脱冷战思维、探索新型国家关系和新型区域合作框架提供重要经验;三是虽然研究重点大多集中在"上海五国"对地区稳定的新型安全合作模式上,但对其有利于优化中国周边地区环境、促进经济外向发展乃至改善中国西部地区经济结构等重要功能已有初步的前瞻性讨论;四是立足"上海五国"长期化、机制化发展,提出了诸如"建立多层对话、交流机制""制定扩员规则、控制发展节奏""加强经济合作、提升发展动力""重视五国间文化交流与合作"等今天看来也十分具有现实意义的政策建议;五是在这一阶段以 2000 年 12 月上海社会科学院"上海五国"研究中心(今上海社科院上合组织研究中心)的成立①和 2001 年 4 月上海国际问题研究所举办的"'上海五国'与中亚安全和合作国际研讨会"②为标志,中国学术界开始出现这一领域专门的研究机构,并举办了专题国际研讨会。

(二)第二阶段:2001~2007年

2001 年 6 月,上合组织正式成立。从此时开始,中国国内学术界相关研究工作围绕这一地区性综合国际合作组织的巩固、完善和健康发展全面而系统地展开。在这一阶段中,国内学术界已意识到整合研究力量和研究方向的必要性,相继成立了几个专门的研究中心。上海社会科学院"上海五国"研究中心于 2001 年 6 月更名为"上海社会科学院上海合作组织研究中心",2002 年 5 月成立了中国社会科学院上海合作组织研究中心(设于中国社会科学院俄罗斯东欧中亚研究所),2005 年 6 月成立了复旦大学上海合作组织研究中心,2006 年 3 月成立了中国上海合作组织研究中心(设于中国国际问题研究院)等。中国上海合作组织研

---

① 《上合组织研究中心成立 10 周年研讨会在京举行》,人民网,http://world.people.com.cn/n1/2016/1103/c1002-28833065.html。
② 赵华胜:《提高地位、扩大功能、充实内容——上海五国与中亚安全和合作国际研讨会》,《国际展望》2001 年第 10 期。

究中心担负起了协调国内各部门、各单位本领域研究工作的任务,并于2007年4月在北京召开了该中心的首次全国研讨会,来自外交部、商务部、公安部、教育部、文化部和中国国际问题研究所、中国社会科学院俄罗斯东欧中亚研究所、国务院发展研究中心欧亚所、中国现代国际关系研究院、上海国际问题研究所、上海社会科学院、新疆社会科学院中亚所、北京大学、复旦大学、华东师范大学等国家部委和学术机构的学者。时任外交部部长助理、中国驻俄罗斯大使李辉出席了大会并做了专题报告。

专门学术平台的搭建,大大促进了上合组织研究多学科成果的涌现。首先是从国际政治视角的研究,例如:苗华寿的《从"上海五国"机制到上海合作组织》[1],赵华胜的《中亚形势变化与"上海合作组织"》[2]和《上海合作组织:成功、不足与未来发展》[3],王金存的《具有历史意义的跨越:从"上海五国"到"上海合作组织"》[4],陈之骅的《上海合作组织迎来发展的新阶段》[5]等。其次是从地区安全视角的研究,例如:张宏伟的《上海合作组织——新安全观的典范》[6]、傅勇的《"9·11"后上海合作组织面临的挑战与对策》[7]、王晓玉、许涛的《论上海合作进程中的综合安全理念》[8]、李湛军的《"上海合作组织"与中亚安全合作发展评估》[9],吴大辉的《美国在独联体地区策动"颜色革命"的三重诉求——兼论中俄在上海

---

[1] 苗华寿:《从"上海五国"机制到上海合作组织》,《和平与发展》2001年第3期。
[2] 赵华胜:《中亚形势变化与"上海合作组织"》,《东欧中亚研究》2002年第6期。
[3] 赵华胜:《上海合作组织:成功、不足与未来发展》,《复旦国际关系评论》2006年(社会科学Ⅰ辑)。
[4] 王金存:《具有历史意义的跨越:从"上海五国"到"上海合作组织"》,《世界政治与经济》2001年第9期。
[5] 陈之骅:《上海合作组织迎来发展的新阶段》,《当代世界》2002年第7期。
[6] 张宏伟:《上海合作组织——新安全观的典范》,《学术论坛》2002年第2期。
[7] 傅勇:《"9·11"后上海合作组织面临的挑战和对策》,《世界经济研究》2002年第6期。
[8] 王晓玉、许涛:《论上海合作进程中的综合安全理念》,《俄罗斯中亚东欧研究》2003年第5期。
[9] 李湛军:《"上海合作组织"与中亚安全合作发展评估》,《太平洋学报》2006年第1期。

合作组织架构下抵御"颜色革命"的当务之急》①，丁佩华的《论上海合作组织的区域安全作用》② 等。第三是从经济合作视角的研究，例如：李钢、刘华芹的《终极目标三步走——上海合作组织区域经济合作发展模式研究》③ 和《渐进推进——上海合作组织区域经济合作研究》④，赵常庆的《上海合作组织的经济职能》⑤，邢广程的《上海合作组织面向自由贸易区》⑥，商务部欧洲司和国际贸易经济合作研究院联合课题组的《上海合作组织区域经济合作研究》⑦，张宁的《上海合作组织的经济合作模式》⑧ 等。最后是从组织建设视角的研究，例如：孙壮志的《上海合作组织：任重而道远》，⑨ 许涛的《论上海合作组织的机制化》⑩，邢广程的《上海合作组织的新发展》，⑪ 赵华胜的《上海合作组织：评估与发展问题》⑫ 等。

在这一阶段，除了建立起多个学术和政策研究协调平台外，还有几个可以视为标志性的发展指标。一是对上合组织的学术研究与政策研究开始有机结合，在政府职能部门指导下形成了一些颇具针对性的课题组，他们的研究成果或直接或间接地为上合组织发展提供了十分有价值的政策建议，有的成功转化为中国的外交举措，为上合组织的制度建设做出了重要贡献；二是在华东师范大学、兰州大学、吉林大学、中共中央党校、南京

---

① 吴大辉：《美国在独联体地区策动"颜色革命"的三重诉求——兼论中俄在上海合作组织架构下抵御"颜色革命"的当务之急》，《俄罗斯中亚东欧研究》2006 年第 2 期。
② 丁佩华：《论上海合作组织的区域安全作用》，《社会科学》2006 年第 10 期。
③ 李钢、刘华芹：《终极目标三步走——上海合作组织区域经济合作发展模式研究》，《国际贸易》2002 年第 3 期。
④ 李钢、刘华芹：《渐进推进——上海合作组织区域经济合作研究》，《国际贸易》2003 年第 8 期。
⑤ 常庆：《上海合作组织的经济职能》，《国际观察》2003 年第 4 期。
⑥ 邢广程：《上海合作组织面向自由贸易区》，《中国评论》2003 年第 11 期。
⑦ 商务部欧洲司和国际贸易经济合作研究院联合课题组：《上海合作组织区域经济合作研究》，《俄罗斯中亚东欧研究》2004 年第 1 期。
⑧ 张宁：《上海合作组织的经济合作模式》，《亚非纵横》2006 年第 4 期。
⑨ 孙壮志：《上海合作组织：任重而道远》，《当代世界》2002 年第 7 期。
⑩ 许涛：《论上海合作组织的机制化》，《现代国际关系》2003 年第 6 期。
⑪ 邢广程：《上海合作组织的新发展》，《求是》2003 年第 14 期。
⑫ 赵华胜：《上海合作组织：评估与发展问题》，《现代国际关系》2005 年第 5 期。

大学、暨南大学、北京外国语大学、外交学院等高校的硕士、博士论文中出现以上合组织研究为主题的学位论文，体现了国内高校教学与科研工作相结合的有益尝试；三是出现了一批早期的上海合作组织研究专著、论文集、文献汇编等重要文献，为国内上合组织研究填补了学术空白，如中国现代国际关系研究院民族宗教研究中心集体撰稿的《上海合作组织：新安全观与新机制》①，外交部欧亚司编撰的《顺应时代潮流，弘扬"上海精神"：上海合作组织文献选编》②，李钢主编的《上海合作组织：加速推进的区域经济合作》③，潘光、胡键主编的《21世纪的第一个新型区域合作组织：对上海合作组织的综合研究》④，马振岗主编的《稳步向前的上海合作组织——专家学者纵论SCO》⑤，邢广程、孙壮志合著的《上海合作组织研究》⑥ 等。

（三）第三阶段：2007～2016年

这一时期是上合组织发展巩固、充实、提高的阶段，不仅出台了《上海合作组织成员国长期睦邻友好合作条约》（2007年8月）、《上海合作组织对话伙伴条例》（2008年8月）、《上海合作组织接收新成员条例》（2010年6月）等具有里程碑意义的重要文件，而且在全球及地区环境中发生了诸如世界金融危机、"伊斯兰国"组织肆虐中东、俄罗斯主导的欧亚经济联盟条约生效等具有重大影响力的事件。同时，中国领导人提出了构建丝绸之路经济带的倡议。这些来自内外两个方向的影响矢量不仅塑造了这一阶段上合组织的发展路径，也主导了中国国内从事上合组织问题研究的学术界的关

---

① 中国现代国际关系研究院民族宗教研究中心：《上海合作组织：新安全观与新机制》，时事出版社，2002。
② 外交部欧亚司：《顺应时代潮流，弘扬"上海精神"：上海合作组织文献选编》，世界知识出版社，2002。
③ 李钢主编《上海合作组织：加速推进的区域经济合作》，中国海关出版社，2004。
④ 潘光、胡键主编《21世纪的第一个新型区域合作组织：对上海合作组织的综合研究》，中共中央党校出版社，2006。
⑤ 马振岗主编《稳步向前的上海合作组织——专家学者纵论SCO》，世界知识出版社，2006。
⑥ 邢广程、孙壮志：《上海合作组织研究》，长春出版社，2007。

注重心。所以,下列主题成为这一阶段上合组织研究中的热门选项:"伊斯兰国"背景下的地区安全问题,如廖成梅、杨航的《中亚地区面临的"伊斯兰国"威胁分析》[1],马丽娜的《上海合作组织对新疆反恐的促进机制》[2],贾春阳的《试析"伊斯兰国"对中国周边的渗透和扩张》[3],陈智文、马慧燕的《丝绸之路经济带核心区背景下宗教去极端化国际合作探究》[4] 等;上海合作组织与丝绸之路经济带的关系问题,如孙壮志的《丝绸之路经济带:打造区域合作新模式》[5],李新的《上海合作组织:共建丝绸之路经济带的重要平台》[6],张恒龙的《组建上合组织自贸区,推进"一带一盟"对接》[7],靳会新的《丝绸之路经济带与上海合作组织的关系研究》[8]等;上海合作组织与欧亚经济联盟的关系问题,如王树春、万青松的《上海合作组织与欧亚经济共同体的关系探析》[9],张宁、张琳的《丝绸之路经济带与欧亚经济联盟对接分析》[10],王维然的《"丝绸之路经济带"与欧亚经济联盟对接的经济学分析》[11] 等;上海合作组织的地缘政治定位与扩大正式成员国队伍问题,如杨恕、王琰的《论上海合作组织的地缘政治特征》[12],

---

[1] 廖成梅、杨航:《中亚地区面临的"伊斯兰国"威胁分析》,《外国问题研究》2015 年第 4 期。
[2] 马丽娜:《上海合作组织对新疆反恐的促进机制》,《法制博览》2015 年第 9 期。
[3] 贾春阳:《试析"伊斯兰国"对中国周边的渗透和扩张》,《现代国际关系》2016 年第 10 期。
[4] 陈智文、马慧燕:《丝绸之路经济带核心区背景下宗教去极端化国际合作探究》,《环球市场信息导报》2016 年第 34 期。
[5] 孙壮志:《丝绸之路经济带:打造区域合作新模式》,《中国投资》2014 年第 11 期。
[6] 李新:《上海合作组织:共建丝绸之路经济带的重要平台》,《俄罗斯学刊》2016 年 2 期。
[7] 张恒龙:《组建上合组织自贸区,推进"一带一盟"对接》,《欧亚经济》2016 年第 5 期。
[8] 靳会新:《丝绸之路经济带与上海合作组织的关系研究》,《知与行》2016 年第 8 期。
[9] 王树春、万青松:《上海合作组织与欧亚经济共同体的关系探析》,《世界政治与经济》2012 年第 3 期。
[10] 张宁、张琳:《丝绸之路经济带与欧亚经济联盟对接分析》,《新疆师范大学学报》(哲学社会科学版) 2016 年第 2 期。
[11] 王维然:《"丝绸之路经济带"与欧亚经济联盟对接的经济学分析》,《欧亚经济》2016 年第 5 期。
[12] 杨恕、王琰:《论上海合作组织的地缘政治特征》,《兰州大学学报》(社会科学版) 2013 年第 2 期。

陈小鼎、王亚琪的《东盟扩员对上海合作组织的启示与借鉴——兼论上海合作组织扩员的前景》[1]，曾向红、李廷康的《上海合作组织扩员的学理与政治分析》[2]，张宁的《关于上海合作组织扩员的战略方向的分析》[3]；等等。

在这一阶段，中国国内又相继出现了若干专门从事上合组织及其相关领域的学术研究机构。2011年3月，经外交部批准，在上海大学成立了"上海合作组织公共外交研究院"。2014年10月，经外交部、自然资源部批准，依托于中国地质调查局西安地质调查中心成立了"中国—上海合作组织地学合作研究中心"。2014年5月，"中国—上海合作组织国际司法交流合作培训基地"在上海政法学院奠基揭牌（该基地是2013年9月习近平主席在上合组织成员国元首理事会第十三次会议上发言时正式提出的）。这一时期新成立的上合组织研究机构与上一时期相比具有这样一些特点：一是多出现在首都以外的直辖市和省会城市；二是突出了某一专业性较强的学术领域；三是将上合组织内的公共外交、交流合作作为这些机构的新职能。

在这一时期国内出版的关于上合组织研究专著和文集也明显增多，而且涉及众多具体合作领域。如崔颖著《上海合作组织区域经济合作》[4]，李敏伦著《中国"新安全观"与上海合作组织研究》[5]，郑雪平著《上海合作组织与区域经济合作研究》[6]，余建华等编《上海合作组织非传统安全研究》[7]、肖德著《上海合作组织区域经济合作问题研究》[8]，朱新光著《上海合作组

---

[1] 陈小鼎、王亚琪：《东盟扩员对上海合作组织的启示与借鉴——兼论上海合作组织扩员的前景》，《当代亚太》2013年第2期。
[2] 曾向红、李廷康：《上海合作组织扩员的学理与政治分析》，《当代亚太》2014年第3期。
[3] 张宁：《关于上海合作组织扩员的战略方向的分析》，《辽宁大学学报》（哲学社会科学版）2016年第4期。
[4] 崔颖：《上海合作组织区域经济合作》，经济科学出版社，2007。
[5] 李敏伦：《中国"新安全观"与上海合作组织研究》，人民出版社，2007。
[6] 郑雪平：《上海合作组织与区域经济合作研究》，东北财经大学出版社，2007。
[7] 余建华等编《上海合作组织非传统安全研究》，上海社会科学院出版社，2009。
[8] 肖德：《上海合作组织区域经济合作问题研究》，人民出版社，2009。

织视角下的中亚地区治理理论与实践》[1]，须同凯主编《上海合作组织区域经济合作》[2]，李葆珍著《上海合作组织与中国的和平发展》[3]，赵华胜著《上海合作组织评析和展望》[4]，段秀芳著《中国对上海合作组织成员国直接投资研究》[5]，中国-上海合作组织环境保护合作中心编著《上海合作组织成员国环境保护研究》[6]，张宁、杨正周、阳军合著《上海合作组织农业合作与中国粮食安全》[7]，王海运著《上海合作组织与中国》[8]，张耀著《中国能源安全与上海合作组织能源合作》[9] 等。尤其值得关注的是，中国社会科学院俄罗斯东欧中亚研究所和中国社会科学院上海合作组织研究中心从2009年开始组织国内各研究机构学者集体编撰《上海合作组织发展报告》。每年由社会科学文献出版社出版的这部"上合组织蓝皮书"在集中整合国内不同研究领域专家力量的基础上，以"总报告""重要会议""地区形势与热点问题""多边合作""国别报告""大事记""重要文件"等为基本体例框架（2016年后在体例上略有调整，除"总报告""重要会议""大事记"，其余论文分别收入"政治合作""安全合作""经济合作""人文合作"中），对上合组织的发展状况和问题做出系统性专业评估。经多年坚持和不断创新，上合组织黄皮书已成为国内公认的具有代表性和权威性的上合组织年度研究成果汇编。[10] 此外，教育部哲学社会科学发展报告项目、国家开发银行与华东师范大学国际关系与地区发展研究院系

---

[1] 朱新光：《上海合作组织视角下的中亚地区治理理论与实践》，黑龙江人民出版社，2009。
[2] 须同凯主编《上海合作组织区域经济合作》，人民出版社，2010。
[3] 李葆珍：《上海合作组织与中国的和平发展》，新华出版社，2011。
[4] 赵华胜：《上海合作组织评析和展望》，时事出版社，2012。
[5] 段秀芳：《中国对上海合作组织成员国直接投资研究》，社会科学文献出版社，2013。
[6] 中国-上海合作组织环境保护合作中心编著《上海合作组织成员国环境保护研究》，社会科学文献出版社，2014。
[7] 张宁、杨正周、阳军：《上海合作组织农业合作与中国粮食安全》，社会科学文献出版社，2015。
[8] 王海运：《上海合作组织与中国》，上海大学出版社，2015。
[9] 张耀：《中国能源安全与上海合作组织能源合作》，上海辞书出版社，2015。
[10] 参见历年"上海合作组织黄皮书"，上海合作组织研究网，http://studysco.cass.cn/sylm/pssm/201312/t20131210_900862.html。

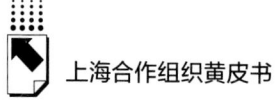

列科研项目、由冯绍雷主编和王海燕副主编的《上海合作组织发展报告（2012）》①《上海合作组织发展报告（2013）》② 相继面世。这一论文集包括"总论""机制建设与发展""热点透析""观察员与对话伙伴国新动向""中国与中亚关系"等部分，在体例和内容上有一些新的探索。此后，华东师范大学国际关系与地区发展研究院俄罗斯研究中心继续以教育部哲学社会科学项目阶段性成果形式，出版了刘军主编的《上海合作组织发展报告（2015）》③ 和贝文力主编的《上海合作组织发展报告（2016）》④。沪上学者以其独特视角丰富了上合组织年度研究报告这一交流形式，遗憾的是未能坚持延续下来。

（四）第四阶段：2016~2021年

2015年7月上合组织乌法峰会启动了接收印度、巴基斯坦成为上合组织正式成员国的法律程序，2016年6月，上合组织塔什干峰会批准签署了《关于印度共和国加入上海合作组织义务的备忘录》和《关于巴基斯坦伊斯兰共和国加入上海合作组织义务的备忘录》后，印度和巴基斯坦在2017年6月的阿斯塔纳峰会上正式成为上合组织成员国。两个南亚国家的加入，使上合组织原有的地缘属性发生了重大变化。上合组织内部建设、承担任务、面临问题也都随之发生了变化。针对这一变化，国内学者的研究及时跟进，在热烈的讨论中形成各种观点和认识。如薛志华的《上海合作组织扩员后的发展战略及中国的作为——基于SWOT方法的分析视角》⑤，许涛的《扩员后上海合作组织经济合作必须面对的问题》⑥，张昊的《印度学者和官员对上海合作组织扩员的观点综述》⑦，肖斌的《上海合作组织扩员后的首要

---

① 冯绍雷主编、王海燕副主编《上海合作组织发展报告（2012）》，上海人民出版社，2012。
② 冯绍雷主编、王海燕副主编《上海合作组织发展报告（2013）》，上海人民出版社，2013。
③ 刘军主编《上海合作组织发展报告（2015）》，时事出版社，2016。
④ 贝文力主编《上海合作组织发展报告（2016）》，时事出版社，2017。
⑤ 薛志华：《上海合作组织扩员后的发展战略及中国的作为——基于SWOT方法的分析视角》，《当代亚太》2017年第3期。
⑥ 许涛：《扩员后上海合作组织经济合作必须面对的问题》，《欧亚经济》2017年第5期。
⑦ 张昊：《印度学者和官员对上海合作组织扩员的观点综述》，《上海合作组织发展报告（2017）》，社会科学文献出版社，2017，第315~330页。

职能及其发展》①，高焓迅的《中亚国家对上海合作组织的基本态度及对扩员的看法》②，陈小鼎、王翠梅的《扩员后上合组织深化安全合作的路径选择》③，邱昌情的《印度加入上海合作组织的进程、动力及影响》④，杨进的《身份认同视域下上海合作组织凝聚力辨析》⑤，陈亚州、曾向红的《扩员后中亚成员国对上海合作组织的期待及其应对》⑥，林民旺的《上海合作组织扩员与中印巴关系发展》⑦，王宪举的《进一步明确上海合作组织扩员战略》⑧，刘乾的《印度和巴基斯坦加入上海合作组织后的能源诉求》⑨，陈小鼎、王翠梅的《中俄印三角互动与扩员后上合组织区域公共产品供给》⑩等。这些论文和著述在这一阶段中涌现，作者们比较集中地讨论了这样一些问题：一是上合组织扩员后如何在内部关系发生变化的情况下巩固自身凝聚力；二是在与创始成员国地区属性不同的新成员国加入后本组织的功能定位；三是在首次完成组织扩员后如何面对未来的扩员建章立制；四是在上合组织扩员后如何满足成员国新的政治、经济、安全合作诉求；五是怎样在上

---

① 肖斌：《上海合作组织扩员后的首要职能及其发展》，《上海合作组织发展报告（2018）》，社会科学文献出版社，2018。
② 高焓迅：《中亚国家对上海合作组织的基本态度及对扩员的看法》，《上海合作组织发展报告（2018）》，社会科学文献出版社，2018。
③ 陈小鼎、王翠梅：《扩员后上合组织深化安全合作的路径选择》，《世界经济与政治》2019年第3期。
④ 邱昌情：《印度加入上海合作组织的进程、动力及影响》，《南亚与东南亚研究》2019年第3期。
⑤ 杨进：《身份认同视域下上海合作组织凝聚力辨析》，《上海合作组织发展报告（2019）》，社会科学文献出版社，2019，第93~107页。
⑥ 陈亚州、曾向红：《扩员后中亚成员国对上海合作组织的期待及其应对》，《国际展望》2019年第6期。
⑦ 林民旺：《上海合作组织扩员与中印巴关系发展》，《上海合作组织发展报告（2018）》，社会科学文献出版社，2018。
⑧ 王宪举：《进一步明确上海合作组织扩员战略》，《上海合作组织发展报告（2020）》，社会科学文献出版社，2020。
⑨ 刘乾：《印度和巴基斯坦加入上海合作组织后的能源诉求》，《上海合作组织发展报告（2020）》，社会科学文献出版社，2020。
⑩ 陈小鼎、王翠梅：《中俄印三角互动与扩员后上合组织区域公共产品供给》，《复旦国际关系评论》2020年第1期。

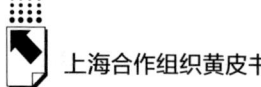

合组织框架内处理好中印、印巴关系。很显然,这些都是上合组织在这一阶段发展中遇到的既突出又具体的问题。对此,中国学者提出了多角度的分析和多层次的观点。

2017年6月,在上合组织阿斯塔纳峰会上,中国领导人关于构建人类命运共同体的重要理念第一次被写入成员国元首联合宣言和峰会新闻公报。上合组织与构建人类命运共同体以及如何在上合组织框架下构建地区命运共同体,成为这一阶段国内学者热烈讨论的又一重要话题。就此问题进行集中讨论和研究的主要学术作品有:许涛的《新时代周边外交中的上海合作组织再定位思考》[1],夏立平和云新雷的《"上海精神"新内涵与构建人类命运共同体》[2],赵常庆的《上海合作组织成员国构建命运共同体的有利条件》[3],曾向红和陈亚州的《上海合作组织命运共同体:一项研究议题》[4],邓浩的《新时期上海合作组织与全球治理》[5],刘晓红、冯硕的《论国际法视域下上海合作组织命运共同体的构建》[6],陈亚洲、罗金的《上海合作组织命运共同体的内涵及其贸易动力研究》[7] 等。这些学者在他们的作品中展现了较高的政策敏锐度,将上合组织的区域性合作成果与构建人类命运共同体理念有机结合起来,并就上合组织建设与构建人类命运共同体的关系、"上海精神"在新时期被赋予的时代内涵、构建上合组织命运共同体的学理研究视角、上合组织命运共同体的内涵、上合组织对地区命运共同体建设的制度性贡献等开展了早期研究。

---

[1] 许涛:《新时代周边外交中的上海合作组织再定位思考》,《和平与发展》2018年第3期。
[2] 夏立平、云新雷:《"上海精神"新内涵与构建人类命运共同体》,《上海交通大学学报》(哲学社会科学版)2019年第4期。
[3] 赵常庆:《上海合作组织成员国构建命运共同体的有利条件》,《上海合作组织发展报告(2019)》,社会科学文献出版社,2019。
[4] 曾向红、陈亚州:《上海合作组织命运共同体:一项研究议题》,《世界经济与政治》2020年第1期。
[5] 邓浩:《新时期上海合作组织与全球治理》,《国际问题研究》2020年第3期。
[6] 刘晓红、冯硕:《论国际法视域下上海合作组织命运共同体的构建》,《上海政法学院学报》(法治论丛)2020年第3期。
[7] 陈亚洲、罗金:《上海合作组织命运共同体的内涵及其贸易动力研究》,《复旦国际关系评论》2020年第1期。

值得一提的是，进入 2021 年后，国内学术界已出现一些冠以上合组织成立二十周年的相关研究成果。其中，兰州大学中亚研究所曾向红教授的专著《上海合作组织：实践与理论》①尤其引人注目。这部专著体现了作者对上合组织主要发展历程、面临主要问题和今后研究方向等重大命题的学理思考，运用国际政治、国际机制、国际组织等通行理论对这些问题进行了学术分析，这是一次弥补本领域多年存在理论研究薄弱环节的有益尝试，不失为近年来出现的又一部上合组织研究力作。

二 主要问题

上合组织是冷战结束后出现的一种区域合作新模式，其建立和发展本身就是一个不断创新的多边国际合作实践过程。这也决定了围绕上合组织发展进程的学术研究活动也是一个不断认识和解决新问题的过程。从"上海五国"时期算起至今 25 年中，这一集体学术活动中出现的问题也是不断变化的。但是就现阶段而言，中国上合组织研究存在的主要问题恐怕可以归纳为以下几点。

（一）研究布局的长期不均衡

上合组织成立二十年来，正式挂牌的专门研究机构基本集中在北京、上海、西安等地。而从事上合组织问题研究的学者则主要分布在以上述几地为中心的华北、华东、西北等地区。尽管这一分布格局有其行政地理和科研体制的国情原因，但在上合组织进入新的发展阶段时，尤其在国内具有更加广泛参与性的国家行为的背景下，一些地方在承担与上合组织相关的国家任务，或承办与上合组织相关的重大活动时，若依然对上合组织本身的性质和意义认识与理解不到位，对国家层面经营上合组织基本思路不甚了解，而且缺乏熟悉上合组织机制特点和组织结构的人员，这些就势必成为掣肘中国整体外交行动的影响因素。

---

① 曾向红：《上海合作组织：实践与理论》，中国社会科学出版社，2021。

(二)学科专业力量过于单一

上合组织问题作为一个学术研究领域在中国出现以来,长期依附于国际关系学科的欧亚问题方向。换言之,从事上合组织问题研究的学者大多数是多年从事俄罗斯、中亚及其他独联体国家研究的人员。而且,他们基本上是作为欧亚方向某一国别或某一领域的专家,在上合组织这一事物出现后将其作为自己又一研究对象而加以兼顾。毋庸置疑的是,他们在原研究领域中已具备的深厚知识储备和多年积累的丰富研究经验,对于了解和把握发生在这一地区的"上海进程"具有不言而喻的意义,是他们对上合组织的发展及其面临问题做出客观判断和准确评估的重要学术前提。但随着上合组织的发展历史即将进入第三个十年,从成员国所在区域的扩大到合作领域的拓宽,从承担国际义务的多元性到新时期面临问题的复杂性,继续囿于传统的描述性形势研究方式已不利于国内上合组织研究向更高阶段的发展,甚至可能束缚在这一研究领域中实现理论和方法上的创新。从这个意义上讲,中国上合组织研究队伍亟待有更多相关学科和相关专业的专家学者加盟。

(三)政研结合模式有待完善

上合组织研究是一个政策性较强的学术领域,学术性和政策性兼备一直是国内学术界富有责任感的学者追求的境界。由于体制上多年形成的研究格局,两者结合得不尽完美成为政学两界都不甚满意的现实。一方面,国家职能部门在实际操作中急需国内学界从理论到实践、从预测到建议等有力的智库支持。另一方面,国内许多研究单位和研究人员却并不了解国家推动上合组织发展遇到的现实困难和亟须解决的问题。尽管上合组织成立近20年来的确有许多国内学术界的重要研究成果转化为政府层面推动上合组织发展的重大行动,但在信息不对称的情况下,对上合组织问题的研究难免出现个别无的放矢、自说自话的政研脱节现象。这一状况不仅不利于国内学术界研究成果为国家决策服务的效率,也造成了不必要的学术资源浪费。

如果稍稍注意上述几个问题的产生过程即可以发现,其实这些现象在国内上合组织问题研究中乃至在其他国际问题研究领域中已存在多时。只是上合组织问题研究所具有的较强政策性要求和上合组织近年自身的快速发展引起越来越广泛的关注,使这些问题显得更加突出和急迫。

三 未来趋势

世界正进入百年未有之大变局,国际关系在经历着二战结束以来最深刻的演变。正在形成中的政治、经济新格局推动着国际体系向多极化方向发展,全球化遭遇困境使地区和世界形势走向充满不确定性,新冠肺炎疫情引发的全球治理危机亟待推出新的国际合作理念与模式。在这样的大背景下,现实中华民族伟大复兴的历史使命对中国如何定位与世界的关系也提出了新的要求。作为新时期中国外交重要支点的上合组织将如何在当今国际环境中继续发挥应有的作用,也是国内学界十分关注并已开始热烈讨论的问题。除有关上合组织机制化建设、组织的扩员与内外部关系调整等长期热门话题外,从已经显现的趋势看,今后国内学术界对上合组织的研究可能还将主要集中在以下几个新方向上。

(一)上合组织在推动构建人类命运共同体中发挥的作用

在2018年6月的上合组织青岛峰会上,习近平主席提出的上合组织发展观、安全观、合作观、文明观和全球治理观,既为新形势下发展"上海精神"做出诠释,也给上合组织命运共同体建设提出指导原则。2020年11月,习主席又在上合组织莫斯科峰会(视频)上提出构建卫生健康共同体、安全共同体、发展共同体、人文共同体的重大倡议。近三四年来,如何以上合组织推动构建人类命运共同体和如何构建上合组织命运共同体已成为国内学界的重要研究命题。随着上合组织自身建设的持续发展和地区及全球形势的不断变化,这一研究领域将会继续深入和扩大。从已经出现的学术作品和近两年上合组织发展形势看,恐怕以下基本问题是需要国内学术界优先分析和解决的:一是构建上合组织命运共同体与构建人类命运共同体的关系;二是构建上合组织命运共同体的价值观基础和制度基础;三是构建上合组织命运共同体面临的问题和挑战。

(二)新冠肺炎疫情背景下及后疫情时代的欧亚地区合作

2020年肆虐全球的新冠肺炎疫情给世界各国带来重大人文灾难,也对上合组织各成员国经济社会发展造成前所未有的冲击。在这场空前的公共卫生突发事件面前,上合组织各成员国应对措施不尽相同,防控疫情的效果也各有短长。时至2021年初,人类战胜这场灾难的曙光还没有出现,新冠肺炎疫情仍在上合组织各成员国中蔓延和反复。如何调动上合组织集体力量应对新冠肺炎疫情在成员国的扩散,并由此建立起共同处置突发公共事件的应急机制,已是国内相关学者和职能部门着手研究的课题。[①] 而且,在未来疫情结束后的复工复产和经济恢复工作中上合组织可以发挥怎样的作用,更是国内学者们的关注点之一。这场突如其来的全球性新冠肺炎疫情不仅对当今人类社会造成了百年未有的生命和健康危机,而且也严重冲击了现有国际关系格局和全球治理体系。"后疫情时代"的世界将引起人们从观念到行为的重大变化,对此国内学界已经形成基本共识。受这一重大变量影响,上合组织发展将面临怎样的地区及全球环境,上合组织内部将发生哪些变化,为迎接"后疫情时代"的到来上合组织应做好哪些准备,等等,都需要认真研究,而且可能还会由此派生出一些更加具体的话题。

(三)上合组织与地区内及相邻地区多边机制的关系构建

2015年5月,在莫斯科举行反法西斯战争胜利七十周年阅兵活动的前夕,在习近平主席和普京总统共同见证下签署了《中华人民共和国与俄罗斯联邦关于丝绸之路经济带建设和欧亚经济联盟建设对接合作的联合声

---

① 戚振宏主编《上合组织命运共同体建设:机遇和挑战》,世界知识出版社,2020。

明》。双方在这份联合声明中强调,这种对接合作将通过上合组织平台展开。① 2020 年 11 月,上合组织视频峰会通过的《上海合作组织成员国元首理事会莫斯科宣言》中指出:"成员国注意到俄罗斯联邦关于在上合组织、欧亚经济联盟、东盟国家及其他相关国家和多边机制参与下建立大欧亚伙伴关系的倡议。"② 在经济全球化不均衡发展的条件下,欧亚地区正在成为不同导向、不同组合、不同规则的多边合作机制集中出现的空间。这些一体化方案与上合组织的关系是并行不悖还是彼此牵制,是相互促进还是相互竞争,解读这些问题将是我国上合组织问题研究的又一重要任务。

(四)上合组织务实合作尝试与创新发展的新增长点研究

2013 年 9 月,习近平主席在上合组织比什凯克峰会上提出,中方将设立"中国—上海合作组织国际司法交流合作培训基地"③。2014 年 5 月,这个基地在上海政法学院奠基揭牌。随后,以同样模式建立的"中国—上海合作组织地方经贸合作示范区"(2018 年 10 月,山东青岛)④、"上海合作组织农业技术交流培训示范基地"(2020 年 10 月,陕西杨凌)⑤、"中国—上海合作组织技术转移中心"(2020 年 12 月,山东青岛)⑥ 等机构相继挂牌。这些机构紧扣上合组织成员国社会转型和经济发展瓶颈,瞄准国际市场

---

① 《中华人民共和国与俄罗斯联邦关于丝绸之路经济带建设和欧亚经济联盟建设对接合作的联合声明(全文)》,新华社,http://www.xinhuanet.com/world/2015 - 05/09/c_127780866.htm。
② 《上海合作组织成员国元首理事会莫斯科宣言》,中华人民共和国外交部网站,https://www.fmprc.gov.cn/web/gjhdq_676201/gjhdqzz_681964/lhg_683094/zywj_683106/t1831157.shtml。
③ 《"中国—上海合作组织国际司法交流合作培训基地"上海揭幕》,中国新闻网,https://www.chinanews.com/sh/2014/05 - 20/6192629.shtml。
④ 《国务院关于中国—上海合作组织地方经贸合作示范区建设总体方案的批复》,中国政府网,http://www.gov.cn/zhengce/content/2019 - 10/08/content_5437071.htm。
⑤ 《上海合作组织农业技术交流培训示范基地在陕西杨凌揭牌》,央视新闻网,https://baijiahao.baidu.com/s?id=1681241903402715314&wfr=spider&for=pc。
⑥ 《上合组织秘书处代表团出席中国—上海合作组织技术转移中心揭牌仪式》,上海合作组织秘书处网站,http://chn.sectsco.org/news/20201210/702175.html。

前沿和世界科技发展,以其特有的针对性、灵活性、自主性在成员国共同关注的领域开展务实合作,有望成为上合组织发展的新增长点。围绕这些机构已有的专业科研团队,正在吸收国内有关学者加盟,经过整合形成综合性保障智库。在这些务实合作领域的工作实践中,有望产生更多、更好的学术成果。

结　语

上合组织的存在与发展之于当代中国的意义,不仅在于它是冷战后我国首次以创始成员国身份参与发起和建设的综合性地区合作组织,而且在于它为我国在21世纪以来的稳定与发展起到过不可替代的作用,尤其是在当今世界政治经济格局发生前所未有深刻变革的时代,中国通过经营上合组织优化周边环境和巩固多边合作的做法还意味着一种对待世界和未来的态度。从"上海五国"到上合组织正式成立,"上海进程"就一直是在不断创新的前提下实现一次次理论、方法和制度上突破的过程。这自然也就决定了对上合组织的研究必会是一种在认识上不断创新才有可能获得有益成果的学术实践过程。二十年的时间对一个人来说意味着已步入成年,但对一个国际组织而言还颇显年轻。环顾世界上已建立多年的大小国际组织,在当今大发展、大变革、大调整的时代里也都面临着诸多亟须解决的新问题。值得欣慰的是,二十年来介入上合组织问题研究的学术队伍已经渐成规模。以"上合组织"为主题词发表在国内各类期刊上的学术论文已达到1.5万多篇。尤其可喜的是,在校硕士和博士研究生选择上合组织问题完成学位的论文分别为1.5万多篇和5000多篇。尽管有些文章还略显青涩,但这是中国上合组织问题研究的未来。相信当我们迎接上合组织三十年华诞的时候,这一学术领域面对的将是另外的一些问题。

Y.17
上海合作组织在重大公共卫生事件领域的机制建设和合作实践

马 强*

摘 要： 在新冠肺炎疫情全球大流行的背景下，上海合作组织在2020年不断推进重大公共卫生事件领域的机制建设和合作实践，在完善原有卫生健康领域合作机制建设的基础上，推动各成员国分享疫情信息和抗疫经验、提供人道主义援助，动员社会力量积极投入抗疫行动。与此同时，上海合作组织在应对突发性的重大公共卫生事件时也表现出应急能力、行动能力不足的弱点。

关键词： 上海合作组织 重大公共卫生事件 新冠肺炎疫情 合作机制

2020年，新冠肺炎疫情肆虐全球，上海合作组织（以下简称上合组织）国家被深度地卷入其中。上合组织各成员国在应对本国疫情的同时，也积极地在上合组织框架下进行重大公共卫生事件领域的合作。2020年召开的上合组织元首理事会、政府首脑（总理）理事会、外长理事会均为共同应对新冠肺炎疫情以及重大公共卫生事件谋划合作机制；上合组织卫生部长会议、卫生防疫部门负责人会议以及卫生健康领域和传染病学防治专家会议更

---

* 马强，中国社会科学院俄罗斯东欧中亚研究所副研究员，中国社会科学院俄罗斯研究中心副秘书长。

为充分地分享疫情信息和抗击疫情的经验,为上合组织国家开展合作奠定了基础;上合组织国家有关智库机构也组织多场论坛、研讨会,为上合组织国家在重大公共卫生事件领域的合作建言献策,提供公共产品;企业(特别是与数字经济相关的企业)、基金会、民间力量也被动员起来为上合组织国家的抗疫行动助力。新冠肺炎疫情蔓延的2020年,也是上海合作组织在中亚公共卫生事件领域的合作实践和机制建设成果最为丰富的一年,在各种会议、论坛、交流活动中,"守望相助、共克时艰"成为主题词和关键词,这生动地体现了"互信、互利、平等、协商、尊重多样文明、谋求共同发展"的"上海精神"。

一 重大公共卫生事件领域合作机制的顶层设计

新冠肺炎疫情不仅是重大的公共卫生危机,更是一次异常严峻的非传统安全挑战,上合组织成员国、观察员国都遭遇了比较严重的影响。[①] 上合组织高度关注公共卫生安全问题,积极参与全球和地区的卫生治理。

(一)新冠肺炎疫情前的合作机制建设

在"非典"疫情刚刚结束的2004年,上合组织就开始关注重大公共卫生事件领域的合作,"加强卫生领域的合作"已经出现在当年9月23日上合组织成员国政府首脑(总理)理事会第三次会议的联合公报中。[②] 在2007年举办的上合组织成员国政府首脑(总理)理事会第六次会议上,时任温家宝总理便提出上合组织要加强在卫生领域,特别是传染病防治方面的合作,建议召开成员国卫生领域的高官会以及卫生部长会议。[③] 为响应温总

---

① 孙壮志:《新形势下构建上合组织命运共同体的基本路径》,戚振宏主编《上合组织命运共同体建设:机遇和挑战》,世界知识出版社,2020,第10页。
② 《上海合作组织成员国政府首脑(总理)理事会联合公报》,中国新闻网,https://www.chinanews.com/news/2004/2004-09-23/26/487518.shtml,登录时间:2020年12月25日。
③ 《温家宝建议上海合作组织明年召开首次卫生部长会议》,中国新闻网,https://www.chinanews.com/gn/news/2007/11-02/1067445.shtml,登录时间:2020年12月23日。

上海合作组织在重大公共卫生事件领域的机制建设和合作实践

理的提议，上合组织成员国于 2008 年召开了卫生防疫领导人会议及卫生圆桌会议。在本次会议上，各方一致认为应该共同采取应对重大传染病的措施，建立健全疫情预警系统、流行病学监督系统和传染病监测系统，开展预防和灾后卫生防疫合作；各方应加强科学技术交流、专家和机构间的直接交流和人员培训。① 2008 年以后，上合组织成员国卫生防疫领导人会议定期举办，开启了上合组织地区卫生治理合作的进程。

接下来的几年，上合组织出台了一系列有关在传染病防治等重大公共卫生事件领域合作的文件。2009 年 10 月 14 日，上合组织成员国政府首脑（总理）理事会第八次会议通过了《上海合作组织地区防治传染病联合声明》，该声明指出，上海合作组织各成员国相关部门就传染病防治和卫生安全开展合作对于确保本地区持续发展和各国福祉至关重要。"我们应采取综合措施，完善共同预防传染病扩散的机制。"强调"在传染病研究方面加强科研和交流""加强卫生及其他部门间的卫生应急合作"。② 2010 年 11 月 18 日，上海合作组织成员国首届卫生部长会议在哈萨克斯坦首都举行。会议通过了《上海合作组织成员国卫生专家工作组工作条例》，批准了《上海合作组织成员国卫生领域重点合作计划》，将开展在传染病防治、药品和医疗设备质量安全、卫生信息化、高技术医疗服务等重点领域的合作。③ 2013 年 11 月 21～22 日，上海合作组织成员国卫生防疫部门第三次会议通过了中方提出的《上海合作组织成员国传染病疫情通报方案》，该方案在 2013 年 11 月 28～29 日于乌兹别克斯坦塔什干举行的上合组织政府首脑（总理）理事会会议上通过。④ 这表明上合组织地区卫生治理合作进入了制度化阶段。

---

① 《上海合作组织成员国卫生防疫领导人会议在俄召开》，中华人民共和国中央人民政府网站，http://www.gov.cn/gzdt/2008-12/03/content_1167523.htm，登录时间：2020 年 12 月 23 日。
② 详见《上海合作组织发展报告（2010）》，社会科学文献出版社，2010。
③ 《陈竺出席上海合作组织成员国首届卫生部长会议》，中华人民共和国中央人民政府网站，http://www.gov.cn/gzdt/2010-11/22/content_1750587.htm，登录时间：2020 年 12 月 23 日。
④ 《上海合作组织成员国卫生防疫部门第三次会议在俄召开》，中国政府网，http://www.nhc.gov.cn/gjhzs/s3582/201312/81bc91bb3a3a4643a564ca95ff4c844b.shtml，登录时间：2020 年 12 月 23 日。

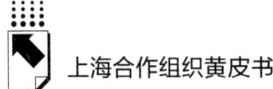

在2011年6月举行的上合组织成员国元首理事会第十一次会议上,各国元首签署了《上海合作组织成员国政府间卫生合作协定》,将上合组织在卫生领域的合作机制建设推向更高的层次。而在2018年举行的上合组织青岛峰会上通过的《上合组织成员国元首关于在上合组织地区共同应对流行病威胁的联合声明》成为上合组织卫生领域(尤其是应对重大公共卫生事件)的指导性纲领。该声明指出:"在上海合作组织地区暴发流行病、传染性疾病的现实威胁与日俱增,我们对此深感忧虑……我们坚定支持进一步完善各项多边合作机制,采取综合性措施预防传染性疾病的传播……有必要建立各国之间有关在上海合作组织地区的传染性疾病表现及根据现行的国际医疗卫生法规而采取的应对措施等可靠信息的交流机制……各国将在调动机动部队、开发国家实验室和科研中心潜力、开展联合科学研究、研发新的传染性疾病诊断和预防药物等领域广泛采取措施……我们重申将借助双边和多边平台发展相互协作,共同应对上海合作组织地区的流行病威胁。"

(二)新冠肺炎疫情背景下合作机制的完善

2020年,上合组织各成员国、观察员国均深陷新冠肺炎疫情之中,在抗击疫情过程中加强合作,进一步加强上合组织地区卫生治理成为上合组织框架下各组织机构、各级别会议和各类沟通机制的重要议题,大大地推动了上合组织在重大公共卫生事件领域合作机制的建设。

5月13日,在上海合作组织成员国外长视频会议上,各国外长表示,面对新冠肺炎疫情,上合组织要采取坚决、协同和包容的多边行动,应同世界卫生组织等国际组织和机构开展合作。①

7月24日,上合组织成员国第三次卫生部长会议召开。上合组织秘书长诺罗夫在致辞中指出,上合组织成员国在抗击新冠肺炎疫情的过程中同舟共济、团结协作,并强调了抗疫过程中及时制定协调措施的重要性。同时,

---

① 《上海合作组织成员国外长关于应对新冠肺炎疫情的声明》,外交部网站,https://www.mfa.gov.cn/web/wjbzhd/t1778789.shtml,登录时间:2020年12月22日。

上海合作组织在重大公共卫生事件领域的机制建设和合作实践

他还建议建立上合组织区域内共同应对流行病威胁的协调理事会，该机制旨在协助各成员国制定和实施流行病预防、预警、应对和减少其负面影响的综合措施。在这次会议上，各国卫生部长们讨论了上合组织成员国国内新冠肺炎疫情的现状。此次会议通过了《上海合作组织成员国应对新冠病毒性肺炎传播的有效措施综述》，推广抗疫的有效做法和经验。①

在11月10日举行的上合组织成员国元首理事会第二十次会议上，习近平主席创新性地提出了上合组织要构建"卫生健康共同体""安全共同体""发展共同体""人文共同体"。② 此次峰会发表了《上海合作组织成员国元首理事会关于共同应对新冠肺炎疫情的声明》。该声明指出，在新冠肺炎疫情继续蔓延的形势下，上合组织成员国应弘扬"上海精神"，相互有效支持，在保障公民医疗、社会等需求方面相互协助。在药物、疫苗、检测试剂等方面加强科技合作。③ 元首峰会通过的《上海合作组织成员国应对地区流行病威胁联合行动综合计划》《上海合作组织成员国元首理事会莫斯科宣言》④ 都强调在新冠肺炎疫情下上合组织国家要构建合作机制。

在11月30日举行的上合组织成员国政府首脑（总理）理事会第十九次会议上，各国总理在以下方面达成共识：在新冠肺炎疫情流行背景下，应坚持以人民为中心，自由、公开分享医学研究成果，发展适应性强、反应迅速及人性化的卫生系统；帮扶社会弱势群体，采取新的危机管控方法；强化并完善世界卫生组织等政府间组织职能。⑤

---

① 《上合组织成员国卫生部长呼吁各方携手应对新冠肺炎疫情大流行》，上海合作组织官网，http：//chn. sectsco. org/news/20200724/665705. html，登录时间：2020年12月24日。
② 《特稿：奏响构建人类命运共同体的时代强音》，新华网，http：//www. xinhuanet. com/politics/leaders/2020 - 11/27/c_ 1126795762. htm，登录时间：2020年12月24日。
③ 《上海合作组织成员国元首理事会关于共同应对新冠肺炎疫情的声明》，人民网，http：//world. people. com. cn/gb/n1/2020/1111/c1002 - 31926190. html，登录时间：2020年12月22日。
④ 《上海合作组织成员国元首理事会莫斯科宣言》，新华网，http：//www. xinhuanet. com/2020 - 11/11/c_ 1126723429. htm，登录时间：2020年12月20日。
⑤ 《上海合作组织成员国政府首脑（总理）理事会第十九次会议联合公报》，http：//www. xinhuanet. com/2020 - 12/01/c_ 1126805134. htm，登录时间：2020年12月27日。

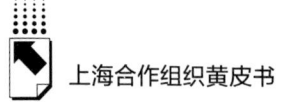
上海合作组织黄皮书

二 上合组织国家抗击疫情的合作实践

在中国新冠肺炎疫情出现初期,上合组织其他成员国给予中国抗疫行动以大力支持并提供了大量医疗物资的援助。上合组织于2020年2月14日发表《上海合作组织关于新冠肺炎疫情的声明》,声明强调:上海合作组织成员国支持中国政府和人民为抗击新冠肺炎疫情以及阻止疫情传播所采取的果断措施。成员国愿向中方提供必要的协助并开展密切合作,国际社会应在世界卫生组织框架内加强协作,共同维护地区和国际公共卫生安全。[①] 随着其他上合组织国家新冠肺炎疫情逐步加剧,分享疫情信息和抗疫经验,提供人道主义援助,"守望相助、共克时艰"的合作抗疫更成为上合组织国家非常重要的实践和行动。

(一)分享疫情信息和抗疫经验

上合组织国家新冠肺炎疫情流行的情况并不相同,当中国疫情逐渐趋于平稳之后,上合组织其他国家的疫情却迅猛发展,尤其印度、俄罗斯的疫情形势最为严峻。因此,交流疫情信息和抗疫经验变得十分重要,尤其是率先战胜疫情的中国的一些成功经验对其他国家具有借鉴意义,中国在上合组织框架下分享疫情信息和抗疫经验方面做出了重要贡献。

《抗击新冠肺炎疫情的中国行动》白皮书[②]指出,在新冠肺炎疫情在全球持续蔓延的形势下,中国及时向国际社会通报疫情信息,交流防控经验,为全球防疫提供了基础性支持。中国与上合组织开展防控交流活动,国家卫生健康委汇编诊疗和防控方案分享给包括上合组织国家在内的一百八十多个国家、十多个国际组织和地区组织参照使用。白皮书还特别提及,中国国家中医药管理

---

① 《上海合作组织关于新冠肺炎疫情的声明》,上海合作组织官网,http://chn.sectsco.org/news/20200214/626870.html,登录时间:2020年12月24日。
② 《抗击新冠肺炎疫情的中国行动》白皮书,新华网,http://www.xinhuanet.com/politics/2020-06/07/c_1126083364.htm,登录时间:2020年12月27日。

局与上合组织睦邻友好合作委员会联合召开"中国中西医结合专家组同上海合作组织国家医院新冠肺炎视频诊断会议",开展国际科研交流合作。

为了搭建有助于上海合作组织成员国医院之间开展直接交流的平台,2020年7月7日,上合组织睦邻友好合作委员会与中国医院协会联合举办以"互帮互助,谋求共同福祉"为主题的网络研讨会。在本次研讨会上,多家中国医疗机构同上合组织成员国、观察员国和对话伙伴国的近40家医疗机构进行交流,共200多位医疗专家参会,深入探讨新冠肺炎临床诊疗等问题。来自中国的医学专家就新冠肺炎的临床诊断和治疗问题做了介绍,如有关"感染者器官病理变化"的相关信息、不同年龄组重症和死亡的比例、血液净化等诊治方法,以及一些创新抗疫方法和新技术。①

上海合作组织成员国均注意到,在抗击疫情威胁的过程中,新型信息技术的应用发挥了重要作用,并体现了高效率。因此,上合组织秘书处有针对性地引进上合组织国家领先IT企业参与合作抗疫的进程,如阿里巴巴集团、Mail.ru集团。2020年5月13日,在上合组织秘书处的支持下由阿里巴巴集团和马云公益基金会筹备并组织了关于应对新型冠状病毒传播的视频培训研讨会,多名中国顶尖医生和学者参加,来自抗疫一线的医生介绍了成功经验。阿里巴巴集团代表介绍说,为方便各国之间交流经验、成就和相关材料,该集团建立了专门的平台(GMCC)(https/gmcc.alibadoctor.com/)。目前,通过此平台已经举办了十几次网上研讨会,吸引了来自亚洲和非洲的1000多名医务工作者参加。②

2020年7月,上合组织发布了《上海合作组织成员国抗击新冠疫情(COVID-19)采取的先进措施概述》,这是上合组织为成员国抗击疫情提供的重要的公共产品。该报告简明扼要地介绍了上合组织成员国采取的抗击新冠肺炎疫情的措施,包括制定确保在国家一级的协调和行动计划;向民众

---

① 《上合组织秘书长出席联合支持抗疫和信息交流网络研讨会》,上海合作组织官网,http://chn.sectsco.org/news/20200709/662084.html,登录时间:2020年12月24日。
② 《阿里巴巴集团与上海合作组织秘书处共同举办关于应对新型冠状病毒传播的培训研讨会》,上海合作组织官网,http://chn.sectsco.org/news/20200513/647150.html,登录时间:2020年12月24日。

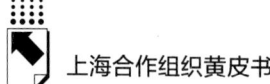

宣传有关抵御风险的方法；确保监督、组织快速反应小组并调查新冠肺炎感染病例；监控国家入境点；组织国家实验室工作；预防医务人员和未感染公民的感染；组织新冠肺炎患者医疗救助；实施必要后勤支持等。① 这些抗击疫情的成功经验将对上合组织国家的抗疫行动提供指导性建议。

（二）提供人道主义援助

上合组织秘书长诺罗夫在接受俄塔社专访时指出："在疫情严重时期，上合组织国家相互提供精神和政治支持，相互交流流行病学和组织经验，并向受疫情影响最严重的上合组织成员国提供财政、经济和粮食援助。"

在疫情流行的初期，俄罗斯满载着23吨抗疫物资的飞机驰援中国，巴基斯坦向中国倾尽全国医院库存的口罩。上合组织成员国的疫情形势紧张后，上合组织成员国之间互相提供人道主义帮助。2月，俄罗斯向中亚国家运送了用于实验室诊断新冠病毒的测试系统；3月，中国向巴基斯坦捐助抗疫物资，并派出抗疫专家组；4月，中国紧急援助俄罗斯25.5吨的医疗物资；中国、俄罗斯和乌兹别克斯坦为其他上合组织成员国（包括观察员国伊朗和阿富汗）提供了食品和医药品；中国派遣医生和专家组前往伊朗和哈萨克斯坦；等等。②

三 上合组织框架下合作抗疫的民间行动

在严峻的新冠肺炎疫情之下，社会之中的每一个主体都会受到影响，每一个主体也都会成为可动员的社会力量参与合作抗疫的行动。上合组织提供了合作抗疫的平台，不仅要会聚各成员国政府机构的功能，同时也要凝聚全社会的力量。其中，上合组织特别重视智库专家贡献智慧、献计献策，以及文化和人文交流活动，以为抗击疫情提供足够的精神力量。

---

① 《上合组织成员国抗击新冠疫情（COVID-19）采取的先进措施概述》，上海合作组织官网，http://chn.sectsco.org/documents/，登录时间：2020年12月25日。
② 《上合组织秘书长接受俄塔斯社采访》，上海合作组织官网，http://chn.sectsco.org/news/20200910/675727.html，登录时间：2020年12月24日。

上海合作组织在重大公共卫生事件领域的机制建设和合作实践

（一）智库专家献计献策

2020年，以上合组织合作抗疫为主题的研讨会举办多场，各智库专家纷纷就上合组织框架下合作抗疫的意义、路径、机制建设与实践行动等方面进行讨论并献计献策。

2020年5月15日，中国国际问题研究院举办了关于新冠肺炎疫情影响的视频会议。议题包括国际和区域组织在抗击新冠病毒及应对疫情引发的经济社会新威胁方面的作用。国内知名研究机构和智库代表，上海合作组织成员国、观察员国和对话伙伴国的外交代表参与会议。国内智库专家在发言中表示，考虑到上合组织具有的政治经济潜力及对区域和世界重大事件的应对能力，支持上合组织在国际舞台上发挥更大的作用。大多数学者一致认为，各成员国必须共同努力，反对将与新冠肺炎疫情有关的问题政治化及歪曲上合组织成员国的真实情况。特别强调，必须共同努力，减少疫情对经济社会的影响，确保上合组织地区的安全与稳定。专家学者还着重提出，必须完善上合组织在卫生保健和流行病监测领域各机制的工作。进一步制定上合组织在应对紧急情况方面的规范准则。强调上合组织与其他国际和区域组织开展积极合作的重要性。[1]

2020年8月11日，上合组织睦邻友好合作委员会与上海外国语大学和上海全球治理与区域国别研究院共同举办了"新冠疫情与上合组织民间外交的新议程、新举措、新方向"线上研讨会。与会专家表示，上合组织应是建设"卫生健康共同体"的样板。通过医疗卫生领域的"健康丝绸之路"优化各国及其社会和公民之间的互信，夯实睦邻友好合作的社会基础，消解由新冠肺炎疫情造成的战略互疑和关系撕裂，尽快实现习近平主席在上合组织成员国元首理事会上提出的"将上合组织打造成团结互信的典范、安危共担的典范、互利共赢的典范和包容互鉴的典范"的倡议。在抗疫合作实

---

[1] 《上合组织秘书处举行视频会议，多名中国分析人士和专家出席》，上海合作组织官网，http：//chn.sectsco.org/news/20200518/647163.html，登录时间：2020年12月24日。

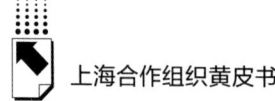

践上，与会者一致认为，应在卫生检疫领域建立统一标准，各国要集中资源和潜力，凝聚国家机构和智库的力量，制订行动计划，开展数字经济方面的合作；要建立协调机制，协调各成员国的措施，共同应对疫情，上合组织各成员国应成为互利合作的典范。①

（二）为抗击疫情贡献精神力量

2020年6月15日是"上合日"，上合组织秘书处举办了多场活动庆祝"上合日"，其中，有两场活动与团结合作抗击疫情相关，这些人文交流活动为上合组织国家合作抗击疫情提供了强大的精神力量。

在"上合日"当天，上合组织秘书处举行主题为"弘扬'上海精神'，团结抗击疫情——上海合作组织驻华使节为抗击新冠肺炎疫情题写寄语纪念封"的揭幕仪式。上合组织秘书长诺罗夫在纪念封上题写寄语表示："得益于中国政府果断高效的措施、中国人民的坚强意志和高度自觉，中国在与新冠病毒的斗争中取得积极成果。病毒无国界，需要各国共同努力战胜。上海合作组织秉持'上海精神'，坚持相互支持、团结一致与国际合作，以共克时艰。"在"上合日"举办此次活动，体现了上合组织大家庭团结抗击疫情的决心和努力，相信通过国际社会共同努力，我们一定能早日战胜疫情，恢复经济社会快速发展。②

在同一天，主题为"团结抗疫，守护共同家园"的上合组织国家儿童网络画展正式上线开幕。参加本次画展的是来自上合组织成员国、观察员国和对话伙伴国十四个国家5～16岁的少年儿童，他们通过绘画作品分享了自己对新冠肺炎疫情防控的认识和感受。中华全国妇女联合会副主席夏杰女士在画展开幕视频上指出，展览作品充分表现了上合组织成员国共克时艰的深

---

① 《智库专家建议上合组织加强民间外交应对新冠疫情挑战》，上观新闻，https://www.shobserver.com/news/detail？id＝279263，登录时间：2020年12月24日。
② 《上海合作组织秘书处举行纪念"上合日"及上合组织国家抗击新冠疫情纪念封揭幕仪式》，上海合作组织官网，http：//chn.sectsco.org/news/20200618/657968.html，登录时间：2020年12月24日。

厚情谊和团结力量。该主题生动体现了疫情期间上合组织各国开展合作、相互支持的本质。疫情彰显了上合组织的生命力和坚韧性。上合组织各国守望相助、共克时艰，促进本地区局势趋于稳定。①

四 结论

新冠肺炎疫情流行伊始，上合组织便积极行动，将抗击疫情作为2020年召开的各层级理事会会议的重要议题，这些议题涉及合作抗疫的顶层设计、机制建设和行动实践，努力将上合组织打造成为各成员国联合抗击疫情的合作平台。

与此同时，我们也应该客观地评价上合组织在这次疫情中的作用，在上合组织国家范围内，上合组织并没有成为抗击疫情最为重要和活跃的行为主体。赵华胜教授非常精当地总结了其中的主要原因：这次抗击新冠肺炎疫情的一个突出特点是国自为政，国际和地区组织被边缘化；上合组织自身能力上的弱点，使其政治性宣示有余，而执行力不足；上合组织没有"权力中央"，上合组织不享有成员国让渡的权力，在元首或政府首脑理事会不召开的情况下，它不能独立做出重大决定。②

上合组织在本次抗疫行动中的"无力感"是上合组织本身的特点和能力决定的，但这并不妨碍在此次疫情期间上合组织合作机制建设发挥基础性的积极作用，特别是2020年新冠肺炎疫情大流行后，上合组织在重大公共卫生事件领域合作的机制建设方面做了非常重要的工作，如果上合组织成员国能积极履行这些措施，会为上合组织成员国防范和对抗疫情、卫生领域的地区治理、"卫生健康共同体"的建设打下良好的制度性基础。

---

① 《"团结抗疫，守护共同家园"——上合组织国家儿童画展揭幕》，上海合作组织官网，http://chn.sectsco.org/news/20200615/657894.html，登录时间：2020年12月24日。
② 赵华胜：《上合组织如何在抗疫中发挥更大作用？》，观察者网，https://baijiahao.baidu.com/s？id=1667106880269987559&wfr=spider&for=pc，登录时间：2020年12月25日。

Y.18 上海合作组织成员国疫情发展现状及治理前景*

李睿思**

摘　要： 2020年，上海合作组织成员国受疫情冲击在政治、经济、外交、安全等诸多领域均出现不同程度的危机。政局动荡不安、经济出现大衰退、国际和国内安全威胁频现等成为年度各成员国面临的主要挑战。为避免疫情冲击加剧国内矛盾、引发地区安全问题，上合组织各成员国均根据本国实际情况推出各项措施。文章通过回顾2020年疫情在上合组织各成员国中的发展走势，对疫情产生的影响和后果进行深入分析，并结合各国现阶段疫情形势对治理前景进行展望。

关键词： 上海合作组织　新冠肺炎疫情　公共卫生　民心相通

引　言

2020年初开始，新冠肺炎疫情开始在全球范围内快速蔓延。截至2021年1月10日，全球累计确诊新冠肺炎病例超过9000万例，死亡人数超过190万人，共有一百八十五个国家受到突如其来的疫情冲击，社会经济发

---

* 本文为国家社科基金重大项目"上海合作组织命运共同体构建研究"（19ZDA130）的部分成果。
** 李睿思，中国社会科学院俄罗斯东欧中亚研究所助理研究员，博士；教育部人文社科重点研究基地华东师范大学俄罗斯研究中心兼职研究员。

展和居民正常生活秩序均遭受不同程度的影响。①上海合作组织（以下简称上合组织）扩员后，共有中国、俄罗斯、哈萨克斯坦、吉尔吉斯斯坦、塔吉克斯坦、乌兹别克斯坦、印度和巴基斯坦八个成员国，以及四个观察员国和六个对话伙伴国。上合组织国家在此轮疫情的冲击下不同程度地出现了政治、经济和安全危机，给国家和地区的稳定与发展带来威胁与挑战。保障地区公共卫生安全、建立和完善政府的危机预防和应急机制、开展域内医疗与救援合作、推动经济复苏等成为上合组织2020年面对的严峻考验。

一 上合组织成员国疫情发展状况

2020年3月11日，世界卫生组织（WHO）根据疫情的扩散速度和严重程度，正式宣布新冠肺炎疫情成为全球"大流行"。不同于自然灾害，例如地震、海啸、台风等，也不同于内生的重大公共危机事件，如政治暴动与骚乱等，此次"大流行"的来源为外界因素即病毒，但其影响力和破坏性也直接取决于各国的防疫措施与公共管理，并不断引发连锁反应，因此也有专家认为此次新冠肺炎疫情称得上一场"全球性灾难"。上合组织成员国也未能在此次疫情危机中幸免，疫情的快速蔓延给上合组织各成员国带来极大的挑战。

（一）全球疫情发展现状

1. 疫情传播总体特点

从目前疫情在全世界范围内传播的形势看，此次全球性公共卫生危机主要呈现以下特点。第一，未发现与人种有特殊关联性，蔓延呈全球化趋势。从全球疫情形势看，疫情传播不对人种进行特别区分，没有特定规律可循。第二，疫情周期性较长。从2019年底开始出现疑似病例起，疫情带来的持

---

① 全球新冠疫情大数据分析平台，https://www.zq-ai.com/#/fe/xgfybigdata。

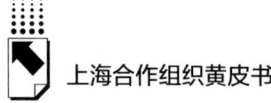

续影响已经超过一年，虽然在各国医疗专家和从业者的共同努力下，人类在疫情防控和救治、疫苗研发和应急管理方面已经取得显著成效，但是离彻底摆脱疫情的威胁仍相距很远。疫情在可以预见的将来仍将与人类共存。第三，疫情走向的不确定性突出，潜在影响仍难以预测。临近2020年末，在英国出现了新冠肺炎病毒的变异体，主要表现为病毒的潜伏期更长，传染速度更快。无论从毒株的演变、危害和潜在影响看，都呈现明显的不确定性。第四，疫情重创各国的公共卫生体系，疫情与政治经济形势等多方面因素叠加，使世界经济发展出现大衰退。面对突如其来的疫情，各国的应急管理存在差异，出现散播虚假消息和消极防疫等现象，公众负面舆论、执政能力匮乏和生产停滞等问题使世界经济发展呈现衰退的迹象，并难以在短时间内摆脱这一局面。

2. 疫情对全球的主要影响

受疫情和各项防疫抗疫措施影响，全球经济在2020年出现衰退，并可能在今后一段时间内在不同国家持续引发经济低迷和动荡。疫情对全球经济发展的主要影响表现在以下方面，第一，社会生产受到明显影响，除食品、药品等生活必需品的生产外，在部分国家其他生产经营活动被完全抑制，经济一度陷于停滞状态。受到隔离和限制措施影响，在国际和国内范围内，一些交通和物流等商品运输也被迫中断。第二，产业链和供应链在全球范围内遭到破坏，产业发展中断对全球经济发展产生持续负面影响，部分国家选择采取保护主义等极端方式挽救危机，给全球一体化发展蒙上阴影。第三，沉重打击国际贸易，部分行业的国际贸易交易出现断崖式下跌，进一步加剧经济形势走低。第四，迅速降低全球投资者预期，多次引发金融领域震荡，不断上升的金融风险使实体经济的困境进一步恶化。

除经济领域外，疫情对全球的影响还体现在安全领域，包括生产安全、公共卫生安全、网络安全、文化安全、信息安全和恐怖主义与极端主义对国土安全造成的威胁等。各国普遍存在的各领域安全危机也导致区域整体安全出现威胁与挑战。在外交领域，受疫情使经济形势恶化等因素影响，大国博弈的广度、深度和烈度都出现不同程度的发展，全球形势更加复杂多变，危机四伏。

（二）上合组织成员国疫情形势

1. 中国疫情形势

从发展过程看，疫情在中国的大范围传播始于湖北省武汉市。2019年12月30日，武汉市卫健委发布通知，对不明原因肺炎的救治工作提出警示，提出疫情传播可能与海鲜批发地高度关联，并随后立即宣布市场实体休市，整治环境卫生。2020年1月9日，专家确定病毒为新型冠状病毒，并对临床表现进行通报。截至2020年1月22日，国家卫健委共收到来自全国25个省市区的确诊病例报告。2020年1月23日，武汉宣布关闭离汉通道。截至2021年1月11日，中国新冠肺炎确诊病例为8.7万例，死亡病例为4634人。

从应对过程看，根据2020年6月国务院新闻办公室发布的《抗击新冠肺炎疫情的中国行动》白皮书，疫情发生后，中国立即采取应对措施，共分为五个阶段，包括迅速应对突发疫情（2019年12月27日至2020年1月19日），初步遏制疫情蔓延势头（1月20日至2月20日），本土新增病例数逐步下降至个位数（2月21日至3月17日），取得武汉保卫战、湖北保卫战决定性成果（3月18日至4月28日）和全国疫情防控进入常态化（4月29日以后）。[①] 疫情出现后，中国政府迅速采取措施，开辟了防控和救治两个主要战场，在建立高效指挥体系的同时，在全社会范围内层层部署，形成严密的防控体系，利用互联网等新技术手段实现疫情信息实时更新和透明化，本着人的生命高于一切的原则积极开展国际协调合作，推动共建人类卫生健康共同体。

从疫情防控的结果看，得益于过去抗疫工作的经验和教训，此次新

---

① 《抗击新冠肺炎疫情的中国行动》白皮书，中国新闻网，https：//www.chinanews.com/m/gn/2020/06-07/9205468.shtml? f = qbapp。

冠肺炎疫情总体上防控及时有力，最大限度地减少了疫情对中国社会经济发展的负面影响。新中国成立以后，经历了数次大规模传染病疫情危机。其中亚洲流感、甲型H1N1流感和非典疫情传播范围广、影响大。①中国的新冠肺炎疫情防控工作能够高效快速推进，主要原因有以下几个方面。一是发挥制度优势，将制度优势转化为强大的治理能力，通过综合统筹各方资源最大限度地保证措施的快速和高效实施。二是以人民利益为根本出发点，充分发挥广大群众的力量，依靠社会主义核心价值观的凝聚力。三是坚持依法、科学、理性防疫。经历非典疫情后，中国从法律角度对公共卫生体系进行制度完善，包括公布一系列法律条文和规章制度，将中国公共卫生管理纳入法治发展的总体规划中。在此过程中推出的《突发公共卫生事件应急条例》将防疫和抗疫工作的部署与协调管理进行了制度上的细化和标准化。《中华人民共和国传染病防治法》和《中华人民共和国刑法》也是中国在处理危害公共安全并造成损失和恶劣影响的相关案件时的主要法律依据。此次疫情发生后，中国迅速开展科学研究工作，快速确定病毒类型，检测方法、试剂和疫苗的相关研发工作也有序开展，并取得重大进展。

2. 俄罗斯和中亚各成员国疫情形势

从疫情发展过程来看，据2020年3月3日莫斯科市长网站报道，一名从意大利归来的俄罗斯男子为俄首例新冠肺炎确诊病例。此后，疫情呈迅速传播的态势，4月达到第一波疫情高峰期，传播速度最快的十天内，确诊病例猛增3万余例。进入5月后，感染人数曾连续三天日均过万，俄总理米舒斯京和两位部长级官员也相继确诊感染新冠病毒。俄疫情传播速度快的主要原因如下。一是疫情出现初期，俄罗斯检测能力有限，确诊病例数据明显低于实际确诊数量，随着检测能力不断提升（5月俄方的检测能力提升到约为4月的2倍），在政府采取措施控制疫情后，俄疫情形势出现好转。二是隔

---

① 杜晶斐：《1949年以来我国应对重大疫情的历史回顾和经验总结》，《理论观察》2020年第3期。

离措施只是限制入境人员，城市之间的隔离限制措施不严格，导致最初集中在莫斯科市的确诊病例快速向俄其他城市扩散。三是俄民众对防疫和隔离相关规定执行不到位，人群聚集和不注意保持安全社交距离等现象加速了疫情发展。进入秋冬季后，随着气温逐渐降低，俄疫情形势再次出现传播高峰。10月，俄日新增确诊病例数多次过万，疫情明显反弹，且高峰一直持续至2020年底。12月22日至2021年1月4日，日均新增超过27000例，疫情形势十分紧张。根据俄卫星通讯社公布的数据，截至2021年1月14日，俄已有超过349万确诊病例。[①]

从政府的防疫抗疫措施来看，考虑到疫情防控措施对经济的负面影响和疫苗研发不断取得进展，俄政府现阶段采取的疫情防控措施未有太大变化。疫情流行初期，俄即宣布禁止部分国家的公民入境，从2020年3月18日至5月1日全面限制外国公民入境。[②] 俄在莫斯科迅速成立新冠肺炎疫情防控指挥部，负责全市的防疫协调工作，并宣布在全市范围内提升疫情防控级别。4月，世卫组织驻俄代表表示，俄方采取的隔离和限制措施真实有效，能够为俄公共卫生提供系统性保障。随着秋冬季第二波疫情的到来，俄政府宣布实施新一轮限制措施，重点要求俄民众在公共场所、交通工具、停车场和电梯里必须佩戴口罩，对部分经营场所的营业时间实行严格规定，并加强重点区域的消杀工作。在加强防疫措施的同时俄积极开展疫苗研发和国际合作。8月，俄第一款疫苗注册完成，10月14日，第二款疫苗获批。

2020年，上合组织中亚地区的各成员国经历了新型冠状病毒大流行及其对经济和社会产生的一系列后果。哈萨克斯坦于3月13日首次宣布出现新冠肺炎确诊病例；3月15日，在乌兹别克斯坦出现首例确诊病例；3月18日吉尔吉斯斯坦通报出现首例病例；4月30日，塔吉克斯坦通报出现首批共15名新冠肺炎患者。综观全年疫情在中亚地区国家的发展形势，共有三次较明显的疫情高峰期。分别是疫情开始的春季初期、6月底和秋季。疫

---

① 俄防疫指挥部：《俄单日新增新冠病毒感染病例24763例，累计超349.5万例》，俄罗斯卫星通讯社，http://sputniknews.cn/covid-2019/20210114/1032886732/。

② Какие меры приняли в России против коронавируса, https://tass.ru/obschestvo/7656931.

情不断出现反复的原因主要包括以下几点。一是民众防范意识薄弱,不遵守防疫规定举行人群聚集的各类活动。虽然各国政府较快地出台措施限制外国人员入境,如针对疫情发展严重的国家关闭空中交通和国家边境检查站、暂停边境货物运输和人员往来等,但并未针对出现疫情的城市实施严格的封闭措施。在经历初期的限制措施后,民众特别是青年人经常违反防疫规定举行各类文体和民俗庆祝活动,导致疫情快速蔓延。除此之外,选举和公开宣讲等政治活动也加速了疫情在人群和社区中的传播。二是医疗物资和医护人员匮乏严重影响病情的防控和医治。随着疫情蔓延和病例数不断上升,医院承载能力严重低于实际需求,大量病患在隔离区交叉感染。检测试剂的不稳定性也导致在第二次疫情高峰出现时官方确诊病例忽高忽低,引发群众对政府的不信任。三是疫情管理过程中暴露的官僚和腐败现象严重阻碍防疫抗疫措施的有效执行,并引发社会的负面舆论。疫情期间,国际组织和部分国家对中亚地区进行了物资和资金援助,但涉及医疗器械、国际救援物资的腐败问题频发,政府官员在工作中也时常出现玩忽职守和不作为等现象,以哈萨克斯坦为例,由于政府防疫工作不力哈总统曾一度宣布解散政府。[①]

疫情的反复使中亚地区各成员国均面临不同程度的发展危机。在经济领域,主要表现为经济指数恶化。经济形势的恶化反映为经济增长放缓、生产下降、失业率上升、贸易和生产联系减弱、商品供应中断、国内需求减少、通货膨胀和本国货币贬值。在政治领域,政府在应对疫情的过程中,对经济的重视超过社会政策、应急能力薄弱和政治斗争经验欠缺等弊端备受民众指责。在经济领域,经济形势的恶化导致社会问题突出,民众对政府的不满情绪多次高涨,民粹主义出现上升趋势。在安全领域,粮食安全、网络安全、公共卫生安全、恐怖主义威胁等问题或因疫情引发,或因疫情加剧,地区安全形势不容乐观,特别是恐怖主义和极端主义外溢情况在疫情的背景下出现新发展。

---

① 《托卡耶夫警告或因抗疫不力解散政府》,中华人民共和国驻哈萨克斯坦大使馆经济商务处网站,http://kz.mofcom.gov.cn/article/jmxw/202007/20200702982174.shtml。

3. 印度与巴基斯坦

2020年1月30日，印度首次通报出现确诊病例。虽然此后印度政府采取防控措施严防病毒入境，并在2月保持了确诊病例数零增长，但进入3月后由于疫情输入压力增大和社区传染病例增加，疫情在印度开始迅速蔓延，截至4月5日，日确诊病例数猛增到4254例。疫情出现高速传播的主要原因包括："封城"措施导致的大面积失业使无业人群纷纷走上街头，增加感染风险；宗教团体从事祷告和传教活动使人群聚集并无法保持安全距离。此后疫情快速蔓延，由于检测能力有限，官方数据被指无法真实反映感染人数数量。7月，印度确诊病例超过百万例，已经成为全世界疫情形势最为严峻的国家之一。然而，与庞大的感染人群数量相比，印度死亡率却明显低于美国和巴西。由于官方公布的数据明显低于实际死亡率，印实际死亡率不得而知。2020年12月，印度新冠肺炎确诊病例超过了1000万。据印卫生部最新数据，截至北京时间1月15日，印累计确诊病例超过1052万例。印度疫情发展的主要特点如下。一是发展速度极快，短期内病情扩散和恶化程度居世界前列。二是疫情由输入型转为社区型传播的时间较短。三是受宗教理念影响，民众对管控和封闭措施较容易接受，有利于初期疫情防控，但由于农民工返乡人数庞大，最终导致疫情传播失控。

疫情对印度的直接影响是社会矛盾的全面激化。主要表现在以下几个方面。一是经济形势恶化，外贸额急剧下降。2020年4~10月，印出口同比下滑19.05%，进口同比下降了36.28%，连续两个季度的经济增长为负值。根据印度2019年的数据，其服务业占国民生产总值的近50%。为限制疫情传播而采取的隔离和封闭措施沉重打击了印度的支柱产业，市场消费和投资者兴趣均大幅度下降。财政赤字、政府债务压力大、通胀率高、民众收入下降和失业是印度面临的最大挑战。二是民族情绪涌动，政府为缓解舆论压力多次利用外交事件转移内部矛盾。然而外交领域引起的国际纠纷事件并未能从根本上转移民众注意力，反而激化民众对疫情防控失败和经济衰退的不满情绪。三是疫情加剧贫困等社会问题，有将近1/3的死亡病例是由贫困和疾病叠加而致。

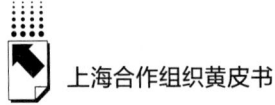

2020年巴基斯坦疫情总体来看有两波高峰。2月27日，巴基斯坦卡拉奇港口首次通报出现新冠肺炎确诊病例。首例死亡病例出现在3月18日。巴政府较早即采取了全面封锁措施，以防控疫情，并在几周之内陆续停止了企业生产和关闭了市场，基本暂停所有社会活动。进入4月后，根据疫情传播的情况，进行有重点的封闭管理，以降低对正常居民生活的影响。第一波疫情高峰出现在6月，确诊人数在一个月内增加2倍，迅速突破20万例。疫情出现大规模迅速传播的原因是为庆祝巴传统节日，民众进行大范围的聚集，致使疫情在人群中快速蔓延。第二波疫情出现在10月，随着天气转冷、民众的防疫意识逐渐淡化，加之隔离限制措施在8月逐步放开，疫情出现强势反弹的趋势，确诊病例数日均增长400~500例。

在新冠肺炎疫情的影响下，除同其他上合组织成员国一样出现经济下滑等问题外，巴还面临一系列的安全危机。现阶段，巴面临的主要风险包括：疫情带来的公共卫生安全风险，由反政府游行和工会运动导致的局部政治风险，塔利班等极端组织活跃引起的国家安全风险，局部地区爆发武装冲突的风险，什叶派穆斯林和基督教等民族宗教文化冲突带来的潜在风险等。

二 上合组织疫情治理面临的问题与挑战

近年来，随着国际格局进入深度调整期，国际和地区形势更加复杂多变。上合组织作为涉及人口数量最多、覆盖面积最广的区域组织，在稳定地区安全形势和促进地区可持续发展方面肩负着更大责任。突如其来的疫情使域内成员国普遍面对政治、经济、安全问题等多方位的挑战。2004年，上合组织即开始关注上合组织框架内的医疗卫生合作，并在总理会议发表的联合公报上明确提出将加强组织内的卫生合作。自此之后，上合组织卫生领域合作从奠定法律基础开始，经历了初级阶段、发展阶段和全面发展三个主要阶段。[1] 2018

---

[1] 阿达莱提·塔伊尔：《上海合作组织框架内的医疗卫生合作回顾与展望》，《欧亚经济》2019年第4期。

年,《上海合作组织成员国元首关于在上海合作组织区域内共同应对流行病威胁的声明》发表,号召各成员国能够以世界卫生组织为合作框架,加深成员国间医疗和卫生领域的交流与合作。此次声明标志着上合组织框架下医疗卫生领域合作在深度上进入新的发展阶段。2020年11月,习近平出席上海合作组织成员国元首理事会第二十次会议,并提出促进组织发展的中国方案,即构建"卫生健康共同体""安全共同体""发展共同体""人文共同体"。

疫情背景下,上合组织疫情治理面临的主要问题与挑战包括以下方面。

(一)医疗卫生体系受疫情冲击严重,给人民的健康和生命安全带来巨大威胁

疫情的迅猛发展对各国医疗卫生体系造成空前压力,主要表现在医疗资源的匮乏和相关专业领域医疗专家的缺失。疫情期间,医院人满为患,床位紧张导致住院区、门诊区和隔离区无法做到完全隔绝,患者交叉感染现象十分普遍。由于医护人员缺乏必要的隔离防护设备,中亚地区国家在疫情期间出现了大量医护人员感染的现象。以哈萨克斯坦为例,第二波疫情高峰来袭时卫生系统高官和公务人员也相继染病,医疗系统本应提供的医疗保障和救治功能无法正常实现,导致疫情持续蔓延并引起群众的极大不满。医疗物资包括口罩、防护服、消杀设备和制剂、药品和医疗设备等的匮乏也使部分上合组织成员国在应对疫情时束手无策。疫情还暴露出部分成员国在医疗卫生领域长期缺乏资金和技术投入的发展弊端,受官僚主义和腐败问题的影响,政府资金投入长期以来不能到位,导致医疗基础设施落后,疫情来袭后医疗卫生体系迅速瘫痪。

(二)组织框架下缺乏集体公共卫生安全保障系统和危机应急管理与协调机制

疫情背景下,上合组织框架下卫生领域合作面临着维护地区公共卫生安全的重任。现阶段,上合组织框架下的公共卫生保障体系缺乏功能完备、快

速高效的信息交换平台,特别是当出现跨境传染病疫情时无法实现信息的安全有效交换。除此之外,在病毒传播跟踪与检测、医学科研合作、传统医学交流与互鉴、跨境医疗援助和重大疾病应急处理等方面缺乏固定交流合作机制,使上合组织在面对重大公共卫生危机时无法进行快速有效的集体行动。

(三)成员国间经济发展不均衡,恶化的经济形势制约在医疗卫生领域开展合作

受疫情影响,上合组织成员国经济发展都受到不同程度的影响,部分成员国出现经济衰退迹象。受国际油价下跌和国际金融市场的动荡影响,中亚国家和印、巴等都出现经济萎缩,使原本经济结构不合理的发展弊端更加突出,疫情后各成员国的经济恢复周期也存在较大差异。以中亚地区国家为例,2020年中亚国家整体经济萎缩1.7%,中亚地区贫困人口增加了约140万人。① 自独立以来,中亚地区国家一直在不断推动政治和经济领域改革,寻找符合自己特点的发展道路,疫情使本就不稳定的经济形势危机四伏,虽然执政阶层已经意识到应加大在医疗和卫生领域的投入,但恶化的经济形势决定了政府首先将稳定经济发展作为首要任务,无法在短期内向医疗行业和卫生领域国际合作注入大量资金和人力。经济领域的发展问题成为制约成员国继续开展和深化卫生领域交流与合作的因素之一。

(四)卫生领域合作受到来自组织外部力量的影响与制约

中美俄三国间的竞争与博弈在新冠肺炎疫情形势下不断出现新变化,美国频繁推出遏制中俄的计划,并采取实际行动在国际上制造敌对和打压氛围。在日趋复杂的国际关系和大国竞争背景下,卫生领域合作作为上合组织框架下的合作内容之一也备受组织外部的国际环境影响。疫情期间,美国曾频繁利用疫情源头、防疫抗疫物资援助、"一带一路"投资动机和上合组织

---

① 《世界银行预测中亚国家贫困程度将加深》,https://baijiahao.baidu.com/s?id=1680963413266437840&wfr=spider&for=pc,引用时间2020年12月5日。

成员国间边界问题等话题离间和制造矛盾。在2020年经历了总统选举和疫情冲击后,美国在新任执政团队的带领下出现新的动向,但总体而言,其重视在亚太地区进行战略布局,深入参与地区事务并施加压力,利用中亚地区国家利益诉求和地区发展的矛盾,达到遏制和挤压中俄发展空间的战略目标短期内不会有太大改变。上合组织成员在组织框架下的各领域合作,包括卫生领域合作,也必将受到来自组织外部的影响和制约。

(五)公共卫生危机引发其他安全问题,给现有各领域合作带来新的挑战

国家和地区安全范畴下的公共卫生安全、网络和数据信息安全、经济安全、粮食安全乃至意识形态和文化安全等问题愈发凸显。公共卫生危机使该地区传统安全和非传统安全问题并存的局面更加复杂,引发新的地区安全威胁。欧亚地区安全问题历来错综复杂,形势严峻。疫情不仅使该地区既有安全问题加剧,也为恐怖主义和极端主义思想传播提供了新的发展环境。在地区政治和社会发展均出现动荡因素的背景下,"三股势力"活动趋于活跃,跨国犯罪也出现新的组织形式。互联网和信息科技的高速发展使犯罪成本降低、效率提高、杀伤力变大,也使防范和打击难度增大,打击恐怖主义、极端主义和分裂主义的战争逐渐向信息战、网络战和科技战方向发展。

三 上合组织疫情治理前景展望

新冠肺炎疫情在世界范围内的大流行将加速推动国际社会在以下方面的变革与发展。第一,在经济领域,经济下行压力增大,恐怕会在全世界多地引发经济危机。第二,在国家和地区治理领域,受经济形势影响,社会将出现分化的现象,政治动荡局面风险上升,表现为政治、经济、安全问题交互存在,给国家和地区治理带来挑战。第三,科技创新领域竞争日趋激烈。疫情加速各国发展数字经济和推动社会向数字化发展。高速发展的数字技术和广泛应用将推动社会向更加公开和高效的方向发展。第四,世界多元化发展和民族的自觉与自信。疫情背景下,中国充分发挥制度优势有效抗击疫情,保障民生,向国际社会展现了大国担当和责任。中亚国家近些年来在改革过程中自我认知和内部合作意愿也逐渐走强,在不断寻找符合自身特点的发展道路。

疫情背景下,为减轻疫情对域内的冲击,上合组织成员国可在以下领域加强合作。一是在政治领域。除加强本国治理体系建设和提升危机管理能力外,还应加大域内成员间疫情治理的协调与合作。疫情传播打破地域划分和行政疆界成为地区性和全球性危机,由疫情引发的公共管理问题需要上合组织成员国加强沟通与配合,通过资源整合和合理统筹分配将各国政府管理效能最大化。

二是在经济领域。上合组织成员多数为应对疫情推出了经济复苏计划,此次疫情冲击证明经济发展与安全稳定相辅相成、互相影响,为尽快摆脱经济危机阴影,应统筹兼顾经济与安全的关系,使两者相互促进。虽然在各国出台的经济复苏计划刺激下,疫情对经济发展的冲击有所缓解,但政府面临债务增加、财政压力持续增大的高风险。受疫情影响,产业链和供应链在地区和全球范围内断裂产生负面影响,从长远看,供应链和产业链的区域化发展有利于分散风险。

三是在安全领域。随着数字技术在全世界范围内的广泛应用,上合组织在加快社会数字化转型进程方面有广阔合作空间,也将有利于拓展上合组织框架下数字和互联网技术的应用领域,如建设疫情信息共享平台,维护社会治安和打击恐怖主义犯罪所需的信息数据库,推动政府政务电子化和采购与分配医疗和防疫物资等。

四是在社会和民生领域。目前在上合组织框架下,中国已与印度等国的医疗卫生主管部门签署传统医学合作协议。中国与俄、哈、吉、乌也已经建成中医医疗中心,并开展多种形式的论坛和学术交流活动。后疫情时代,积极拓展传统医学在防疫和抗疫领域的合作也是重点发展方向之一。

五是在文化领域。要重视疫情背景下上合组织域内文化冲突及其治理。疫情使地区空间的生活习俗、宗教信仰、历史和民族价值观等方面的差异和冲突出现新的表现形式，在疫情治理和防疫管理方面的差异也是文化和意识形态差异的表现之一。在互联网和数字技术迅猛发展的当下，地理空间的限制逐渐弱化，文化观念的冲突变得更加频繁。"一带一路"已经进入高质量发展的重要时期，上合组织作为"一带一路"建设在欧亚地区的重要合作平台，是助力实现"民心相通"、构建卫生健康共同体和人文共同体的重要载体。上合组织域内文化多元化特点突出，不同的历史背景和文化使该地区文明间的交流与互鉴既面临挑战，又具有广阔的发展前景。加强疫情后上合组织框架下的人文合作有利于消除组织内不同成员国间的文化隔阂与误解，避免上合组织成员国受疫情影响出现政局动荡和经济低迷，防止上合组织地区内出现极端思想传播，影响民间交流与友好合作。

上合组织与世界

The SCO and the World

Y.19
2020年俄罗斯视域中的上海合作组织

吕 萍*

摘　要： 印度与中国的边境冲突、印度与巴基斯坦在争议领土上的持续交火，以及在全球蔓延的新冠肺炎疫情，严重影响了2020年俄罗斯担任上合组织轮值主席国期间各项工作计划的实施，也令上合组织深陷发展困境。俄罗斯认为，中印和印巴冲突以及其之间政治互信的缺失令上合组织在反恐合作上的对话中断，工作效率低下，并使"上海精神"遭受重创。新冠肺炎疫情严重影响了上合组织的经济发展，作为轮值主席国俄罗斯主张加强成员国之间的经济合作，以克服疫情给成员国经济带来的负面影响。同时俄罗斯认为，中国成功战胜疫情在增加其自信心的同时也使其外交政策更为强硬，尤其是在与印度的边境冲突中。作为重要成员国，中印之间的紧张关系对上合组织产生负面影响。上合组织所处的尴尬境况

---

* 吕萍，中国社会科学院俄罗斯东欧中亚研究所俄罗斯外交研究室副研究员。

令俄罗斯学者对其未来前景感到担忧,担心其变成衰弱的"影子组织",但因与美国之间的冲突,中国更加重视上合组织令俄罗斯学者看到了上合组织未来发展的契机,并认为上合组织的真正未来应在"高级政治"领域。

关键词: 上合组织 边境冲突 新冠肺炎疫情

2020年,新冠病毒在全球的蔓延不仅从根本上影响和改变了全世界普通人的正常生活,也严重影响了全球政治和经济的发展轨迹。上海合作组织作为地区国际组织也无法在疫情肆虐中独善其身。2019年6月,俄罗斯接棒吉尔吉斯斯坦担任上合组织2019~2020年轮值主席国。俄罗斯很早便开始筹备上合组织峰会,并制订了担任轮值主席国期间详细的工作计划。然而突如其来的新冠肺炎疫情完全打破了俄罗斯的既定计划,其拟定的90多项活动措施未能全部落实,峰会召开的时间也不得不一改再改,最终于11月10日以视频形式召开。除了疫情的影响,印度与巴基斯坦,尤其是印度与中国之间激烈的边境冲突也为2020年的上合组织蒙上一层阴影。在因乌克兰危机而受到美国和欧盟经济制裁后,上合组织在俄罗斯的"向东转"战略和"大欧亚伙伴关系"构想中具有重要的地位,俄罗斯因此对上合组织的发展寄予厚望。上合组织因中印、印巴边境冲突发展受阻不能不令俄罗斯为上合组织的未来感到担忧。

一 中印、中巴边境冲突背景下的上合组织

印度和巴基斯自2017年在上合组织阿斯塔纳峰会上完成所有必要程序成为上合组织正式成员国,到2020年,印、巴加入该组织已经三年。在这三年时间里,上合组织自成立以来一直保持的和谐氛围被常态化的印巴在争议领土上的冲突和中印边境冲突打破。上合组织并未如之前俄罗斯所期望的

那样发挥外交功能缓和中印、印巴之间的矛盾，相反，中国与印度的边境冲突反而愈发激烈；印巴两国之间也没有因同时加入上合组织而提升互信，在争议领土上的冲突与交火频率丝毫未减。事实表明，上合组织的影响力不仅未因印巴两国的加入而扩大，反而陷入了停滞。2020年，印度与中国之间的边境冲突再度燃起，并在印度社会引发激烈的反华浪潮；而印度与巴基斯坦在克什米尔地区也是频频交火，边境地区冲突早已成为常态。

（一）印度与中、巴的冲突

1. 印度与中国的冲突

2020年印度与中国之间边境冲突不断。5月5日和9日，印军两次越线进入中国境内，引发双方军队冲突；6月15日，印度军队再次越线侵犯中国领土，双方在加勒万河谷地区爆发激烈冲突，印方20人死亡。此次冲突成为近半个世纪以来中印之间首次出现人员死亡的边境冲突。8月31日，印军无视加勒万河谷冲突后中印双方多次谈判达成的协议，在班公湖南岸、热钦山口附近非法越过实控线侵犯中国领土，双方再次发生冲突。

边境冲突以及印度人员伤亡导致印度国内民族主义情绪高涨，从而引发了激烈的反华浪潮。印度信息技术部宣布禁止118个中国手机应用程序在印度使用，印度社会则发起了抵制"中国制造"运动。

2. 印度与巴基斯坦的冲突

虽然印度与巴基斯坦于2003年达成在克什米尔实控线一带的停火协议，但双方之间的边境冲突从来没有因此而停止过，每月都有相互炮击，一年发生上百次甚至几百次规模不等的交火事件已经成为常态。2020年，印巴之间多次交火并导致人员伤亡，如在8月30日和9月2日的交火中各有1名印度军官死亡；11月13日，印巴在克什米尔实控线附近发生交火，造成至少10名平民和5名安全人员死亡，多人受伤。

扩员之前，在关于印巴两国的加入将如何影响上合组织的问题上俄罗斯国内有过诸多讨论。乐观派认为印巴两国的加入将从人口、区域面积、影响力等各个方面实质性地扩大上合组织的影响，有利于加强组织内的安全与经济合作，同时上合组织还能够作为外交平台发挥调解功能，在一定程度上缓和甚至化解中印、印巴之间的矛盾与冲突，并使上合组织变成多极组织，满足俄罗斯防止中国在上合组织中占据主导地位的愿望。悲观派则认为，印度与中国和巴基斯坦之间的领土争端以及不信任关系将破坏上合组织的团结，弱化其工作效率，印度与美国的特殊关系则将使其成为美国放置在上合组织内的"木马"，使上合组织处于美国的监视之下，而这一切负面影响将导致上合组织的瘫痪与终结。2017年，印度在刚刚获得上合组织正式成员国地位十天之后便与中国发生洞朗冲突，以及其随后与巴基斯坦之间的边境冲突在一定程度上印证了悲观派的看法。2020年中印之间再次爆发的近半个世纪以来最严重的边境冲突，以及印巴之间早已成为日常的交火，再次引发俄罗斯国内对上合组织的讨论。

在很多俄罗斯学者看来，印度和巴基斯坦正式加入上合组织三年以来，上合组织并未因扩员而得到有效发展，反而陷于停滞，现状不容乐观。

（二）成员国之间关于反恐的对话实际上已经中止

在印度和巴基斯坦加入上合组织之前持乐观态度的学者认为，印巴两国加入后可以相互交换和共享有关反恐的情报，因此有助于上合组织加强反恐合作。然而，由于彼此缺乏信任，印度和巴基斯坦的情报部门不仅未能按照上合组织的规则交换重要的反恐情报以消除恐怖活动，反而相互指责对方侵犯自己的领土并暗中挑唆武装分子发动暴乱。上合组织相关成员国此前一直在地区反恐怖机构框架内进行有效合作，自从印度和巴基斯坦加入后该机构的工作难以取得进展，上合组织框架内关于反恐的对话实际上已经中止。[1]

（三）上合组织工作效率低下

随着印度和巴基斯坦加入上合组织，中印、印巴之间的矛盾也被带入。

---

[1] Алексей Куприянов：ШОС：широкое взаимодействие для всех, шанхайский дух – для тех, кому он нужен? 08.12.2020, https://ru.valdaiclub.com/a/highlights/shos-shirokoe-vzaimodeystvie-dlya-vsekh/? sphrase_id=346314.

印度始终认为中国利用其在上合组织中的核心地位维护自己的利益，同时屡屡损害印度的利益。在确保和平与稳定、打击恐怖主义、阿富汗冲突等问题上印度与中国之间也存在分歧。作为上合组织中的大国，印度与中国在重要问题上的各持己见无疑令上合组织的各项工作复杂化。

印度与巴基斯坦之间的边境冲突早已成为常态，双方之间的领土争端不可避免地使上合组织的正常议程难以继续。2020年9月15日，由于新冠肺炎疫情，上合组织成员国安全会议秘书第十五次会议以视频形式召开，会议期间巴基斯坦代表身后悬挂了将克什米尔等争议地区划为己有的新地图，印度代表因此愤然离席。

上合组织实行协商一致原则，虽然这一原则使弱国能够捍卫自己的利益，但在中印、印巴之间矛盾重重、分歧巨大的情形下，上合组织的效率也因此急转直下，日常工作几近停顿。①

（四）"上海精神"遭受重创

上合组织成立时，所有成员国的安全目标一致，即打击"三股势力"，确保边境地区的安全。因此，尽管吉尔吉斯斯坦和乌兹别克斯坦之间的划界问题仍待解决，中俄在上合组织的优先合作方向上各有主张，但"互信、互利、平等、协商、尊重多样文明、谋求共同发展"的"上海精神"是所有成员国的共识，是上合组织能够快速成长为一个有威望的地区组织的基础，是其成员国能够克服各种分歧，避免矛盾转化为冲突，在谋求共同发展的同时坚持"和而不同"的保障。与创始成员国不同，印度和巴基斯坦加入上合组织目的各异，各怀心思：印度想为自己寻求一个能够实现自己对抗中国这一战略目标和加大其在中亚影响力的平台；巴基斯坦则希望提升自己的国际地位，不被排除在事关欧亚大陆未来的议程之外。印度在国内疫情严重和民族主义情绪高涨的情况下违背2017年中印洞朗冲突后双方领导人互

---

① Будущее ШОС: евразийский круглый стол или организация – призрак：26.11.2020，https://ru.valdaiclub.com/events/posts/articles/budushchee – shos – evraziyskiy – kruglyy – stol – ili – organizatsiya – prizrak/? sphrase_ id = 346314.

访达成的"武汉精神",重回"先解决领土争端再谈其他方向的关系正常化和沟通"的老路,令上合组织所倡导的在调解领土诉求之前应当先建立信任措施的传统立场遭受质疑。互信位居"上海精神"之首,没有了互信其他一切都成为无本之木,无源之水。中印、印巴之间政治互信的缺失令"上海精神"难以维系。①

(五)美国通过印度介入亚洲事务、干涉上合组织成员国内部事务

在与中国频频发生边境冲突的同时,印度不断加强与美国的关系以求得到美国的支持。美国多次表示印度是美国在亚太地区的重要伙伴。2020年10月,美国国务卿蓬佩奥和防长埃斯珀访问印度,与印度外长苏杰生和防长拉杰纳特·辛格举行"2+2"会谈。其间蓬佩奥就中印边境冲突表达了对印度的支持,随后印度的部分媒体也公开支持美国所谓的"2020年西藏政策与法案"。印度甘当美国遏制中国的"棋子",激化了中印矛盾,严重破坏上合组织的团结。

除了中印、印巴之间的矛盾与分歧,近年来俄罗斯与印度之间的裂痕也愈来愈突出,而美国是俄印关系渐行渐远的始作俑者。在俄罗斯因乌克兰危机而加大"向东转"力度的同时,印度却加快了"向西"的脚步,一步步与美国靠近,不仅加入了美国的"印太战略",还与美、日、澳组成"四国机制",引起俄罗斯的强烈不满。在传统的军事技术合作领域,印度与俄罗斯也渐行渐远,印度与美国的合作却逐年加强。此外,俄罗斯在阿富汗问题和对中国"一带一路"倡议的态度上也与印度分歧巨大。2020年,俄印双方二十年来首次未能如期举办首脑会晤,尽管双方宣称新冠肺炎疫情是主要原因,但关系恶化也是重要因素之一。

尽管现状不尽如人意,但上合组织对俄罗斯的意义依然十分重要。乌克兰危机后由于被美国和欧盟经济制裁,俄罗斯开始切实推进"向东转"战

---

① Будущее ШОС: евразийский круглый стол или организация – призрак: 26.11.2020, https://ru.valdaiclub.com/events/posts/articles/budushchee – shos – evraziyskiy – kruglyy – stol – ili – organizatsiya – prizrak/? sphrase_ id=346314.

略，并提出"大欧亚伙伴关系"构想，而上合组织是"向东转"和"大欧亚伙伴关系"的基础。俄罗斯总理米舒斯京认为，世界正在向多极化发展，西方国家臆造各种理由在贸易和投资领域实施保护主义措施，将经济制裁变为干涉他国内部事务的工具。在这一背景下，虽然上合组织并不完美，需要改革，却是保护其成员国经贸利益的唯一机制，应当使其"更加稳定顺畅地运转，适应新的情况"。[1] 俄罗斯应当加倍努力让上合组织成为一个"甚至在最敏感的安全与发展问题上寻求公约数的有效工具"[2]，这是俄罗斯国内的普遍共识。

二 新冠肺炎疫情下的上合组织

整个2020年全球都笼罩在新冠肺炎疫情肆虐的阴云之下。作为上合组织本年度的轮值主席国，俄罗斯很早便开始筹备任期内上合组织的工作和峰会。尽管拟定了近百项活动，但疫情完全打破了俄罗斯的计划，严重影响了上合组织的工作日程，峰会举办日期不得不多次变更，拟定的活动只完成了60多项。

俄罗斯认为新冠肺炎疫情对上合组织的当前任务和未来发展都产生了重大影响。抗击疫情、加强上合组织在疫情防控方面的合作，同时促进成员国之间的经济合作被视为上合组织近期的首要任务。

（一）加强疫情防控合作，克服疫情对上合组织经济的负面影响

突如其来的疫情改变了俄罗斯担任上合组织轮值主席国期间的工作计划，抗击疫情、防止疫情进一步在上合组织地域内蔓延成为俄罗斯作为轮值主席

---

[1] Владимир Кузьмин: Игра по правилам, 30.11.2020 14: 05, https: //rg.ru/2020/11/30/mishustin - obvinil - zapad - v - narushenii - mezhdunarodnyh - principov.html.
[2] Андрей Кортунов: Как Россия может потерять Индия, и как этого избежать, 28 декабря 2020, https: //russiancouncil.ru/analytics - and - comments/analytics/kak - rossiya - mozhet - poteryat - indiyu - i - kak - etogo - izbezhat/? sphrase_ id = 71936930.

国任期内的重要工作内容之一。俄罗斯向吉尔吉斯斯坦、塔吉克斯坦和乌兹别克斯坦等上合组织成员国捐赠了约50万套新型冠状病毒检测试剂盒和非接触式温度测量设备,并数次派俄罗斯医疗专家小组赴当地协助控制疫情。

新冠肺炎疫情沉重打击了世界经济和贸易,上合组织亦未能幸免。截至2020年上合组织峰会召开之时,上合组织成员国的经济下降了3.2%,贸易额较2019年减少了7%。因此,俄罗斯认为,恢复上合组织成员国的经济、重建成员国之间的经贸关系极为迫切,并制定了一系列联合措施以扭转经济颓势。普京在上合组织峰会上的发言中建议就进一步应对新冠肺炎疫情问题进行讨论,并主张上合组织成员国共同行动以缓和新冠肺炎疫情给各国经济带来的负面后果,提出为了重振经济应当落实2019年批准的《上海合作组织成员国多边经贸合作纲要》。根据该文件,上合组织将克服相互贸易中的负面影响,实质性地加强成员国在投资、金融和银行、工业、能源、运输及其他领域中的联系。① 加强上合组织在防控新冠肺炎疫情方面的合作、重振经济成为《上海合作组织成员国元首理事会莫斯科宣言》中的重要内容,元首们还通过了关于共同应对新冠肺炎疫情的声明。

(二)新冠肺炎疫情间接对上合组织产生负面影响

俄罗斯学者认为,疫情对上合组织的影响不仅是峰会召开日期、各项活动能否正常举办等外在表象,同时也间接却严重地影响了上合组织的内部关系和发展。

2019年末新冠肺炎疫情在武汉出现后,中国政府采取了严厉的防控疫情措施。在全国人民的支持下,中国的疫情很快得到了控制,中国的经济也在短暂的倒退和停滞后于2020年第二季度开始回暖并迅速上升。2020年中国经济全年实现了2.3%的正增长,GDP首次突破了100万亿元。在世界经济因疫情遭受重大打击的背景下,中国经济一枝独秀,成为全球唯一实现正

---

① Анастасия Сергиенко:САММИТ ШОС – 2020, 14.11.2020, https://www.geopolitica.ru/article/sammit – shos – 2020.

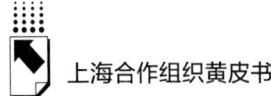

增长的重要经济体。俄罗斯学者认为,中国快速战胜疫情并取得耀眼的经济成就极大地提升了中国在外交上的自信,因此中国的外交政策越来越明显地体现出了大国特色,外交实践中也表现出越来越强的进攻性,中印边境冲突激化便是这一强硬态度的间接结果。俄罗斯学者认为,中印建立伙伴关系的尝试遭遇挫败,竞争仍将是未来中印关系中的重要方面。毫无疑问,这将对上合组织的工作能力和效率产生负面影响,不利于上合组织的长远发展。①

在俄罗斯看来,上合组织内部本身就存在中印、中巴矛盾,中俄与美国之间的对立,包括印美关系都对上合组织的发展有着极大的负面影响,席卷全球的新冠肺炎疫情更是限制了上合组织的合作。俄罗斯作为轮值主席国认为在疫情背景下上合组织成员国更应该加强经济合作,共克时艰。

三 对上合组织未来前景的思考

在印度和巴基斯坦加入之前,关于两国的加入将如何影响上合组织未来发展走向是俄罗斯学者重点关注和争论的问题。2020年,中印边境发生的冲突和印巴在争议领土上发生的冲突再次引发俄罗斯对上合组织未来前景的思考。

上合组织目前反恐对话停滞、工作效率低下、互信精神缺失、近乎"瘫痪"的现状令俄罗斯学者普遍感到担忧。他们认为,俄罗斯为了制衡中国,防止中国在上合组织中一家独大,所以力主扩员。然而事与愿违,印度与巴基斯坦加入后的上合组织与俄罗斯的预期相距甚远。2017年印巴两国成为上合组织正式成员国以后,印度与中国和巴基斯坦的矛盾非但没有缓和,反而愈演愈烈。

(一)上合组织可能会变成衰弱的"影子组织"

俄罗斯国家研究型高等经济大学学者瓦西里·卡申认为,在即将讨论重

---

① Дмитрий Суслов: Незападная многосторонность: БРИКС и ШОС в постковидном мире, 29.07.2020, https://ru.valdaiclub.com/a/highlights/nezapadnaya-mnogostoronnost/.

要地区安全问题的上合组织防长会议和外长会议召开前夕，印度与中国和巴基斯坦爆发流血冲突，中印双方还在实控线附近调遣军队和举行军演，成员国之间的这种关系不可能不影响上合组织的工作，在这种情况下"仅是将现有的协作形式保留下来对上合组织来说已经是成就了"。俄罗斯政治研究中心亚洲项目经理瓦吉姆·科久林认为，成员国之间的边境冲突令上合组织的例行会晤越来越暗淡，上合组织最初是为解决地区争端和反恐而成立，现在却面临着变成"死对头的联盟"的危险。在上合组织的工作中，人力和经济潜力与微小的实际效率之间的不平衡越来越明显，隆重签署的意义不大的文件和元首们的"全家福"照片已经无法掩盖这一点。① 俄罗斯科学院世界经济与国际关系研究所学者阿列克谢·库普里亚诺夫指出，中印、印巴之间政治互信的缺失令上合组织濒临危机边缘，未来本组织很可能变成一个衰弱的机构，一个"影子组织"。②

（二）上合组织的未来发展仍有契机

尽管对上合组织的前景感到担忧的人不在少数，但也有学者认为在上合组织的低迷状态中同样存在有利于未来发展的优势与契机。

瓦尔代国际辩论俱乐部项目经理季莫菲·勃尔达乔夫认为，尽管印度和巴基斯坦的加入影响了上合组织的发展，但这并不是什么大的悲剧，因为如果成员国无法在多边形式下讨论最重要的国际政治问题，那么它们也未必就能使上合组织沿一体化道路发展，"重要的是讨论政治问题，其次才是制度上的发展"。③ "不仅如此，我们在上合组织内制造了甚至无法出现两个领袖

---

① Сергей Строкань：ШОС от ШОСу не легче：02.09.2020，https：//www.kommersant.ru/doc/4475531？from = doc_ vrez.
② Будущее ШОС：евразийский круглый стол или организация – призрак：26.11.2020，https：//ru.valdaiclub.com/events/posts/articles/budushchee – shos – evraziyskiy – kruglyy – stol – ili – organizatsiya – prizrak/？sphrase_ id = 346314.
③ Будущее ШОС：евразийский круглый стол или организация – призрак：26.11.2020，https：//ru.valdaiclub.com/events/posts/articles/budushchee – shos – evraziyskiy – kruglyy – stol – ili – organizatsiya – prizrak/？sphrase_ id = 346314.

的局面。虽然印度的加入使上合组织传统上的工作变得复杂，但从长远的发展眼光来看，我们让它变得有意义了，也变得正确了。"① 俄罗斯国家研究型高等经济大学欧洲及世界综合研究中心副主任德米特里·苏斯洛夫则把印度和中国的边境冲突看作检验上合组织牢固性的一次考验。尽管两国发生了直接冲突，但是上合组织的工作能力仍得以保留，中国外交进攻性的加强同样也是对上合组织的考验，"可以说，考验通过了"②。

在俄罗斯学者看来，得到中国的重新重视是上合组织未来发展的重要契机和可靠保障。俄罗斯学者普遍认为，中俄在上合组织扩员问题和未来发展方向上的巨大分歧令中国对上合组织深感失望，实际上已经放弃了上合组织转而寻求建立其他的合作方式，如成立亚投行、提出"一带一路"倡议等。但在中美贸易摩擦日趋激烈背景下中国转而重新关注上合组织，这对上合组织而言无疑是利好消息。如瓦西里·卡申认为，尽管中国因为对上合组织感到失望而找到了扩大地区影响力的其他方法，但上合组织对中国来说在保障安全方面依然具有重要意义，尤其是在中国与美国的关系越来越复杂、对抗越来越激烈的情况下。与此同时，上合组织内部的一些国家也非常愿意与中国合作，上合组织协商一致的原则也能保障弱小成员国的利益，因此上合组织可以转变为在地区安全领域寻求妥协的平台，这从日益恶化的亚洲军事形势角度来看显得尤其重要。③

尽管上合组织在扩员后并未收获俄罗斯之前所预期的种种利好，反而危机重重，但俄罗斯学者依然认为，印度的加入将上合组织从一个两极组织变成了多极组织，俄罗斯实现了赋予上合组织国际外交职能的目的。因此，在上合组织的未来发展方向问题上俄罗斯学者认为，虽然在上合组织框架内为

---

① Андрей Торин: Будущее Шанхайской организации сотрудничества: рост противоречий или поиск компромиссов?, 10: 54 30. 11. 2020, https: //interaffairs. ru/news/show/28279.
② Дмитрий Суслов: Незападная многосторонность: БРИКС и ШОС в постковидном мире, 29. 07. 2020, https: //ru. valdaiclub. com/a/highlights/nezapadnaya - mnogostoronnost/.
③ Будущее ШОС: евразийский круглый стол или организация - призрак: 26. 11. 2020, https: //ru. valdaiclub. com/events/posts/articles/budushchee - shos - evraziyskiy - kruglyy - stol - ili - organizatsiya - prizrak/? phrase_ id = 346314.

深化合作而建设了很多基础设施，但目前的上合组织主要是一个政治机构。"机构的生命始于外交以及对成员国之间存在力量相对平衡的理解"，鉴于存在各种大大小小的新挑战，"毫无疑问，它（上合组织）将留存下来并得到完善"。而"正如中印冲突所证明的，上合组织的真正未来恰恰在于'高级政治'领域"①。

结　语

尽管上合组织因中印、印巴冲突而面临危机，但作为俄罗斯"向东转"和"大欧亚伙伴关系"的基础，上合组织对俄罗斯具有重要的意义，尤其是在俄因乌克兰危机而被美国和欧盟经济制裁之后。作为上合组织核心的"三驾马车"，俄中印三国之间的关系对上合组织的合作与发展无疑有着决定性作用。中印之间的矛盾与分歧难以调和，印度也拒绝俄罗斯担当"调停人"角色，再加上印巴矛盾，上合组织在各种问题上都难以达成"协商一致"并保持正常且良好的运转。未来上合组织能否如俄罗斯学者所期待的那样在"高级政治"领域发挥作用，充分化解中印、印巴之间的矛盾，顺利向前发展，仍充满不确定性。

---

① Тимофей Бордачёв：Есть ли будущее у Большой Евразии？09，07，2020，https：//ru.valdaiclub.com/a/highlights/est‐li‐budushchee‐u‐bolshoy‐evrazii/.

Y.20 上合组织二十年：欧盟对上合组织的态度及变化

鞠 豪[*]

摘 要： 欧盟对上合组织的态度是多种原因综合作用的产物，其背后隐藏着特定的时代背景与深层次的原因。受到美国与上合组织关系、价值观差异以及自身中亚战略等因素的影响，欧盟最初以一种相对谨慎的态度看待上合组织及其发展前景。但随着上合组织的迅速发展、欧盟中亚战略的遇阻与中亚政治形势的变化，欧盟开始反思和调整自身的中亚战略，其对上合组织的态度也逐渐转变。

关键词： 欧盟 上合组织 中亚 欧盟中亚战略

欧盟与上合组织地处亚欧大陆的两端，是在各自地区和国际社会中发挥重要作用的国际组织。相比于上合组织，欧盟成立时间更早，运作机制和治理模式也更加成熟。早在上合组织成立前，欧盟已经与上合组织成员国建立起不同程度的合作关系。随着上合组织的成立与迅速发展，欧盟开始尝试认识与接触这一新生的国际组织。但因为信息的缺乏、价值观念的分歧与其他干扰因素，欧盟对上合组织抱有一定的疑虑，仅愿与其维持非正式的、非常规的联系。进入21世纪第二个十年，世界格局与中亚地区形势都发生了复

---

[*] 鞠豪，德国柏林自由大学政治学博士，中国社会科学院俄罗斯东欧中亚研究所副研究员。

上合组织二十年：欧盟对上合组织的态度及变化

杂而深刻的演变。欧盟与上合组织也各自经历了重要的变化。面对新的时代背景与地区形势，欧盟开始改革与调整自身的中亚战略，其对上合组织的态度和立场也逐渐转变。

一 上合组织成立前欧盟与上合组织成员国的关系

在上合组织成立前，欧盟已经与上合组织的创始成员国建立了外交关系，也在多个领域开展了不同程度的合作。良好的合作为欧盟正确认识上合组织这一新生事物提供了一定的参考。而双方关系的发展变化，特别是分歧与摩擦的累积也会影响欧盟对上合组织的看法与态度。

苏联解体后，欧亚国家进入漫长的政治转型期。面对从中亚到东欧的广袤空间，如何处理与这些国家的关系成为欧盟需要思考的课题。在一众欧亚国家中，俄罗斯自然是欧盟关注的重点。因为冷战的结束，欧盟与俄罗斯不再寻求全方位的对抗，而是试图在有限领域内进行初步的接触与合作。在政治领域，双方签署了《伙伴关系与合作协定》，并确定了半年一次的欧俄首脑会议。在1999年的科隆峰会上，欧盟通过了《对俄罗斯共同战略》，确认俄罗斯为影响欧洲发展的重要因素。在安全领域，双方尝试打造一个新的泛欧安全体系并积极开展核安全合作。1994年，双方签署了核安全合作的谅解备忘录。1999年，欧盟通过了在俄罗斯境内合作开展核安全和核裁军项目的计划，以支持和监督俄在相关领域的行动。在能源领域，双方建立了相互依赖的能源关系并推动建立了欧俄能源对话机制。虽然欧盟与俄罗斯在若干领域开展了有效的合作，但这并不意味着双方已完全放下过去的"心结"。1997年，欧盟在对申请入盟的中东欧国家进行全面评估后决定启动东扩。这一做法引发了俄方的强烈不满。在欧盟看来，东扩是欧洲一体化进程发展的自然结果。而从俄罗斯的视角出发，通过吸收新成员扩大势力范围并保持敌我分界线的做法是"冷战胜利综合征"[1]的表现，欧盟意图通过东扩

---

[1] 庞大鹏：《俄罗斯谋求构建欧亚联盟抵制欧盟东扩》，《中国社会科学报》2014年8月29日。

压缩俄罗斯的战略空间,并借助所谓的"示范效应"拉拢分化俄罗斯的传统盟友,减弱俄在地区的影响力。可以说,对欧盟东扩的不同解读反映了欧盟与俄罗斯在双边关系上的真实心态。而在其他一些议题上,类似的矛盾与分歧也同样存在。

实力迅速增长的中国也是欧盟关注的重点之一。在度过20世纪80年代末90年代初的低谷后,中欧关系进入了顺利和平稳发展的阶段。这一时期被许多学者称为中欧关系的"蜜月期"[1]。在对华立场上,欧盟有意减少了意识形态的成分,并以实际行动支持中国的内部发展和国际地位的提升。在人权问题上,欧盟也秉持了较为务实的态度,更多强调经济发展和人权状况改善之间的正向联系。[2] 1995年,欧盟出台了《欧中关系长期政策》。1998年,欧盟与中国建立起面向21世纪的长期稳定的建设性伙伴关系。2001年,双方建立了全面伙伴关系。在经贸领域,中欧贸易额与欧盟在华投资都呈现大幅上涨之势。以推动中国进一步融入国际社会与世界经济体系为目标,欧盟对中国加入WTO的尝试和政治经济改革表示支持。2000年,欧盟与中国完成了双边市场准入的谈判,为中国加入WTO提供了重要的助力。经过一系列规定程序后,中国最终于2001年正式成为WTO的成员。此外,在科技、能源与教育等多个领域,欧盟与中国也进行了卓有成效的合作。

在中亚问题上,彼时的欧盟尚未将中亚地区视为一个独立的地缘政治板块,也没有形成一个系统的、稳定的中亚战略,各成员国对于介入中亚事务缺少兴趣。在"9·11"事件之前,只有德国在中亚五国均设有大使馆,而欧盟也仅在哈萨克斯坦一国设立了代表团。这一时期,欧盟与中亚国家的合作主要体现在如下几个方面。一是在政治领域,欧盟与中亚国家迅速建立了外交关系。此后,欧盟与哈萨克斯坦、吉尔吉斯斯坦和乌兹别克斯坦三国分别签署了《伙伴关系与合作协定》。受到本国内战的影响,塔吉克斯坦直到

---

[1] 周弘、金玲:《中欧关系70年:多领域伙伴关系的发展》,《欧洲研究》2019年第5期。
[2] 相兰欣等:《欧洲联盟:对中国的共同战略》,《俄罗斯研究》2002年第2期。

2004年才与欧盟签署这一协定。但在20世纪90年代，塔吉克斯坦仍然以欧盟贸易合作协定成员国的身份与之进行合作。二是在经济领域，欧盟将中亚国家纳入了面向整个独联体地区的援助计划（塔西斯计划），以向中亚国家提供经济援助与技术支持。三是在安全领域，通过毒品控制战略和相关行动计划，欧盟也与中亚国家开展了打击毒品犯罪与边境管理方面的合作。[①]但总体而言，双方合作的力度与深度都十分有限。直到进入21世纪，欧盟才开始更加积极地介入中亚事务，双方的关系也由此逐渐升温。

二 上合组织成立后欧盟对上合组织的态度

2001年6月，中国、俄罗斯、哈萨克斯坦、吉尔吉斯斯坦、塔吉克斯坦和乌兹别克斯坦六国共同发表了《上海合作组织成立宣言》，一个全新的国际组织自此诞生。对于欧盟来说，上合组织国家基本上深处亚洲腹地，双方的地理距离和心理距离都十分遥远。虽然欧盟已经与上合组织成员国开展了不同程度的合作，但上合组织并不是几个成员国的简单集合，而是有独特价值规范、运行机制与合作准则的国际组织。除维持本地区的和平与稳定外，上合组织也致力于创建民主公正的国际秩序并在国际社会中扮演重要角色。从欧盟的角度出发，认识这样新生的国际组织是较为棘手的课题。因为信息的缺乏和各自立场的不同，在上合组织成立初期，欧盟和欧洲社会内部充斥着对上合组织的不同声音。一部分人对上合组织持肯定态度并认为其将在中亚乃至整个欧亚地区发挥日益重要的作用；另一部分人则对上合组织抱有疑虑，他们将上合组织视为一个"反西方联盟"，而上合组织聚焦综合安全的定位也令他们心生警惕。[②] 此外，针对上合组织的发展前景，欧盟与欧洲社会内部也出现了许多

---

① 鞠豪：《稳步发展中的欧盟与中亚国家关系》，《中亚国家发展报告（2018）》，社会科学文献出版社，2018，第139页。
② Selbi Hanova (2009), "Perspectives on the SCO: Images andDiscourses", China and Eurasia Forum Quarterly, Volume 7, No. 3, pp. 64.

猜测，如认为上合组织会不断向西扩员，以对抗已经开始东扩的北约与即将开启东扩的欧盟等。

在官方层面，欧盟对于上合组织的态度也十分谨慎。从2001年到2002年，欧盟针对不同国家和地区出台了一系列外交战略报告。在涉及中国与俄罗斯的《国家战略报告2002～2006》中，欧盟并未提及与上合组织有关的内容。①② 在《中亚地区战略报告2002～2006》中，欧盟介绍了中亚国家参与地区合作，包括上合组织的情况。报告认为，上合组织虽起源于边界谈判，但正努力发展成为综合性的安全组织，其在经贸合作中的作用也日趋明显。但在谈及与中亚国家的具体合作时，报告并没有将与上合组织的接触作为一个重要问题来对待。③ 在同年出台的共同外交与安全政策的年度报告中，欧盟也没有提到相关的问题，只是强调了将在国别水平上与中亚国家进行双边交往。④ 事实上，作为地区一体化进程的引领者与国际多边合作的倡导者，欧盟深知国际组织在创立初期可能遭遇的困难与挑战。在上合组织发展前景尚不明确的情况下，欧盟自然会保持相对谨慎的态度，不愿对其过多关注。

随着时间的推移，上合组织的合作模式逐渐成熟，其发展前景也日趋明朗。此时，欧洲各国的专家学者敏锐地捕捉到了上合组织的发展变化，并开始呼吁欧盟与上合组织进行接触与对话。2007年欧盟出台《欧盟与中亚：新伙伴关系战略》（以下简称"新伙伴关系战略"）前夕，欧洲改革中心刊发了题为《欧盟不应忽视上海合作组织》的文章。⑤ 文章指出，上合组织致力于维护中亚地区的和平稳定，这符合欧盟在中亚的战略利益。在反恐、能

---

① Country Strategy Paper：Russia 2002 - 2006, http：//www.eeas.europa.eu/archives/docs/russia/docs/02 - 06_ en.pdf, last accessed on December 25th, 2020.
② Country Strategy Paper：China 2002 - 2006, https：//eeas.europa.eu/archives/docs/china/csp/02_ 06_ en.pdf, last accessed on December 25th, 2020.
③ EU & Central Asia：Strategy Paper 2002 - 2006, https：//eeas.europa.eu/archives/docs/central_asia/rsp/02_ 06_ en.pdf, last accessed on December 25th, 2020.
④ 冯绍雷：《欧盟与上海合作组织：竞争对手或合作伙伴》，《国际问题研究》2007年第6期。
⑤ Oksana Antonenko (2007)，" The EU Should Not Ignore the Shanghai Co - operation Organisation", https：//www.cer.org.uk/sites/default/files/publications/attachments/pdf/2011/policybrief_ sco_ web_ 11may07 - 809.pdf, last accessed on December 20th, 2020.

上合组织二十年：欧盟对上合组织的态度及变化

源与阿富汗等议题上，欧盟与上合组织有着广阔的合作空间。以增强在中亚地区的影响力为目标，欧盟不仅要强化与中亚国家的双边关系，也应抛弃对上合组织的成见并与之开展对话与合作。荷兰国际关系研究所的马赛尔·德·哈斯（Marcel de Haas）等人编写了报告《上海合作组织——走向成熟的安全联盟？》。① 在报告中，哈斯等人不仅阐述了上合组织的发展历程及各领域政策，也详细分析了上合组织与外部世界的关系。他们认为，上合组织将会在欧亚地区扮演日益重要的角色，但不会成为一个反西方的联盟。欧盟与北约即使不愿与上合组织开展积极的合作，也应与其保持密切的接触。伦敦政治经济学院的安娜·马特维娃（Anna Matveeva）等人发表了题为《上海合作组织：一个发展中的地区组织》的文章。在总结上合组织发展历程的基础上，马特维娃等人指出，上合组织在短短数年内取得了显著的成就，其未来发展也有着多样的可能。欧盟不应将上合组织视为一个对抗欧美的联盟，也无须对这一新生组织的不足过分苛责。②

遗憾的是，学界的呼吁并未实质性改变欧盟的立场。2007年初，欧盟通过了支持中亚地区能源一体化、非政府组织发展与里海地区基础设施建设的共同文件。文件中虽然提及了上合组织，但仍有迹象透露出欧盟部分机构不愿与上合组织形成过于紧密的关系。③ 同年6月，欧盟正式出台新伙伴关系战略。以这一战略为起点，欧盟决心强化与中亚国家的合作并提升自身在这一地区的影响力。但纵观整个战略文件，欧盟的主要关注点是与中亚国家的双边关系。虽然欧盟表示已准备与上合组织、集安组织与亚信会议等国际组织开展常规的、专门的联系，但对比一个雄心勃勃、近乎无所不

---

① See Marcel de Haas（ed.），"The Shanghai Cooperation Organisation: Towards A Full-grown Security Alliance?"，2007，https：//www.clingendael.org/sites/default/files/pdfs/20071100_cscp_security_paper_3.pdf；Marcel de Haas，"The Shanghai Cooperation Organisation's Momentum towards A Mature Security Alliance"，2008 https：//www.clingendael.org/sites/default/files/pdfs/20080100_cscp_haas_art_sm.pdf.
② Anna Matveeva and Antonio Giustozzi，"The SCO: A Regional Organisation in the Making"，2008，https：//www.lse.ac.uk/international-development/Assets/Documents/PDFs/csrc-working-papers-phase-two/wp39.2-sco-a-regional-organisation-in-the-making.pdf.
③ 冯绍雷：《欧盟与上海合作组织：竞争对手或合作伙伴》，《国际问题研究》2007年第6期。

包的欧盟中亚合作计划，这样的表述更像是一种官方的客套。实际上，从2004年欧委会秘书长索拉纳访问中国并与上合组织秘书长张德广会面后，欧盟已经与上合组织进行了数次接触，包括派遣代表访问上合组织秘书处以及邀请上合组织的代表参加"欧盟中亚安全论坛"等。但这种接触始终限于偶尔为之的非正式层面。欧盟驻中亚特别代表皮埃尔·毛磊也表示，与上合组织秘书处及其成员国外交官之间的非正式联系已足以维系双方的关系。①

显然，这样的态度很难用谨慎或持重等理由来解释，也不能简单归因于欧盟对上合组织的看衰。事实上，欧盟对上合组织的态度是多种原因综合作用的产物，其背后隐藏着特定的时代背景与深层次的影响因素。首先，美国对上合组织的态度会干扰欧盟的立场。在上合组织成立前后，欧盟与上合组织中的两个大国，即中国与俄罗斯保持了相对友好的关系。但同一时期，美国与中俄的关系则难言和睦。中国驻南斯拉夫大使馆被炸、考克斯报告出台与中美南海撞机事件等一系列事件导致了中美关系的后退；在俄美关系上，双方既为美国主导的北约东扩产生争吵，也因美国向中亚渗透暗中角力。在这样的背景下，上合组织的成立被美国解读为亚洲版的北约或排美联盟。2005年，上合组织成员国共同发声要求美军撤出中亚地区，同时拒绝美国以观察员身份参加上合组织峰会，这进一步强化了美国对该组织的负面印象。欧美是长期合作的盟友，双方不仅在价值观念上相近，也在全球事务中有着切实的合作。美国对上合组织的态度会在一定程度上干扰欧盟的判断，进而影响其与上合组织对话与合作的意愿。如前文所述，许多欧洲学者呼吁欧盟改变将上合组织视为反西方联盟的看法，这也从一个侧面反映出，类似的言辞在欧盟和欧洲社会内部仍有其市场。

其次，欧盟与上合组织存在价值观上的分歧。欧盟是一个价值观联盟，其外交战略带有强烈的规范性色彩。在中亚地区，欧盟希望以输出价值规范和制度规则的方式，推动中亚国家的政治转型与民主化进程，改善其人权与

---

① 戴轶尘：《欧盟中亚战略中的多边安全合作及其成效评估》，《俄罗斯研究》2015年第3期。

法治状况。而上合组织以"上海精神"为引导,秉持成员国相互尊重独立、主权和领土完整、互不干涉内政的原则,充分认可文明与发展模式的多样性。在欧盟看来,部分上合组织成员国的政治转型十分缓慢,其民主与法治状况也并不令人满意。上合组织过于强调不干涉内政的原则是对这些问题的漠视。而经过数年的发展,上合组织已经获得了许多周边国家的认可,印度、巴基斯坦与伊朗等国纷纷表达了加入上合组织的强烈愿望。但在欧盟眼中,这些国家中不乏民主与法治状况存在问题的"非自由国家",伊朗更处于被国际社会制裁的状态。在扩员标准尚不明确的情况下,一旦上合组织轻易地接纳了这些国家,则可能形成一个"非自由国家俱乐部",从而与欧盟的价值理念产生更大的抵触。

再次,欧盟希望扩大自身在中亚地区的影响力,而不是与其他大国或国际组织分享影响力。进入21世纪,中亚地区在全球政治版图中的重要性与日俱增。出于安全与能源方面的考量,欧盟开始更加积极地介入中亚事务,更是在2007年出台了"新伙伴关系战略"。但相比于中俄,欧盟是中亚事务上的"后来者"。它既缺乏与中亚国家的历史地理联系,也没有与这些国家建立密切的经济合作。从这一角度出发,欧盟提升地区影响力的有效途径是直接强化与中亚国家的双边合作。即使欧盟与上合组织在中亚存有广阔的合作空间,但这种合作可能会更多巩固中俄在这一地区的政治经济存在,而无法给欧盟带来影响力的质变。事实上,欧盟不仅对上合组织保持了谨慎的立场,也很少与中美俄等大国在中亚事务上进行合作。欧盟与美国虽然关系密切,但各自有一套与中亚国家交往的机制,美欧年度峰会一般不涉及中亚事务,双方在中亚事务上的合作也不多;欧盟与俄罗斯在中亚的合作仅限于为反恐行动提供过境通道和联合培训专家等具体事务;欧盟与中国就中亚事务的沟通则更少,双方并未开展真正意义上的合作。①

---

① 赵会荣:《俄美中欧在中亚:政策比较与相互关系》,《新疆师范大学学报》(哲学社会科学版)2014年第4期。

三 欧盟对上合组织态度的变化

进入21世纪第二个十年，全球政治格局经历了复杂而深刻的演变，中亚地区形势也发生了明显的变化。对处于政治经济转型期的中亚国家而言，这种变化可能是全方位的，但仅就影响欧盟对上合组织的态度而言，中亚地区形势的变化主要体现在如下三个方面。

第一，上合组织迅速发展并成功完成扩员。在很短的时间内，上合组织迅速成长为欧亚地区最具影响力的国际组织之一，其成员国在互信互利的基础上开展了广泛的合作，有力地维持了地区和平、稳定与发展。2017年6月，印度和巴基斯坦正式成为上合组织的成员国。至此，上合组织的覆盖区域已超过欧亚大陆的3/5，人口超过世界人口的40%，按购买力平价计算，其成员国的GDP总和超过全球GDP的20%。显然，这样一股力量是任何一个世界大国或组织都难以忽视的。随着上合组织的发展，许多对其发展前景的猜测与误判也不攻自破。其一，上合组织并未成为一个反美或反西方联盟。上合组织充分尊重各成员国独立自主的外交选择。哈萨克斯坦、吉尔吉斯斯坦等中亚成员国一直坚持"大国平衡外交"战略。它们不仅与中俄建立了密切合作，也与欧美维持了总体上的良好关系。其二，上合组织并未成为一个亚洲版北约。虽然安全合作是上合组织的重要支柱，但其安全合作聚焦执法合作与安全防务合作。上合组织无意也没有打造一个类似北约的共同军事体系。其三，上合组织并未迅速扩员以针对欧盟和北约的东扩。上合组织通过《接收新成员国条例》为主权国家加入上合组织确立了合理的标准与严格的程序。针对其他国家的申请，上合组织也采取了相对稳重和谨慎的态度。在2005年成为上合组织观察员国后，印度与巴基斯坦用了十二年才成为正式成员国。显然，上合组织并非将扩员作为针对区域外他国的一种手段，而是根据发展需要稳步推进自身的扩员进程。

第二，欧盟的"新伙伴关系战略"遇阻。2007年出台的"新伙伴关系战略"将加强能源交通联系、抵御共同威胁和挑战、法治、人权与民主化等七个方面作为欧盟与中亚国家合作的优先方向,展现了欧盟在中亚事务上的新姿态。然而,所谓七个优先的合作方向几乎覆盖政治、经济、安全、能源、教育等所有可能的合作领域,既没有突出合作的主次与重点,也未能展现欧盟的比较优势。在执行"新伙伴关系战略"的过程中,欧盟过于强调对中亚国家的规范性要求,并试图对这些国家的政治改革与民主化进程施加更多影响。这样的做法不仅遭到了中亚国家的反对,也影响了中亚国家在能源与环境等其他领域与欧盟的合作意愿。根据 EUCAM 的调查,欧盟虽然维持了在中亚国家的良好形象,但其实际影响力要落后于中俄,甚至是美国。中亚民众习惯于将欧盟与美国视为一个统一的"西方";各国政府更倾向于和欧盟成员国建立直接合作,而不是和欧盟打交道。① 美国国防部和陆军研究实验室的调查结果显示,中亚民众对欧盟的好感度在 2010 年后非但没有增长,反而有所下滑。② 这样的情况一方面说明"新伙伴关系战略"有其不足,另一方面说明单纯依赖与中亚国家的双边合作并不可取。在双边交往之外,欧盟应与中亚国家开展整体性的合作,更需要与上合组织等在中亚地区发挥重大作用的国际组织进行交流合作,以更好地维护自身在这一地区的战略利益与实际影响力。

第三,更多大国纷纷介入中亚事务。在欧盟出台"新伙伴关系战略"时,上合组织尚处于起步阶段,美国对中亚地区的兴趣仅限于安全和军事,只有俄罗斯及其主导的国际组织在中亚地区发挥着较为突出的作用。而 2010 年后,各大国都开始更加积极地介入中亚事务,覆盖中亚地区的国际组织或合作机制更是不一而足:中俄两国不仅着力推动上合组织的发展,也通过"一带一路"倡议与欧亚经济联盟等机制强化与中亚国家的合作;印度于 2012 年提出了包括 12 项具体政策路径的"连接中亚"政策,又在 2017 年加入了上合组织;美国分别于 2015 年和 2020 年推出了与中亚五国的"C5 +

---

① Sébasten Peyrouse (ed.), "How Does Central Asiaview the EU?", 2014, https://eucentralasia.eu/2014/06/how-does-central-asia-view-the-eu/.
② Marlene Laruelle and Eric McGlinchey, "Renewing EU and US Soft Power in Central Asia", EUCAM Commentary No 28, October 2017, pp. 1–2.

1"对话机制和新版的中亚战略。可以说,在当前的中亚地区格局中,大国博弈的色彩更加浓厚。有鉴于此,欧盟需要改变"以我为主"的中亚战略,加强与其他大国或国际组织的交流对话,避免各方陷入合作项目的简单重复与恶性竞争,这既符合欧盟倡导的多边合作理念,也有助于提升欧盟在中亚地区的影响力。上合组织作为在中亚地区最为重要的国际组织之一,欧盟对其态度的转变也是这一思路的自然延伸。

通过对相关政策文件的观察,我们可以看出欧盟对其中亚战略的反思和对上合组织的态度变化。2012 年,欧盟理事会出台了《欧盟中亚关系文件》,对"新伙伴关系战略"五年来的成就与问题进行总结。在这份文件中,欧盟依然将双边对话与合作作为提升双方关系的主要方式,仅在安全等少数问题上提到了与中亚国家的整体合作。而对中亚地区有重要影响力的域外大国或是国际组织则几乎没有被提及。综观整份文件,欧盟仍然将执行"新伙伴关系战略"作为双方关系发展的重点。① 2015 年,欧盟理事会出台了新一版的《欧盟中亚关系文件》,提出应以更加灵活的方式处理与中亚国家的合作。文件的第 16 条专门强调了应强化与对中亚地区有着重要影响力的大国、邻国或国际组织的对话与交流,并探索与其中亚政策的有效对接。对比 2012 年的文件,这一表述显然代表了欧盟在战略思路上的重要转变。而在文件最后,欧盟也流露出对"新伙伴关系战略"进行调整和改革的设想。② 2017 年,欧盟理事会再次推出了《欧盟中亚关系文件》,进一步强调了与各类国际组织交往的重要性,并鼓励欧盟各机构和成员国开展"多国合作"。更为重要的是,欧盟理事会明确提出要在 2019 年底之前提出新的欧盟中亚战略草案,以取代现有的"新伙伴关系战略"。③ 2019 年,这一全新

---

① Council Conclusions on Central Asia, 2012, https://www.consilium.europa.eu/uedocs/cms_Data/docs/pressdata/EN/foraff/131149.pdf.
② Council Conclusions on the EU Strategy for Central Asia, 2015, https://data.consilium.europa.eu/doc/document/ST-10191-2015-INIT/en/pdf.
③ Council Conclusions on the EU Strategy for Central Asia, 2017, https://www.consilium.europa.eu/media/23991/st10387en17-conclusions-on-the-eu-strategy-for-central-asia.pdf.

上合组织二十年：欧盟对上合组织的态度及变化

的欧盟中亚战略正式出台。除对欧盟与中亚国家的合作方向进行更加务实、更具针对性的调整，新的欧盟中亚战略充分阐述了欧盟对于合作方式的开放态度。在这个战略文件中，欧盟表示欢迎周边国家参与欧盟与中亚国家的对话与合作。对于其他大国在中亚地区的外交战略或计划，欧盟同样表示了认可与支持。在安全议题上，欧盟提到了上合组织与集安组织在中亚的关键作用。在经济等其他议题上，欧盟提到了"一带一路"倡议的重要意义。虽然并未谈及与上合组织、"一带一路"倡议等合作机制的对接问题，但欧盟明确表示，新的欧盟中亚战略不具有排他性，也尊重其他国家在这一地区的利益存在。[①] 虽然未与上合组织建立日常的对话机制，但近年来，欧盟与上合组织的接触有增加之势。自诺罗夫接任上合组织秘书长以来，他与欧盟各个机构的代表进行了多次交流，欧盟的官员及其成员国驻华使馆也在不同的场合表达了对上合组织议题的浓厚兴趣。[②] 遗憾的是，在新欧盟中亚战略启动半年后，新冠肺炎疫情在全球范围内流行。欧盟及其成员国将主要精力投入疫情防控与经济复苏之中，较少顾及外交事务。欧盟如何践行其新的中亚战略尚待时间的检验。当然，欧盟对上合组织的态度转变也不会一蹴而就。双方在价值理念上的分歧依然存在。疫情背景下上合组织成员国的动态，包括印巴矛盾的持续、中印冲突的激化与俄印关系的下行也会唤醒欧盟对上合组织发展的旧有担忧。未来，如何以客观理性的态度进行对话与合作仍将是欧盟与上合组织需要探索的课题。

---

① Elena Korosteleva and Fabienne Bossuyt, "The EU and Central Asia: New Opportunities or 'the Same Old Song'?", https://www.dahrendorf-forum.eu/the-eu-and-central-asia-new-opportunities-or-the-same-old-song/.

② Shanghai Cooperation Organisation, http://eng.sectsco.org/news/20191126/608779.html.

Y.21
乌克兰、白俄罗斯、南高加索三国对上海合作组织的认知与政策比较分析

张艳璐*

摘　要： 在世界处于百年未有大变局、国际格局日益呈现区块化的背景下，乌克兰、白俄罗斯、南高加索三国（格鲁吉亚、阿塞拜疆、亚美尼亚）都重视参与地区一体化进程，希望借助地区组织来确保自身的安全与稳定，促进经济和社会的发展。对于上海合作组织，五国虽然都存在合作的潜力，却展现出不同的认知与态度。其中，乌克兰对上合组织的认知和政策以2014年乌克兰危机为界，由此前的积极谋求加入转为目前的极少提及；格鲁吉亚则始终未将上海合作组织列为其外交重点方向；而白俄罗斯、阿塞拜疆、亚美尼亚却积极参与上海合作组织的活动，并力图在东西不同一体化进程间寻找平衡。出现这种政策选择差异主要还是受经济、国家对外战略以及地缘政治格局等因素的影响。对此，应采取加强人文交流、夯实组织建构的经济基础、发展组织间合作、强化对话平台功能等措施，突出上海合作组织非对抗性、非排他性等特点，增强上海合作组织的凝聚力和吸引力，进而推动上海合作组织的长远发展。

关键词： 乌克兰　白俄罗斯　南高加索三国　上海合作组织

---

* 张艳璐，博士，中国社会科学院俄罗斯东欧中亚研究所副研究员。

乌克兰、白俄罗斯、南高加索三国对上海合作组织的认知与政策比较分析

当今世界正处于百年未有大变局的关键时期。受新冠肺炎疫情的冲击，世界格局的"区块化"趋势逐渐明显。《区域全球经济伙伴关系协定》等一系列地区性制度安排的签署进一步表明，区域性的地区结构在全球治理中的地位正在日益凸显，地区组织在构建新的地缘政治格局、消除或减少地区竞争与冲突中的作用正在提升。在此背景下，上海合作组织（以下简称上合组织）作为地区多边组织的使命及全球地位也伴随其地域结构的扩展而改变，变得越来越重要。正如上合组织秘书长诺罗夫所指出的，伴随印度和巴基斯坦的加入，上合组织具有了洲际特征，就其人口、地域面积、自然资源储备等方面的总潜力而言，其已不仅是地区最大的组织，而且具备了世界性。上合组织将成为未来世界秩序的主要"支撑结构"之一，在建立新的国际关系体系中的作用将增强。① 同时，上合组织"互信、互利、平等、协商、尊重多样文明、谋求共同发展"的基本原则对地区各国具有较强的吸引力。正因如此，上合组织越来越受到欧亚地区国家的关注，成为它们对外战略的重要方向。鉴于这种情况，本文选取乌克兰、白俄罗斯、格鲁吉亚、阿塞拜疆和亚美尼亚等五个处于与上合组织合作不同阶段的国家，聚焦五国对上合组织的认知与政策，总结其中的共性与差异，以期为上合组织的未来发展提供政策参考。

一 乌克兰、白俄罗斯以及南高加索三国对上合组织的认知与政策

乌克兰、白俄罗斯、格鲁吉亚、阿塞拜疆和亚美尼亚等五国虽未处于上合组织地域结构的核心区，但与上合组织间的联系较为密切，并有潜力对组织未来的发展产生影响。虽然五国在地缘位置、战略资源、发展条件等诸多方面存在相似性，但对上合组织的认知与政策却各有不同。

---

① Владимир Норов: Роль ШОС в создании новой системы международных отношений будет возрастать, https://e-cis.info/news/568/81477/.

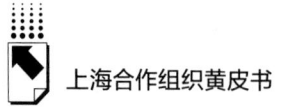

（一）乌克兰的上合组织认知与政策

乌克兰对上合组织的认知与政策以2014年乌克兰危机为分水岭，前后有较大的变化。2014年前，乌克兰关注并积极谋求加入上合组织。当时，在乌克兰看来，上合组织是一种成熟、取得广泛认可并极具前途的组织形式，是世界上唯一能够最全面覆盖欧亚大陆地理区域的组织。① 时任乌克兰外交部副部长马伊科曾指出，过去几年中，上合组织在国际政治、经济和安全等领域的作用已远远超出了区域框架，成为欧亚地区架构的组织。② 乌方认为，上合组织集合了区域内快速发展的经济体和核大国，是地区政治中一个不容忽视的重要因素。参与上合组织活动不仅能为乌克兰带来政治上的团结、经济上的繁荣，还可以恢复其旧有市场，并开拓新的市场。③ 因此，2014年乌克兰危机发生前，上合组织是乌克兰重要的外交政策方向之一。特别是在亚努科维奇执政期间，乌克兰方面积极与上合组织成员国开展双边形式合作，最大限度地有效利用已有潜力在有前景的领域与上合组织进行合作互动，恢复与上合组织国家之间的高级别政治对话，建立了广泛的部门间合作机制。④

但情况在乌克兰危机爆发后发生了转变。亚努科维奇政府倒台后，乌克兰的外交政策发生了急剧变化。融入欧洲—大西洋一体化进程以及与欧盟和北约国家的紧密合作成为乌克兰的外交重点。尽管泽连斯基2019年赢得总统选举得益于亲俄选民的支持，但这并未能改变乌克兰的对外政策方向。正如乌克兰现任外交部部长库列巴所指出的，乌克兰将

---

① *Конкуренцияis. info/news/568/8*，https：//igor - tiger. livejournal. com/1401261. html.
② *МИДрs*：//igor - tiger. livejournal. com/1401261. html *отношений бу*，https：//korrespondent. net/business/economics/1425360 - mid - kitaj - pomozhet - ukraine - poluchit - status - nablyudatelya - v - shos.
③ Гусев：//korresponden，*Перспективы развития сотрудничества Украины с Шанхайской Организацией Сотрудничествая*，https：//mgimo. ru/about/news/experts/181803/.
④ *Киев*：//mgimo. ru/about/news/experts/181803/c *Шанхай*，https：//odnarodyna. org/content/kiev - nameren - aktivizirovat - sotrudnichestvo - shos - mid.

乌克兰、白俄罗斯、南高加索三国对上海合作组织的认知与政策比较分析

延续其欧洲国家道路,成为西方的一部分,因为它最终要与俄国世界决裂。乌克兰成为西方欧洲—大西洋联盟一员的方向是不可逆转的。① 与此同时,虽然参与国际和地区多边组织活动依然是乌克兰重要的外交议程,但其主要目的是将这些组织作为与俄罗斯对抗的重要平台来加以利用。② 2014年"迈丹事件"后,乌克兰着重参与联合国、欧安组织、欧洲委员会等组织的活动,不再关注甚至退出了俄罗斯主导或发挥重要作用的国际和地方组织。也正因如此,乌克兰国内在2014年以后极少提及上合组织及与此相关的合作。

(二)白俄罗斯的上合组织认知与政策

白俄罗斯于2009年获得上合组织对话伙伴国地位,后于2017年成为上合组织观察员国。白俄罗斯的上合组织认知与政策始终保持稳定,一直积极参与上合组织的活动,推动与上合组织及其各成员国的合作。

首先,对白俄罗斯来说,上合组织是其主要的外交舞台之一。上合组织所有成员国都是白俄罗斯在国际舞台上的重要伙伴。其中,俄罗斯和中国是白俄罗斯最重要的战略伙伴,哈萨克斯坦、吉尔吉斯斯坦与白俄罗斯同为欧亚经济联盟成员国,塔吉克斯坦和乌兹别克斯坦则是白俄罗斯在独联体的重要贸易和经济伙伴。

其次,在白俄罗斯看来,上合组织是重要的国际对话谈判平台,可以成为西方同类机制的有效替代。一方面,上合组织是一个包含二十三个国家和地区的大平台。通过参与上合组织的活动可以使白俄罗斯无须组织单个访问行程,在峰会期间就可与组织框架下的各成员国、观察员国、对话伙伴国首脑进行会晤,在提高外交效率的同时,还降低了成本。另一方面,上合组织

---

① Украина/odnarodyna. org/content/kiev – nameren – ak,https://real – vin. com/ukraina – okonchatelno – porvala – s – russkim – mirom – glava – mid – kuleba.
② Олена://real,Внешняя/real – vin. com/ukraina – okonchatelno – porvala – s – russkim – mirom,http://prismua. org/25 – years – ukrainian – foreign – policy/.

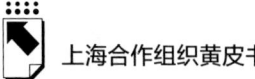

可以成为推动"赫尔辛基2.0"进程倡议①的平台之一。在明斯克看来,在上合组织框架下就相关安全与合作等一系列问题进行谈判,将有助于弥补现有矛盾解决机制的不足,创制新的欧亚大陆安全体系模式。

最后,上合组织是白俄罗斯实现本国战略目标的重要助推力。白俄罗斯对外依赖度较高,深化与国际社会的一体化进程是其重要的战略目标。上合组织致力于维护地区的稳定与发展,着力推动地区一体化进程。作为观察员国,白俄罗斯能够参与上合组织元首峰会和政府首脑理事会的公开会议,这增加了其参与地区事务和共同项目的机会,为白俄罗斯融入国际社会创造了更广阔的空间。

(三)格鲁吉亚的上合组织认知与政策

格鲁吉亚位于高加索中西部,北接俄罗斯,东南和南部分别与阿塞拜疆和亚美尼亚相邻,西南与土耳其接壤,西临黑海,是中亚和里海油气输送以及欧亚交通运输网的重要枢纽节点。尽管格鲁吉亚与上合组织国家间存在较大的共同利益,但上合组织并未被列入格鲁吉亚的外交重点。

在格鲁吉亚外交的优先事项中,加入欧洲—大西洋一体化进程占据最重要的位置。格鲁吉亚《2019～2022年国家对外战略》中明确指出,欧盟和北

---

① 1975年7月30日至8月1日,欧安会首脑会议在芬兰首都赫尔辛基举行。会后,与会三十五个国家(包括三十三个欧洲国家以及美国和加拿大)签署了《最后文件》(亦称《赫尔辛基最后议定书》《赫尔辛基协定》),就欧洲安全与合作等问题达成一致,并对处理国家间关系确定了沿用至今的十项基本原则:(1)主权平等,尊重主权;(2)不使用或威胁使用武力;(3)互不侵犯国家边界;(4)维护各国领土完整;(5)以和平方式解决争端;(6)不干涉他国内政;(7)承认并尊重人权及人的各项基本权利;(8)尊重民族平等与民族自决;(9)开展国家合作;(10)如约履行国际义务。《赫尔辛基协定》被视为各参与国达成的政治承诺,是欧安组织建立的基础。此后2008年,时任俄罗斯总统梅德韦杰夫向欧盟、北约、欧安组织、独联体及集安组织提出缔结《欧洲安全条约》的建议,希望借此创建共同的安全空间。该条约草案被认为是俄罗斯恢复1975年《赫尔辛基协定》精神和努力重新评估冷战的一部分,是俄罗斯寻找与西方之间最大安全公约数的方案,因而被称为"赫尔辛基2.0"。但由于美国及其盟友在东欧和后苏联地区推行边缘化俄罗斯的政策,"赫尔辛基2.0"倡议的推进面临较大阻力,进展缓慢。以上参见亚伦·罗德斯《〈赫尔辛基最后议定书〉签署以来欧安组织地区人权观念的变迁》,http://icas.lzu.edu.cn/f/201912/672.html 和 Алексейicas.lzu.edu.cn/f/201912/672.html912/672.html。

约的成员资格是格鲁吉亚安全、发展的主要保证，这是基于格鲁吉亚文明选择的结果，是公众广泛同意的结果，并体现在国家宪法中。为实现这一战略目标，格鲁吉亚计划引入新的动力，充分利用现有工具，同时，在新的对外战略中，格鲁吉亚计划深化与伙伴国和国际组织的合作，以确保在该国保持民主原则和价值观，这不仅是该国履行其国际义务的先决条件，而且也是该国的福祉和发展之所在。

此外，格鲁吉亚还计划最大限度地利用确认里海国家地位为区域各国所带来的运输能力，加强与阿塞拜疆和土耳其的三边合作。格鲁吉亚《2019~2022年国家对外战略》指出，与阿塞拜疆的现有关系将在未来继续发展，并且将更加牢固，为此将提出新的倡议。① 需要指出的是，阿塞拜疆与土耳其分别是上合组织的对话伙伴国和观察员国，格鲁吉亚加强与这些国家的关系将间接地增强其与上合组织之间的联系，增大格鲁吉亚与上合组织直接合作的可能性。

（四）阿塞拜疆的上合组织认知与政策

2015年，在上合组织乌法峰会上通过了给予阿塞拜疆上合组织对话伙伴国地位的决议。2016年，阿塞拜疆完成相关程序，正式成为上合组织的对话伙伴国。正如阿塞拜疆总统阿里耶夫所指出的，这是朝着完全融入上合组织迈出的第一步。② 对于阿塞拜疆而言，上合组织不构成威胁，发展与深化与上合组织的关系和合作不仅符合阿塞拜疆的国家利益，而且与其内外政策的基本逻辑相契合，还将为阿经济发展创造更好的条件，也将为其解决纳卡问题等地区冲突提供新的政治平台。

在阿塞拜疆方面看来，上合组织是一个有趣的地区平台，在这里可以讨论从安全到经济等各类迥异的问题。③ 它代表一种新的国际生活形式，不同

---

① Грузияй：//eurasia. expert/zachem - belarusi - nuzhno - uchastie - v - ，https：//moscow - baku. ru/news/politics/gruziya_ opredelila_ prioritety_ sotrudnichestva_ s_ azerbaydzhanom/.
② Севиндж/moscow - bak，Азербайджансоw - baku. ru/news/politics/gruz，https：//tass. ru/mezhdunarodnaya - panorama/3494001.
③ Дttps：//tass. r，ttps：//tass. ru/mezhdunarod，https：//ru. echo. az/？ p = 69223.

的国家不相互预设条件,而是试图找到共同的利益,从而以和谐的方式解决问题。① 与此同时,在欧美等原有世界经济中心的实力与地位日益衰弱的情况下,上合组织内部及其周围正在形成一个富有前景的经济发展带,并将成为各种一体化和经济伙伴关系计划的推进基础。正如阿塞拜疆总统战略研究中心主任法哈德·马马多夫所指出的,随着制度建设日益成熟,上合组织正在成为一个相当有效的新合作平台。② 不仅如此,在欧安组织的危机管控潜力早已耗尽的情况下,上合组织还可以成为与涉事各方讨论纳卡问题的新平台,成为阿塞拜疆向国际社会传达其在亚阿冲突中立场的另一平台。③

然而,阿方同时认为,虽然与上合组织的和睦关系将使阿塞拜疆在世界经济和地缘政治新格局中获得好处,但正式成员的身份并不会给阿塞拜疆带来任何特别的实际红利。在其看来,上合组织是一个泛亚洲组织,其主要参与者是偏向亚洲中东部的国家。阿塞拜疆远离上合组织的地理中心。加入上合组织对阿塞拜疆的实际好处依然很少。④ 对于阿塞拜疆而言,最好是与上合组织建立双边关系,而不是陷入超国家组织结构之中。上合组织观察员国地位是其现阶段最优选择。对于阿塞拜疆来说,成为观察员国不仅能使其更充分地利用这一世界上最具影响力的组织之一,便捷地融入欧亚经济发展规划,进入亚洲大市场,还能够实现各一体化进程同步推进,不会因参与上合组织活动而失去与欧洲在能源、运输等领域已有的合作。⑤ 基于此,阿塞拜疆目前正在积极申请成为上合组织的观察员国,并已获得俄罗斯的支持。

(五)亚美尼亚的上合组织认知与政策

亚美尼亚于 2016 年正式成为上合组织的对话伙伴国。在亚美尼亚方面

---

① *Азербайджанеcho. az/? p = 69223. az/? p = 69223 " /3494001ra.* ербайджэкспертов, https: //moscow - baku. ru/news/politics/azerbaydzhan_ mozhet_ stat_ vygodnym_ partnerom_ dlya_ shos_ mnenie_ ekspertov/.
② https: //lnews. az/news/azerbaydzhan-i-shos-napravlenie-wostok
③ https: //politinform. su/32627-zachem-azerbaydzhanu-zahotelos-v-shos. html
④ https://ru. echo. az/? p =69223
⑤ https: //yerkramas. org/article/srticle/1440079/azerbajdzhan-proyvaetsya-v-evraiyu-i-obgonyaet-armeniyu-v-shos.

看来，上合组织是亚洲区域合作组织。亚美尼亚是所谓"大中东地区"的一部分，位于上合组织的建构地域，参与该一体化进程完全合乎逻辑。① 同时，作为集体安全条约组织和欧亚经济联盟成员国，亚美尼亚参与上合组织是迈向地区一体化进程的理性选择及合理步骤。②

亚美尼亚非常重视上合组织，期望获得上合组织观察员国的身份。这一方面是由于获得观察员国地位将使其可以更有效地参与这一有影响力的一体化进程，参加组织框架下各项议题的讨论，与上合组织各成员国建立直接联系，并为亚美尼亚在上合组织国家的市场推广自己的产品和服务提供机会。③

另一方面，亚美尼亚还期望借此打破对外交通闭塞的状态，拓展对外交往的途径，提升自身地缘价值。目前，除了过境格鲁吉亚外，亚美尼亚事实上被剥夺了与其他国家之间的直接铁路联系。而亚美尼亚是唯一与伊朗接壤的欧亚经济联盟国家。亚方希望充分利用这一优势，以恢复其欧亚物流转运能力。在亚美尼亚方面看来，亚美尼亚—伊朗铁路的建设将确保欧盟国家从波斯湾向印度洋的出口，并且这一铁路项目有潜力成为在不同一体化进程交界处合作的示范项目，具有较大的战略意义。④

二 影响五国对上合组织认知与政策行为的因素分析

全球化改变了构成国际关系基础的国家利益的内容，使各种一体化组织和跨国公司进入政治历史的最前沿。透过以上论述不难看出，在一体化进程已成为当代国际关系最重要趋势之一的背景下，各国都重视与国际组织的合作，积极参与各地区一体化进程。在其看来，国际组织的目的是维护和平，

---

① http：//analitikaua.net/2013/parallelno-s-tamozhennyim-tamozhennyim-soyuzom-armeniya-stremisya-i-v-shos-poka-v-statuse-nablyudatelya/.
② https：//politinform.su/32627 – zachem – azerbaydzhanu – zahotelos – v – shos.html.
③ https：//verelq.am/ru/node/2445.
④ https：//blognews.am/rus/news/289636/armeniya – i – shos – nadezhdiy – i – realnost.html.

确保安全与稳定，促进区域社会经济的发展。虽然在对国际组织的认知上存在共性，但在具体的政策选择上，各国却有所不同。乌克兰和格鲁吉亚着力融入欧洲—大西洋一体化进程，而白俄罗斯、阿塞拜疆和亚美尼亚则采取多向策略，同时参与各相关国际组织的活动，并力图在东西方不同的一体化进程之间寻找某种平衡。那么是哪些因素在影响国家对国际组织的政策选择呢？

其中最重要的是经济因素。例如阿塞拜疆，经济因素就是其赞成与上合组织和睦相处的最重要依据。对于阿塞拜疆而言，与上合组织的合作首先是其在实施跨国运输项目方面具有吸引力，这为利用自身过境潜力和积极利用其领土从东南亚向欧洲运输货物开辟了机会。阿塞拜疆也没有掩盖其成为该地区重要运输枢纽的意图。阿塞拜疆总统阿利耶夫曾指出："我们（阿塞拜疆）的地理位置决定了阿不仅应成为区域运输中心，还应成为全球运输中心。这符合我国的政治利益，并将带来更大的利益。"[1] 同时，与上合组织建立一体化关系也可以为阿塞拜疆打开一个新的投资来源，尤其是中国可能成为阿塞拜疆经济的新投资来源，亚洲基础设施投资银行也可以为其提供更多的融资机会。

此外，国家的对外战略重点设置在各国对国际组织的政策选择中同样发挥重要的影响作用。比如白俄罗斯，其对外政策注重开放性、建设性、原则性以及灵活性，致力于建立互惠互利的对话关系，在国际舞台上奉行多向外交原则。白俄罗斯与上合组织间的合作正是其外交战略的重要体现。白俄罗斯在实施与中亚地区各国对外经济联系多样化战略的框架下，近期加大了与上合组织参与国的经贸合作力度。又比如阿塞拜疆，伴随其国际地位的提升，阿塞拜疆转而采取"进攻性外交"策略。在阿方看来，与西方相制衡的东方地缘政治力量日渐形成，上合组织正是其中重要的组成部分。积极发展与上合组织及其主要参与国之间的关系与合作不仅符合其"进攻性外交"逻辑，更可借此扩大其影响力。

---

[1] Севиндж/odnarodyna，Азербайджанаrodyna.org/content/kiev － namer，https：//tass.ru/mezhdunarodnaya－panorama/3494001.

乌克兰、白俄罗斯、南高加索三国对上海合作组织的认知与政策比较分析

最后，地缘政治格局也是地区小国在做出是否参与或者如何参与一体化进程时的重要考量因素。以格鲁吉亚为例，阿布哈兹和南奥塞梯问题决定其在当今世界格局中的地位。格鲁吉亚在许多方面并不是国际关系的主体，而是俄罗斯和西方之间为扩大自己在后苏联空间的影响力进行地缘政治斗争的对象。事实上，从某种意义上来说，政治上都假设小国始终处于地区领导的地缘政治影响之下。以格鲁吉亚为代表的后苏联地区国家参与国际关系体系的经验表明，小国需要付出更多努力，利用所有可能的外交形式，以和平解决国内政治冲突，并试图在后苏联空间以及世界政治的全球空间平衡自己的现实地位。而格鲁吉亚的立场转变将可能对南高加索地区局势的稳定和相关一体化进程的发展趋势产生重要的影响。

三 可能应对措施的思考

针对上述情况，在推进上合组织发展的过程中可以考虑采取以下措施，以突出上合组织的独特性，增强上合组织的凝聚力和吸引力。

第一，加强人文交流，讲好"上合故事"，使各国对上合组织及"上海精神"有更深入的了解，消除顾虑，增强信任，进而增强上合组织的内聚力。

"互信、互利、平等、协商、尊重多样文明、谋求共同发展"的"上海精神"是上合组织构建的基础，更是上合组织对外吸引力的重要来源之一。正如阿塞拜疆学者所指出的，传统上对参加任何政治和军事联盟都非常谨慎的巴库之所以被上合组织吸引正是基于该组织的非对抗性以及非排他性，因为这个组织的大多数成员希望同时与西方合作。[①] 鉴于此，可加强组织框架内外的人文交流，讲好"上合故事"，让各参与国对上合组织、"上海精神"有更深入的了解，打破传统"二元对立"思维的禁锢，增强上合组织的内聚力，推动上合组织发展。

---

① Севиндж/тбдуллаева, Азербайджануллаеваш глимхановна, ics/azer, https://tass.ru/mezhdunarodnaya-panorama/3494001.

第二,加强上合组织与其他国际组织间的合作,拓展上合组织的影响范围,提升上合组织在新世界秩序构建中的地位与作用,进而增强上合组织的外聚力。

上合组织现阶段重要的任务是在伙伴国与"上海大家庭"之间建立一种关系体系,以使每个国家能够有潜力支持现有优先事项,确保地区的安全与稳定,扩大贸易、经济、文化和人道主义互动。在这方面,上合组织与其他国际组织间的合作将发挥重要作用。一方面,伴随全球化的深入,国际组织已成为重要的国际政治行为体。国际组织间的合作将对新秩序、新标准的制定产生影响。例如,欧亚经济联盟与上合组织之间运输物流领域的合作就将直接关系到运输物流领域标准的制定。另一方面,国际组织间的合作还将带动组织成员国间的互动,提升组织的影响力。目前,正在推进上合组织—欧亚经济联盟—亚太经合组织运输和物流发展联席会议,并探讨东盟与上合组织之间关系正式化的前景。除此之外,还可考虑发展与古阿姆集团、维谢格拉德集团等次地区组织的关系,吸引乌克兰、格鲁吉亚等潜在国家参与上合组织框架下的对话与合作,增强上合组织的外聚力,进而拓展上合组织的影响范围。

第三,强化上合组织对话平台功能,加强上合组织框架下双边或小多边对话机制的构建,增强上合组织的对内吸引力。

持续不断的对话,尤其是基于长期共同战略利益的对话,有助于增进相互理解、信任和寻找新的联系点。上合组织成员国、观察员国、对话伙伴国都对上合组织的对话平台功能具有较高的诉求,希望借助上合组织这一平台增进彼此的了解和信任,表明自身立场,开展政治对话。对此,上合组织可考虑在上合组织的框架下构建更多的双边或小多边对话机制,强化上合组织的平台功能,强化各国对上合组织的归属感,增强上合组织的权威性。

第四,加强经济领域合作,寻找更多的利益共同点,巩固上合组织发展的经济基础,进一步增强上合组织的对外吸引力。

事实上,最能全面展现全球和地区一体化潜在能力的因素是对外经济活动指标及其发展方向。为此,在青岛举行的上合组织峰会上,成员国领导人一致表示支持为贸易和投资创造有利条件，制订新的多边贸易和经济合作综合计划，以逐步实现货物、资本、服务和技术的自由流通。青岛峰会上通过了上合组织成员国元首关于贸易便利化的联合声明。除此之外，上合组织青岛峰会还通过了一揽子关于刺激小微企业发展、海关互动、旅游业发展、食品等领域合作的决议。与此同时，《上海合作组织成员国间区域合作发展计划》正在制定中，其旨在促进上合组织成员国区域之间的互动合作，并将为此设立相应的元首论坛。伴随上合组织经济基础的加强，上合组织的对外吸引力将进一步提升。

总而言之，在世界格局区块化的背景下，乌克兰、白俄罗斯、格鲁吉亚、阿塞拜疆、亚美尼亚等国对是否参与地区一体化进程存在各自的认知与政策，但都认为应该通过积极融入国际社会来维护国家稳定，实现国家利益，谋求国家发展。但在如何参与以及参与哪些地区组织的问题上则受经济、政治、国际局势等因素的影响，各自做出了不同的政策选择。对此，应采取加强人文交流、夯实经济基础、发展组织间合作、强化平台功能等措施予以应对，从而增强上合组织的凝聚力和吸引力，推动本组织的长远发展。

大 事 记
Appendix

Y.22
上海合作组织大事记

高焓迅*

1月

1月7日 上合组织秘书长会见伊朗驻华大使。应伊朗方面请求，上合组织秘书长诺罗夫在上合组织秘书处会见了伊朗伊斯兰共和国驻华大使克沙瓦尔兹·扎德先生。双方就当前中东局势交换了意见，双方呼吁有关各方保持最大限度的克制，以期寻求解决冲突的最佳政治外交途径，避免中东紧张局势进一步升级。

1月9日 上合组织秘书处举行阿富汗问题圆桌会议。来自成员国的阿富汗问题专家以及成员国常驻秘书处代表、驻华使团官员与会。会议就阿富汗当前局势、阿富汗内部对话发展前景等问题交换了意见，并讨论了上合组织的作用以及上海合作组织—阿富汗联络小组在促进阿富汗

---

* 高焓迅，博士，中国社会科学院俄罗斯东欧中亚研究所助理研究员。

实现和平与稳定方面的能力，阐述了各自对圆桌会议议程中各个问题的看法。

1月14~15日 上合组织秘书长访问印度。应印度共和国外交部的邀请，上合组织秘书长诺罗夫在瑞辛纳对话会框架内，在新德里参加瓦尔代国际辩论俱乐部会议，会上主要讨论欧亚地区的政治经济合作问题。访印期间，诺罗夫秘书长与印度外交部和商务部领导人举行会谈，会见印度工商会联合会及商界人士，并在印度世界事务委员会发表讲话。

1月30日 上合组织秘书长高度评价中国政府防疫政策。上合组织秘书长诺罗夫在回答新华社记者关于疫情看法的问题时表示："我们注意到，中华人民共和国主席习近平和中国政府高度重视疫情防控防治，迅速采取一系列有力措施阻止疫情蔓延。"诺罗夫秘书长表示，相信在中国国家主席习近平领导下，智慧坚强、勤劳勇敢的中国人民一定能够尽早战胜疫情，全面打赢这场疫情防治阻击战。

2月

2月3日 上合组织观察员团在阿塞拜疆展开工作。应阿塞拜疆外交部邀请，上合组织观察员团对阿塞拜疆议会非例行大选的筹备和实施展开观察工作。观察员团由上合组织副秘书长卓农领队，成员由上合组织成员国立法、行政和选举机构的代表及上合组织秘书处的官员组成。观察员团的工作侧重于调查选区的筹备情况，监测投票进程和竞选活动，统计票数以及对已投票的选民、候选人代表和其他观察员进行调查询问并发表联合声明。

2月14日 上合组织对外发布关于支持中国抗击疫情的声明。声明指出，根据2018年6月10日签署的《上合组织成员国元首关于在上合组织地区共同应对流行病威胁的声明》精神，成员国愿向中方提供必要的协助并开展密切合作，呼吁国际社会在世界卫生组织框架内加强协作，共同维护地区和国际公共卫生安全。成员国坚信，各方通过协调努力和相互支持，将有效制止疫情扩散并成功战胜疫情。

2月18～20日 上合组织成员国国防部长会议专家工作组第九次会议在巴基斯坦伊斯兰堡举行。会上讨论了上合组织成员国国防部门合作的热点问题，包括与2020年在俄方担任轮值主席国期间举行活动有关的若干问题。各方批准了上合组织成员国国防部长会议专家工作组2020年的活动计划草案，并就制定上合组织成员国国防部门交换军事安全领域情报的路线图草案进行了探讨。

2月27日 上合组织秘书处和联合国欧洲经济委员会在日内瓦举办高级别联合活动。该活动主题为"落实欧亚洲际运输走廊沿线2030年可持续发展议程"。上合组织成员国、观察员国和对话伙伴国代表以及联合国成员国代表出席了这一活动。活动期间还就排污对环境的不利影响、关税自由化、提高上合组织和欧洲经济委员会成员国的运输潜力等问题进行了富有建设性的意见交流。

2月28～29日 上合组织派驻塔吉克斯坦观察员团在选举日前夕对该国各州及区中心选举进程实施监督。监督期间，上合组织观察员实地考察了州和地方选举委员会开展的工作，了解了议员候选人的情况，并多次与选民、政党代表、国际和地方观察员进行沟通，并接受了当地电子媒体和平面媒体的采访，介绍了上合组织在其成员国开展观选活动的目的、任务和做法，分享了与塔吉克斯坦议会选举负责人交流后的心得体会。

2月29日 上合组织出席美国与塔利班和平协议签字仪式。美国阿富汗事务特使哈利勒扎德和塔利班政治领导人巴拉达尔分别代表美国和塔利班签署该协议。此外，美国将就《关于释放因冲突而被关押的5000名政治犯及俘虏协议》与各相关方进行合作，以加强各方之间的信任和协调。上合组织秘书长弗拉基米尔·诺罗夫出席了美国政府与阿富汗塔利班和平协议签字仪式。

3月

3月2日 上合组织与联合国毒品和犯罪问题办公室将在第63届联合

国麻醉药品委员会会议框架下举行特别活动。活动主题是"联合国与上合组织联合禁毒：打击暗网之上的毒品贩运"，上合组织将在联合国维也纳办事处设立上合组织信息台，并介绍上合组织为解决世界毒品问题而开展的活动。其间，上合组织秘书长诺罗夫会见了乌兹别克斯坦国家毒品管制信息和分析中心主任纳祖拉耶夫，双方就加强禁毒合作、实施《上海合作组织成员国禁毒战略行动规划落实工作计划》等问题交换了意见。上述工作旨在完善上合组织空间内打击贩毒、预防吸毒和治疗吸毒者的体系。

3月11日 上合组织秘书长诺罗夫在接受塔斯社采访时高度评价中国政府的抗疫措施。诺罗夫指出："我们高度评价中国政府抗击新冠肺炎疫情并使局势恢复正常所采取的果断有效措施。"上合组织秘书处曾发布短片，向武汉和中国人民就中国政府为抗击疫情采取有效行动表示支持。视频获得热烈反响，各媒体平台浏览量约300万。上合组织成员国就疫情正式发表声明，愿向中方提供必要协助。

3月13日 "独联体+世界"国际经济论坛在莫斯科举行，独联体国家政商两界代表与会，上合组织代表参会。会上，上合组织秘书长诺罗夫向全体会议嘉宾致辞，通报了2019~2020年俄罗斯担任上合组织轮值主席国期间计划将举办90余场国际活动的情况，并介绍了拟于2020年7月23日在圣彼得堡上合组织成员国元首理事会会议上通过的文件。

4月

4月1日 上合组织卫生部长会议专家筹备会以视频方式举办。这是上合组织框架内第一次召开视频会议。与会成员国结合新冠肺炎疫情全球扩散情况，讨论了确保上合组织成员国生物安全的任务，并介绍了本国疫情发展情况。会议就加强上合组织框架内合作问题进行了讨论，旨在加强对新冠肺炎疫情发展情况的控制，寻求治疗确诊患者的有效方案。

4月23~24日 上合组织银联体举行视频研讨会。会议主办方为上合组织银联体轮值主席——俄罗斯对外经济银行国家开发集团。此次会议有上合组织成员国、观察员国和对话伙伴国的多家银行共计50多名代表参加，就银行在国际贸易、信贷和投资方面的现实经营问题，本国货币的实际使用问题，以及加强上合组织银联体在帮助各国摆脱疫情影响、恢复经济发展方面作用的问题展开了讨论。

4月29日 上合组织秘书长诺罗夫与中国外交部副部长乐玉成通电话。双方就新冠肺炎疫情及上合组织为抗疫斗争所做努力等问题交换意见。双方表示将新冠肺炎疫情政治化不可接受，疫情是国际社会面临的全球挑战，需要采取协调一致的行动予以应对。

5月

5月7日 上合组织参与卫国战争胜利日纪念活动。应俄驻华大使杰尼索夫邀请，上合组织秘书长诺罗夫出席了在北京举办的庆祝伟大卫国战争胜利75周年的音乐会和招待会。出席活动的有上合组织各成员国、观察员国和对话伙伴国的多位驻华使节。

5月13日 上合组织成员国外长会以视频方式举行。会议重点讨论了新冠肺炎疫情全球蔓延情况下上合组织成员国的合作问题、确保区域安全与稳定等问题，并讨论了本组织在国际关系体系中的作用，还在俄罗斯担任上合组织轮值主席国框架下讨论了成员国元首理事会会议的筹备工作以及其他活动准备情况。

5月20日 上合组织秘书长诺罗夫出席国际刑警组织以视频方式举行的第四次对话会议。此次会议主题是"富有成效的应对全球威胁的多边执法架构"，会后通过了一项联合公报，该公报考虑到疫情大流行引发的跨境犯罪威胁，指出在紧急情况下执法机构进行多边合作的重要性，各方赞同以视频工作会的形式确保定期国际合作。

5月22日 上合组织成员国旅游部门领导人召开会议。会议通过并实施了各种支持经济及旅游业、交通运输业、酒店业等受疫情影响最严重行业的发展方案。该发展纲要的实施将为上合组织成员国吸引更多的旅游流量，改善各国的经济状况，创造新的就业岗位，扩大本地产品销售市场，创造条件吸引投资，促进民族文化和传统的复兴，深化国家间的文化经济联系，为进一步发展本区域交通基础设施创造有利条件。

5月26日 应俄罗斯方面邀请，上合组织秘书长诺罗夫出席了以视频会议形式召开的集体安全条约组织成员国外交部部长理事会会议。会议期间，各方就当前国际和区域形势发展及其对集体安全条约组织成员国安全的影响和集安组织、上合组织、独联体三者之间的合作前景交换了意见。

6月

6月1日 欧安组织秘书长感谢上合组织在应对新冠肺炎疫情方面给予的支持。欧安组织秘书长格雷明格在致函中对上合组织在抗击新冠肺炎疫情和解决地区和平稳定问题方面给予的支持表示感谢。同时，欧安组织强调了有效的多边和机构间合作的重要性，重申了欧安组织将积极致力于进一步扩大与其他国际和区域伙伴的合作。

6月9日 上合组织秘书长诺罗夫出席了题为"加强全球抗疫合作，构建人类命运共同体"的云论坛。本次活动由中国社会科学院联合主要国际智库主办，参会各方均认为中国在抗击新冠肺炎疫情方面采取了果断行动，取得了积极成果，为全球抗疫做出了巨大贡献。

6月24日 上合组织秘书长会见亚投行行长。双方就全球疫情蔓延下恢复和巩固世界经济和贸易，并加强各国在交通运输、海关、动植物检验检疫及其他领域的协调行动以维护区域安全等问题进行了交流。双方还就进一步强化亚投行与上合组织银联体之间伙伴关系，加强与上合组织秘书处的联系等问题展开讨论。

6月30日 上合组织大学协调委员会会议首次以视频方式举行，本次会议就成员国经济社会发展和推进教育、科技一体化进程等培养高水平专业人才问题进行了探讨。成员国重点高校负责人与会。

7月

7月7日 俄罗斯工业贸易部以视频方式主持召开上合组织国家"出口战略问题圆桌会议"。上合组织成员国的70余名专家、银行业和企业界代表出席本次会议。圆桌会议与会者讨论了在上海合作组织地区发展经贸合作和联合开展电子商务方面的一系列问题。

7月7日 上海合作组织睦邻友好合作委员会与中国医院协会联合举办了以"互帮互助,谋求共同福祉"为主题的网络研讨会,本次活动是关于使用信息技术进行新冠病毒防控、诊断和治疗及提高医院应对公共卫生领域紧急情况能力的四场会议中的第一场。中国著名医疗机构专家出席,并与上合组织成员国医疗机构代表进行了沟通和交流。

7月8日 上合组织成员国卫生专家会议举行,会上,上合组织各成员国代表对本国目前疫情状况以及对可能再次出现扩散的准备情况进行了通报。各方就进一步合作交换了意见。各方极其关注上合组织成员国卫生部长会议筹备情况,将该次会议定于2020年7月下半月举行。会议讨论了《部长级会议最后声明》草案。

7月16日 "上合组织:区域合作与一体化发展之路"视频研讨会举行。上合组织秘书处与巴基斯坦全球战略研究中心为本次会议的主办单位,会议就上合组织框架下主要合作方向问题进行交流和互动,约有300人参加了网络研讨会,会议相关情况得到了媒体的广泛报道。

7月24日 上合组织成员国第三次卫生部长会议以视频方式召开。会议由俄罗斯卫生部部长穆拉什科主持。在通过的《会议成果声明》中,与会各方发言呼吁上合组织成员国同舟共济、团结协作,共同抗击新冠肺炎疫情。

8月

8月1日 中国上海合作组织睦邻友好合作委员会举办上合组织传统

医学论坛视频会议,该论坛主题为"传统医学疫情防治经验交流,传统医学独特优势意见交流",出席会议的有上合组织成员国、观察员国和对话伙伴国的医学专家。上合组织秘书长诺罗夫参加会议并发表了题为"发挥传统医学独特优势,团结合作抗击新冠疫情"的报告。

9月

9月9日 俄罗斯总统普京以视频方式会见了上合组织各成员国外长。普京指出,虽然面临新冠病毒大流行威胁,但上合组织仍基于平等互利原则,在保障欧亚地区和平、安全和可持续发展方面发挥着重要作用。同时,普京总统特别强调了上合组织在消除涉及地区矛盾、恐怖主义威胁、非法毒品贩运、有组织犯罪及信息通信技术犯罪的政治风险和跨境安全挑战方面所做的对外协调工作。

9月10日 上合组织成员国文化部长第十七次会晤通过视频连线方式举行。会议讨论了过去一个阶段文化和艺术领域合作的发展情况,就近几次文化部长会晤所达成共识的落实情况交换了意见,并讨论了在新冠肺炎疫情期间对文化机构提供支持的问题,会后发表了新闻声明。

9月10日 上合组织成员国外交部长理事会会议在莫斯科举行。俄罗斯联邦总统普京以视频方式集体会见了成员国外长,会议重点研究了在新冠肺炎疫情全球持续蔓延背景下,上合组织合作现状和未来发展前景。会后发表了联合新闻公报。

9月15日 上合组织成员国安全会议秘书第十五次会议在俄罗斯联邦安全会议秘书帕特鲁舍夫的主持下以视频方式顺利举行。会议就应对上合组织地区安全挑战与威胁的联合实践活动交换了意见。会议强调,当前需要密切关注的焦点仍然是共同打击恐怖主义、分裂主义、极端主义、毒品和武器非法贩运、跨境有组织犯罪、现代信息通信技术犯罪及非法移民问题。各发言嘉宾一致强调推进阿富汗军事政治局势正常化的重要性。

9月16日 上合组织秘书长诺罗夫就在多哈(卡塔尔)启动的阿富汗

内部谈判发表声明。声明指出，上合组织对在卡塔尔首都多哈启动的阿富汗伊斯兰共和国政府与塔利班之间的包容性谈判表示欢迎。

9月28日 上合组织就纳卡地区局势恶化发表声明。声明指出，上合组织对阿塞拜疆和亚美尼亚在纳戈尔诺－卡拉巴赫冲突区的局势恶化表达极度关切。上合组织愿在加强欧亚空间互相信任、睦邻友好氛围的背景下继续与上合组织对话伙伴国阿塞拜疆和亚美尼亚开展多边多层面合作。

10月

10月7日 上合组织发表关于吉尔吉斯共和国局势的声明。声明指出，上合组织对吉尔吉斯共和国所发生的事件表示关切，上合组织希望吉尔吉斯共和国能够根据本国宪法尽快稳定国内局势。

10月14日 上合组织观察团发表关于监督塔吉克斯坦共和国总统选举筹备工作和举行过程的声明。声明指出，本次选举拥有广泛竞争基础，竞选活动公开透明，民间代表积极参与，为公民做出独立自主的选择创造了良好条件；塔吉克斯坦共和国总统选举符合现行法律及塔吉克斯坦所承担的国际责任；观察团未发现任何违反国家选举法的行为；观察团认为，刚刚结束的塔吉克斯坦共和国总统选举公开、自由、合法。

10月16日 上合组织成员国司法部长第七次会议以视频方式举行，会议由印度法律和司法部部长拉维·尚卡尔·普拉萨德主持。根据会议议程，总结了上合组织成员国司法部长第六次会议以来的交流与合作成果。

10月20日 上合组织成员国总检察长第十八次会议以视频方式举行，会议主题为"打击腐败的当前实践和有效机制"，上合组织观察员国和对话伙伴国的总检察长也参加了会议。会议通过了举办反腐败合作圆桌会议、学术会议、培训研讨会和网络研讨会，巩固多边努力成果，使各方能够制定预防和打击腐败的新举措。

10月21日 上合组织农业部长第五次会议在俄方主持下以视频方式召

开。联合国粮农组织副总干事兼欧洲和中亚地区代表拉赫马宁参加了本次会议。会议讨论了各国农业的总体状况和前景，并就减轻新冠肺炎疫情的影响交换了意见和经验。会议审议了《〈上海合作组织成员国政府间农业合作协定〉2021~2025年落实措施计划》和《〈上海合作组织成员国粮食安全合作纲要〉落实计划》。会后各方签署了会议纪要并通过了《上海合作组织成员国农业问题信息通报》。

10月22~23日 首届"上合组织+"国际政党论坛以视频会议方式举行，上合组织成员国、独联体、金砖国家、东盟等四十多个国家的主要政党政要和专家参加了本次论坛。本次活动的主题是"经济为民"。俄罗斯联邦总统普京，统俄党主席、俄罗斯联邦安全会议副主席梅德韦杰夫向会议致欢迎辞。本次会议旨在加强上合组织在制定集体措施以稳定疫情和应对疫情造成的社会经济危机方面的作用。

10月28日 上合组织成员国交通部长第八次会议以视频方式举行。会议强调在交通运输领域引入数字技术以及在组织国际货物过境运输时与海关、动植物检疫和其他监管机构建立合作非常重要。会议特别强调了上合组织成员国为遏制运输过程中新冠肺炎疫情传播所采取的措施。会后，各方代表共同签署了会议纪要。

10月29日 上合组织成员国首届地方领导人论坛以视频方式举行。论坛由俄罗斯联邦车里雅宾斯克州州长捷克斯列尔主持，印度、哈萨克斯坦、中国、吉尔吉斯斯坦、巴基斯坦、俄罗斯、塔吉克斯坦、乌兹别克斯坦等国地方政府和经贸部门领导人应邀参加。

10月30日 上合组织成员国最高法院院长第十五次会议以视频方式举行。此次会议由哈萨克斯坦共和国最高法院主办。会议就加强保护消费者权益和销售者权利的问题展开讨论，会后通过联合声明。

10月30日 上合组织银行联合体理事会第十六次会议以视频方式召开。会议主题为"后疫情时代的联合行动"。参会成员为上合组织成员国主要银行的董事会主席。会议期间上合组织银行联合体成员签署了银行联合体消除疫情对上合组织国家经济影响的抗疫"路线图"，讨论了在上合组织空间扩大本国货币使用问题的联合办法。会后,各方代表签署了会议纪要。

10月30日 上合组织青年理事会第十三次会议以视频方式举行,上合组织青年理事会各国代表围绕当今时代的主要问题展开了讨论,包括志愿服务工作、青年为抗疫斗争所做的贡献、在疫情条件下支持上合组织成员国的商业和创业活动等。会后,与会代表们审议了2020年至2021年的工作计划提案。

11月

11月10日 上合组织成员国国家元首理事会会议以视频方式举行。成员国元首根据世界政治和经济的进程,审议了上合组织活动发展状况和优先任务。成员国元首一致认为,当前国际关系正发生深刻变化,上合组织已成为建立具有代表性、公正全球秩序的重要支柱之一。会议通过了《上海合作组织成员国元首理事会莫斯科宣言》和《上海合作组织成员国元首理事会关于第二次世界大战胜利75周年的声明》;批准了《〈上海合作组织至2025年发展战略〉2021—2025年落实行动计划》《上海合作组织成员国在数字化时代发展偏远和农村地区的合作构想规划》《上海合作组织成员国应对地区流行病威胁联合行动综合计划》。通过了上合组织秘书长和上合组织地区反恐怖机构执行委员会主任关于2019年主要活动结果的报告。此外,吉尔吉斯共和国成立并运行比什凯克上合组织文化交流中心的计划获得支持。

11月24~26日 首届上合组织青年科学家竞赛(印度提议)举行,竞赛围绕农业和食品工业、可持续能源和储能、生物技术和生物工程、环境保护和合理利用自然资源等课题展开。参加本次活动的年轻科学家(年龄不超过35岁)来自上合组织各成员国(20位参与者)。年轻的参会科学家,将在相应的专题会议上介绍自己的科学文章,阐述他们的科技成果、新想法和所做实践。

11月30日 上合组织成员国政府首脑(总理)理事会第十九次会议以

视频方式举行，会议由印度副总统奈杜主持。会议就当前国际和地区经济发展形势和前景，讨论了推动符合上合组织成员国人民利益的经贸和人文合作优先举措。会后，各国政府首脑发表联合公报。

12月

12月14日 上合组织代表出席联合国第二十三届可持续发展大会第一届全体会议并发表讲话。上合组织秘书长诺罗夫介绍了海拉顿—马扎里—沙里夫铁路和马扎里—沙里夫—白沙瓦公路项目，并介绍了《〈上海合作组织至2025年发展战略〉2021—2025年落实行动计划》《上海合作组织成员国在数字化时代发展偏远和农村地区的合作构想规划》《上海合作组织成员国应对地区流行病威胁联合行动综合计划》等上合组织框架下的合作文件。

12月21日 上海国际问题研究院和亚信秘书处举办第八届亚信智库论坛国际圆桌会议，上合组织秘书长诺罗夫出席会议并致辞。会议讨论了在新冠肺炎疫情大流行背景下亚洲区域安全合作的现状和前景，讨论制定应对地区流行病威胁的联合措施以及打击恐怖主义、分裂主义、极端主义、贩毒和确保国际信息安全的共同方法。

Abstract

Taking the development of the Shanghai Cooperation Organization as the main clue in 2020, this report comprehensively combs and analyzes the changes in the regional and international situation, especially the new political, economic and security situation within the scope of the SCO space under the global spread of the COVID-19 pandemic. The report is divided into eight parts, namely, the general report, important meetings, political cooperation, security cooperation, economic cooperation, people-to-people cooperation, the SCO and the world, which give a good grasp of the SCO's development trend, development characteristics, achievements and problems in 2020. As 2021 marks the 20th anniversary of the establishment of the Shanghai Cooperation Organization, Over the past 20 years, the Shanghai Cooperation Organization has achieved changes from small to large, from weak to strong, completed its first expansion and increased its international influence. Political mutual trust among member states has been strengthened, security cooperation has been deepened, economic cooperation has been expanded and cultural exchanges have been expanding, making unique contributions to promoting regional security, stability and prosperity. At the same time, with the changing international and regional pattern, the Shanghai Cooperation Organization is also facing a series of new challenges, and the complex changes in relations among the member states after the expansion of the SCO, the fragmentation of issues and the spillover effect of the game between the major powers in the Eurasian region have profoundly affected the development of the SCO, improving the efficiency of the organization's deliberations, increasing organizational cohesion and cooperation consensus, and building the Community of Destiny has increasingly become the common aspiration of the member states.

Abstract

The present report is designed and invited experts to write several concluding articles reviewing the achievements, challenges and prospects for the future development of the SCO in the 20 years since its establishment, which is a new feature of the 2021 report.

Contents

I General Report

Y.1 Two Decades of the SCO: Historical Process and
Development Strategy *Pang Dapeng / 001*

Abstract: The establishment of the SCO is a major event in international relations at the beginning of the 21st century and a product of China's exploration with its neighbors of a new security model, a new type of state-to-state relations and a new model of regional cooperation. The establishment of the SCO is in line with the trend of world development and the fundamental interests of the SCO member states. The smooth development of the SCO will bring China-Russia relations closer, and the close relationship between China and Russia will push forward the SCO, which complement each other. In the face of the severe global spread of the COVID-19 pandemic, the SCO has played an important role in jointly combating the pandemic, driven by China and Russia. The future development of the SCO needs to dig deep into the potential of cooperation and promote regional economic recovery and prosperity in the post-pandemic era. The SCO has made great achievements in the past two decades and faces difficulties and challenges. No matter how the international situation changes, the SCO, with the concerted efforts of its member states, will achieve greater achievements in regional stability and development by maintaining multilateralism, building consensus of the times and advancing with the times.

Contents

Keywords: Xi Jinping's Thought on Diplomacy; SCO; China-Russian Relations

Ⅱ Important Meetings

Y.2 Unity and Cooperation Usher in a New Era
—The 20th Meeting of the Council of Heads of State of the SCO

Yang Jin / 018

Abstract: Against the background of the global pandemic, the twentieth meeting of the Council of Heads of State of the SCO member states was held in the form of a videoconference for the first time in history. At the meeting, the heads of state held in-depth discussions on the prevention and control of the pandemic, the construction of public health communities, regional security, trade, economy and humanistic cooperation, with the aim of strengthening political dialogue among member states, maintaining stability in regional countries and improving the efficiency of economic and trade cooperation. The summit is of great significance, and in the context of the crisis of the pandemic and the threats and challenges facing the world with great stability and development, the consensus reached at the SCO summit and related documents will help strengthen solidarity and cooperation within the organizational space, promote the parties to jointly overcome the public health problems brought about by the spread of the pandemic, and have an important impact on the early resumption of work and production of member states, strengthen international cooperation and promote the healthy development of the economy and society.

Keywords: The 20th Meeting of the Council of Heads of State of the SCO; COVID-19 Pandemic; A Community of Shared Future for Mankind

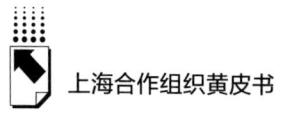

Y.3 19th SCO Prime Ministers Summit: Practical Cooperation in
The Fight Against Pandemics *Zhang Hong / 028*

Abstract: The 2020 SCO Prime Ministers' Summit is a special diplomatic event for leaders, and the COVID - 19 pandemic highlights the practical significance of pragmatic cooperation. The outbreak has led to a global public health crisis, a global recession and a responsible international order. In order to meet the challenges, China has worked with SCO member states to safeguard regional security and jointly launch anti-pandemic actions to promote the digital economy and trade and investment liberalization. The summit signed a series of outcome documents, in the joint defense against the COVID -19 outbreak, the SCO cooperation has been further strengthened, the level of cooperation mechanism has been raised, explaining the great influence of the Spirit of Shanghai.

Keywords: SCO; COVID -19 Pandemic; Innovative Economy

Ⅲ Political Cooperation

Y.4 Twenty Years of Political Cooperation in the SCO:
Looking Back and Forward *Deng Hao / 041*

Abstract: In the two decades since the establishment of the SCO, political cooperation has been escalating, and has undergone three stages of development and changes. It has gone through three stages: initial development, deepening, and strategic cooperation. It is now moving towards the direction of building an SCO community with a shared future for mankind. Putting forward and practicing the "Shanghai Spirit", adhering to the opening up to complete the first expansion of its staff, and actively participating in global governance are the concentrated embodiments of the achievements of political cooperation of the SCO over the past two decades, leading the SCO to continue to grow and develop. The obvious multi-heterogeneity, weak sense of community, the constant interference of conservative forces in the United States and the West, and the complex governance environment in the region pose obstacles to the political cooperation of the SCO.

The positive factors conducive to the SCO political cooperation in the future are still significantly greater than the unfavorable factors, and efforts should be made to strengthen political coordination, raise the level of institutionalization of political cooperation, improve the efficiency of political cooperation, and strive to push the SCO political cooperation to a new and higher stage.

Keywords: SCO; Political Cooperation; "Shanghai Spirit"; A Community of Shared Future for Mankind

Y.5 The History, Current Situation and Prospects of Cooperation Between the SCO and Other International Mechanisms

Han Lu / 057

Abstract: Over the past 20 years, the SCO, guided by the "Shanghai Spirit", has gradually strengthened its contacts and exchanges with other international organizations in keeping with the principle of open and transparent external cooperation, and has won wide recognition from the international community. However, considering that the SCO is still a new organization, the focus of development over the years has been on internal institution-building and cooperation among member states, and there is room for improvement in terms of content, scope and quality of cooperation with international mechanisms. With the further expansion of member states and the continuous improvement of international status and influence, the potential of the SCO for external cooperation has also been stimulated, and the expansion of the partnership network will be one of the important business of the organization's future development.

Keywords: SCO; International System; Partnership Network

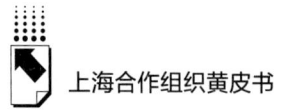

Y.6 The Choice of Political System is Seen in the Elections in Kyrgyzstan and Tajikistan *Bao Yi / 070*

Abstract: Both Tajikistan and Kyrgyzstan have held elections for the lower house of parliament in 2021. The regime party led by the President of Tajikistan once again won an absolute majority in Parliament and facilitated the successful re-election of Rakhmon in the presidential elections held in the autumn of the same year. Kyrgyzstan, on the other hand, was once again plunged into a political crisis by parliamentary elections, which eventually led to the early resignation of the Government of Genebekov. This paper will try to explain and analyze the differences in the political development of the parliaments of Tajikistan and Kyrgyzstan under different political systems, the political structure of political parties, the political culture and so on, so as to reveal the reasons for the differences in the political development process between the two countries due to the choice of different political systems.

Keywords: Tajikistan; Kyrgyzstan; Parliamentary Elections; Political Transformation

Y.7 Belarus's Political Situation has Moved Towards Cooperation with China on the "Belt and Road" in 2020 *Zhao Huirong, Wang Xianju / 081*

Abstract: Following the presidential elections in Belarus on 9 August 2020, the opposition did not recognize the results of the elections and organized large-scale protests, which have been going on for more than four months. The reasons are complex, ranging from economic, political, historical and geopolitical reasons to infiltration and interference in internal affairs by the United States and the European Union. At the same time, despite the impact of the new corona pneumonia outbreak and political instability in Belarus, China and Belarus have made remarkable progress in their cooperation under the framework of the "Belt and Road". The risks and difficulties faced by the construction of the China-Belarus Industrial Park and other aspects need to be overcome through joint efforts by both sides. With the easing of the pandemic and the gradual stabilization of the situation in Belarus, China-Belarus cooperation will be developed.

Keywords: Belarus; Political Instability; China-Belarus Cooperation

Ⅳ Security Cooperation

Y.8 An Analysis of the Relationship Between the Mutual Needs of the SCO and Afghanistan Issue *Zhu Yongbiao, Wei Lijun* / 096

Abstract: After the expansion of the SCO ushered in a new stage of organizational development, Afghanistan and the relationship between the SCO in the context of increased membership and the withdrawal of U.S. troops appear more important and urgent. Grasping and evaluating the relationship between the two from the perspectives of the SCO and Afghanistan respectively will help to understand the SCO's actions and prospects on Afghanistan issue. The needs of the SCO in Afghanistan stem mainly from the identity of Afghanistan and its geographical importance, and the needs of the SCO for Afghanistan mainly derive from the identity of the SCO and its organizational resources. The mutual demand of the two is characterized by the coexistence of symmetry and asymmetry. The symmetry of mutual demand determines the policy direction and policy focus of the SCO in Afghanistan, while the asymmetry of mutual demand determines the size of the SCO's actions on Afghanistan.

Keywords: SCO; Afghanistan Issue; Mutual Demand

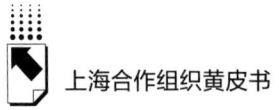

Y.9 Review of Russia-India Relations in the SCO   *Hao He* / 112

Abstract: The harmonious relationship between Russia and India will have its ups and downs in 2020, and its significance will have a profound impact or will continue to play a role in the future international landscape. The deep-seated roots of contradictions are closely related to the era of the century – old change. The strong tension caused by the rise of China and the collision of America-China forces has caused the coordination of positions between Russia and India to begin to appear out of sync, Russia-India relations have begun to be affected, and the root causes of the problem have decided that this adverse effect has difficult to heal. At present, Russia-India relations after all have a deep foundation, the historical factors between the two sides, the structural factors of cooperation, and even cultural and conceptual factors have a solid ability to resist pressure, Russia-India relations in the short to medium term is expected to continue to be based on friendly cooperation, but the choice of their long-term path will pose a real challenge, and has begun to release the signal of differentiation.

Keywords: Russia-India Relations; China Factors; Quartet Mechanism; Strategic Triangle

Y.10 SCO, CSTO and CIS

—*The Troika for Maintain Security in the Eurasian Region*

Liu Dan / 122

Abstract: The Collective Security Treaty Organization, the SCO and the Commonwealth of Independent States are all located in the Eurasian region and are important regional international organizations for close cooperation in the Eurasian region. The three parties have common interests in maintaining regional peace, security and stability and cooperate in combating terrorism, illicit drug trafficking, arms trafficking and organized transnational crime. The cooperation between the three parties in the area of Eurasian security has a realistic basis: the composition of the membership is cross-cutting, the interests overlap, and the common geopolitical risks. At the same time, there are important differences between them: the SCTO is a political and military integration organization in post-Soviet space and a military alliance; the SCO is a comprehensive international organization based on regional security, and economic and security is the main interest of the SCO; Practice has shown that strengthening tripartite cooperation can multiply the efficiency of related work. In the future, the three sides will also maintain close relations and cooperation to address new challenges and threats and safeguard security and stability in the Eurasian region.

Keywords: SCO; SCTO; CIS; Security Cooperation

V Economic Cooperation

Y.11 20 Years of Economic Cooperation of the SCO: A Positive Driving Force for Regional Prosperity *Li Jianmin* / 131

Abstract: In the 20 years since its establishment, the SCO, guided by the "Shanghai Spirit" of mutual trust and mutual benefit, equal consultation, respect for diverse civilizations and common development, has actively advocated a new type of international relations of openness, tolerance and win-win cooperation, vigorously safeguarded the security and development interests of its member states, made important contributions to regional stability and prosperity, and increased its international influence. Over the past 20 years, the SCO economic cooperation has yielded fruitful results, as evidenced by the continuous improvement of the economic cooperation mechanism and institutional framework, the rapid growth of regional trade and investment scale, the deepening of financial cooperation to broaden financing channels, the provision of endogenous impetus for intra-regional economic cooperation, capacity cooperation to facilitate the industrialization of member states, and regional economic cooperation to benefit all parties to achieve common development. To conform to the trend of the times, adhere to theoretical innovation and strive to explore development paths and cooperation models in line with their own realities are the reasons and experiences for the important progress made in the economic cooperation of the SCO. In 2021, the SCO will enter its third decade. With the global pandemic continuing, globalization and the multilateral trading system under pressure, and the general economic setbacks of member states, the SCO needs to face up to the challenges and seize the opportunities to help their economies recover on the basis of a full understanding of changes in the internal and external environment. In the future, we should strengthen our economic functions, improve our mechanisms and institution-building, further innovate our cooperation model, promote trade and investment facilitation through institutional cooperation such as rules and standards, and push regional economic cooperation to a new level.

Keywords: SCO; Regional Economic Cooperation; Innovation Development; Trade and Investment Facilitation

Y.12 Economic and Trade Cooperation of the SCO in 2020: Hand in Hand under the Pandemic *Li Zhonghai* / 150

Abstract: In 2020, under the impact of the COVID-19 pandemic, the economies of SCO' member states declined to varying degrees, and many measures taken to combat the pandemic restricted people-to-people and economic exchanges, resulting in an overall decline in the scale of trade between member states. Overcoming the negative effects of the outbreak, the SCO and member states successfully held a video summit of the Council of Heads of State and Government to continue to lead the development of the organization with top-level design. Under the situation of the pandemic, member countries continue to explore new ways to expand trade regulations and enhance economic cooperation. China has taken the lead in emerging from the haze of the pandemic, achieving positive economic growth and becoming a stable anchor for economic and trade cooperation in the SCO. In the context of the world entering a period of turbulent change, the SCO can effectively address risks and challenges, including the pandemic, and achieve economic prosperity, social stability and the goal of long-term stability of the country only if it continues to uphold the "Shanghai Spirit", strengthen the idea of win-win cooperation and strengthen pragmatic cooperation.

Keywords: SCO; Economic and Trade Cooperation; Trade Scale; Investment Cooperation; Financial Cooperation

Y.13 Cooperation in the SCO Regional Economic Corridor

Wang Haiyan / 159

Abstract: Among the six major economic corridors established in the "Belt and Road" Initiative, the SCO region includes china-Mongolia-Russia, the New Asia-Europe Continental Bridge, China-Central Asia-West Asia, China-Pakistan, Bangladesh-China, India and Myanmar, and the construction of the SCO regional economic corridor is of great significance to the promotion of the "Belt and Road" Initiative. The construction of the SCO Economic Corridor includes land corridors such as railways, pipelines and highways, hard links such as aviation and shipping, soft links such as information and standards, as well as logistics infrastructure construction and park construction, and faces challenges such as regional security, big country games, transportation mechanisms and standard alignment. Its planning and construction should take into account the current situation and needs of economic development in the whole region, in the region and inter-regional unified planning, unified implementation, unified coordination, the ideal model of cooperation is "co-construction, sharing, co-management model." In order to realize regional economic integration, we should make cooperative use of existing local transportation facilities, from dispersion to connectivity, from local to whole, in order to maximize economic benefits. Looking to the future, through the construction and expansion of the SCO Economic Corridor, the Asia-Europe Regional Economic Cooperation will be developed by leaps and bounds, forming a

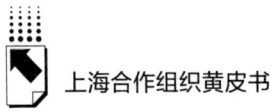

new bright spot in the construction of the Silk Road Economic Belt, and the countries of the region will form a new regional economic development pattern in the vast Eurus-Europe continent through these five economic corridors and the joint construction of the SCO's Community of Interests, Responsibilities and Destiny with China.

Keywords: SCO; Economic Corridor; Connectivity Construction

Y.14 Economic Development of SCO Member States in the Context of the COVID－19 Pandemic *Guo Xiaoqiong / 176*

Abstract: In the wake of COVID －19, the world economy is in deep recession, unemployment and poverty is rising The gap between rich and poor is worsening, international trade is shrinking, and the division of labor and distribution of international industries is changing fundamentally. Against this backdrop, SCO member states generally appeared economic downturn, foreign trade contraction, general and steep exchange rate fluctuations, debt risk and other phenomena. The recurrence and normalization of COVID － 19 has forced governments to make difficult trade－offs between epidemic control and economic recovery, which has also tested the national governance capacity of countries.

Keywords: SCO; Macro Economy; COVID －19 Pandemic

Y.15 In the Context of the COVID －19 Pandemic, the Prospects for Cooperation in Food Security of the SCO *Jiang Jing / 202*

Abstract: The COVID －19 pandemic in 2020 has posed severe challenges to the entire international community. In particular, since the pandemic began, food supply chains in some countries and regions have been impacted to a certain extent, which has aroused great attention from the international community on food security. 2020 marks the 10th anniversary of the dialogue on agricultural cooperation between SCO member states. Over the years, the parties have laid a solid foundation for cooperation in the field of food security. Against the backdrop of the pandemic, it has become an irresistible trend to further promote bilateral and regional cooperation in food production, trade, investment, science and technology within the SCO framework. In the future, the SCO will further clarify the roadmap for food security cooperation, fully implement the outline plan for food security cooperation, and strive to play a positive role in ensuring food security and stabilizing the world food market.

Keywords: SCO; Agricultural Cooperation; Food Security; COVID - 19 Pandemic

VI Humanities Cooperation

Y.16 A Summary of Domestic Research in 20 Years since the Establishment of the SCO　　　　　　　　　　Xu Tao / 212

Abstract: 2021 marks the 20th anniversary of the establishment of the SCO. As a comprehensive regional international organization initiated by China after the Cold War, the establishment of the SCO is not only a major event in Eurasia this century, but also an important initiative of China's diplomacy since the reform and opening-up. Over the past 20 years, the development of the SCO has undergone a process of continuous innovation and continuous improvement. Around this new issue, chinese academic circles have also carried out relevant academic and policy research in different disciplines. In the same way as the establishment, consolidation and development of this new type of international organization, China's research on the SCO has also gone through the process of from scratch, gradually plump and gradually becoming a system. In this process, a large number of research results have been produced, including the policy actions that have been translated into the development of the SCO. Moreover, while enriching China's

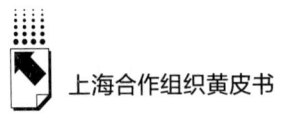

post-Cold War foreign policy think tank, this process has also created academic research teams in different disciplines, fields and directions. Reviewing and combing through this process, summarizing the major achievements that have been made, and finding that the ideological space still needs to be enriched and the weak links that are not satisfactory are undoubtedly of great academic and practical significance to this promising research field.

Keywords: SCO; The 20th Anniversary; Domestic Research Summary

Y.17 Mechanism-building and Cooperative Practice of the SCO in the Field of Major Public Health Events *Ma Qiang / 231*

Abstract: In the context of the global outbreak of the pandemic, the SCO will continue to promote mechanism-building and cooperative practices in the field of major public health events in 2020, and, on the basis of improving the existing cooperation mechanism in the field of health and well-being, promote member states to share pandemic information and experience in the fight against the pandemic, provide humanitarian assistance and mobilize social forces to participate in anti-pandemic operations. At the same time, the SCO has also shown weaknesses in its emergency response and operational capacity in responding to major public health emergencies.

Keywords: SCO; Major Public Health Events; COVID－19 Pandemic; Cooperation Mechanism

Y.18 The Current Situation and Governance Prospects of the Pandemic in the SCO Member States *Li Ruisi / 242*

Abstract: In 2020, the SCO member states will be affected by the outbreak in many fields such as politics, economy, diplomacy and security. Political instability, the Great Recession, and frequent international and domestic security threats are the main challenges facing member states this year. In order to avoid the impact of the pandemic exacerbating domestic conflicts and causing regional security problems, the SCO member states have introduced various measures in accordance with their own actual situation. The article makes an in-depth analysis of the impact and consequences of the 2021 pandemic in the SCO member states, and looks forward to the future of governance in the light of the current situation of the pandemic in various countries.

Keywords: SCO; COVID - 19 Pandemic; Public Health; People-to-people Bond

Ⅶ The SCO and the World

Y.19 The SCO in the Russian View of 2020   *Lu Ping* / 256

Abstract: The border conflict between India and China, the ongoing exchange of fire between India and Pakistan over disputed territories, and the outbreak of new coronary pneumonia spreading around the world have seriously affected the implementation of the work plans during Russia's presidency of the SCO in 2020 and put the SCO in deep development difficulties. Russia believes that the conflict between China, India and Pakistan and the lack of political mutual trust between them have interrupted the SCO dialogue on counter-terrorism cooperation, made it inefficient and severely damaged the "Shanghai spirit". The outbreak of COVID -19 has severely affected the economic development of the SCO, and Russia, as the rotating presidency, advocates strengthening economic cooperation among member states in order to overcome the negative impact of the outbreak on the economies of member states. At the same time, Russia believes that China's success in overcoming the pandemic has increased its self-confidence while increasing its foreign policy aggression, and its attitude towards its neighbors has hardened, especially in the border conflict with India. Tensions between China and India, as important member states, have had a negative impact on the SCO. The awkward situation of the SCO has Russian scholars worried about its future prospects, fearing that it will become a weak "shadow organization", but China's renewed emphasis on the SCO because of the conflict with the United States has given Russian scholars an opportunity for the future development of the SCO and believes that the real future of the SCO should be in the field of "high-level politics".

Keywords: SCO; Border Conflict; COVID-19 Pandemic

Y.20 20 Years of the SCO: The Attitude and Changes of the EU towards the SCO *Ju Hao / 268*

Abstract: The EU's attitude towards the SCO is the product of a combination of many reasons, with specific background and deep-seated reasons hidden behind it. Influenced by the relationship between the United States and the SCO, differences in values and its own strategy for Central Asia, the EU initially viewed the SCO and its prospects for development with relative caution. However, with the rapid development of the SCO, the obstacles to the EU's Central Asia strategy and the change of the political situation in Central Asia, the EU began to rethink and adjust its own Strategy for Central Asia, and its attitude towards the SCO has gradually changed.

Keywords: EU; SCO; Central Asia; EU's Central Asia Strategy

Y.21 A Comparative Analysis of the Cognition and Policies of the SCO by Ukraine, Belarus and the South Caucasus *Zhang Yanlu / 280*

Abstract: In the context of the world's once-in-a-century changes and the increasingly fragmented international landscape, Ukraine, Belarus and the South Caucasus (Georgia, Azerbaijan, Armenia) attach great importance to participating in the process of regional integration and hope to use regional organizations to ensure their own security and stability and promote economic and social development. For the SCO, although the five countries have the potential for cooperation, but they show different perceptions and attitudes. Among them, Ukraine's awareness and policy towards the SCO is bounded by the 2014 crisis in Ukraine, which has been changed from its previous active pursuit of accession to the current rare mention, Georgia has never made the SCO a diplomatic priority, while Belarus, Azerbaijan and Armenia have actively participated in the activities of the SCO and sought to find a balance between the different integration processes of East and West. The differences in policy choices are mainly influenced by factors such as economy, national foreign strategy and geopolitical pattern. In this regard, measures should be taken to strengthen people-to-people exchanges, strengthen the economic foundation of organization and construction, develop cooperation among organizations and strengthen the functions of the dialogue platform, highlight the non-confrontational and non-exclusive characteristics of the SCO, enhance the cohesion and attractiveness of the SCO, and thus promote the long-term development of the SCO.

Keywords: Ukraine; Belarus; The South Caucasus; SCO

社会科学文献出版社

皮 书

智库报告的主要形式
同一主题智库报告的聚合

❖ 皮书定义 ❖

皮书是对中国与世界发展状况和热点问题进行年度监测，以专业的角度、专家的视野和实证研究方法，针对某一领域或区域现状与发展态势展开分析和预测，具备前沿性、原创性、实证性、连续性、时效性等特点的公开出版物，由一系列权威研究报告组成。

❖ 皮书作者 ❖

皮书系列报告作者以国内外一流研究机构、知名高校等重点智库的研究人员为主，多为相关领域一流专家学者，他们的观点代表了当下学界对中国与世界的现实和未来最高水平的解读与分析。截至2021年，皮书研创机构有近千家，报告作者累计超过7万人。

❖ 皮书荣誉 ❖

皮书系列已成为社会科学文献出版社的著名图书品牌和中国社会科学院的知名学术品牌。2016年皮书系列正式列入"十三五"国家重点出版规划项目；2013~2021年，重点皮书列入中国社会科学院承担的国家哲学社会科学创新工程项目。

权威报告·一手数据·特色资源

皮书数据库
ANNUAL REPORT(YEARBOOK) DATABASE

分析解读当下中国发展变迁的高端智库平台

所获荣誉

- 2019年,入围国家新闻出版署数字出版精品遴选推荐计划项目
- 2016年,入选"'十三五'国家重点电子出版物出版规划骨干工程"
- 2015年,荣获"搜索中国正能量 点赞2015""创新中国科技创新奖"
- 2013年,荣获"中国出版政府奖·网络出版物奖"提名奖
- 连续多年荣获中国数字出版博览会"数字出版·优秀品牌"奖

成为会员

通过网址www.pishu.com.cn访问皮书数据库网站或下载皮书数据库APP,进行手机号码验证或邮箱验证即可成为皮书数据库会员。

会员福利

- 已注册用户购书后可免费获赠100元皮书数据库充值卡。刮开充值卡涂层获取充值密码,登录并进入"会员中心"—"在线充值"—"充值卡充值",充值成功即可购买和查看数据库内容。
- 会员福利最终解释权归社会科学文献出版社所有。

数据库服务热线:400-008-6695
数据库服务QQ:2475522410
数据库服务邮箱:database@ssap.cn
图书销售热线:010-59367070/7028
图书服务QQ:1265056568
图书服务邮箱:duzhe@ssap.cn

社会科学文献出版社 皮书系列
卡号:768511337956
密码:

基本子库
SUB DATABASE

中国社会发展数据库（下设12个子库）

整合国内外中国社会发展研究成果，汇聚独家统计数据、深度分析报告，涉及社会、人口、政治、教育、法律等12个领域，为了解中国社会发展动态、跟踪社会核心热点、分析社会发展趋势提供一站式资源搜索和数据服务。

中国经济发展数据库（下设12个子库）

围绕国内外中国经济发展主题研究报告、学术资讯、基础数据等资料构建，内容涵盖宏观经济、农业经济、工业经济、产业经济等12个重点经济领域，为实时掌控经济运行态势、把握经济发展规律、洞察经济形势、进行经济决策提供参考和依据。

中国行业发展数据库（下设17个子库）

以中国国民经济行业分类为依据，覆盖金融业、旅游、医疗卫生、交通运输、能源矿产等100多个行业，跟踪分析国民经济相关行业市场运行状况和政策导向，汇集行业发展前沿资讯，为投资、从业及各种经济决策提供理论基础和实践指导。

中国区域发展数据库（下设6个子库）

对中国特定区域内的经济、社会、文化等领域现状与发展情况进行深度分析和预测，研究层级至县及县以下行政区，涉及省份、区域经济体、城市、农村等不同维度，为地方经济社会宏观态势研究、发展经验研究、案例分析提供数据服务。

中国文化传媒数据库（下设18个子库）

汇聚文化传媒领域专家观点、热点资讯，梳理国内外中国文化发展相关学术研究成果、一手统计数据，涵盖文化产业、新闻传播、电影娱乐、文学艺术、群众文化等18个重点研究领域。为文化传媒研究提供相关数据、研究报告和综合分析服务。

世界经济与国际关系数据库（下设6个子库）

立足"皮书系列"世界经济、国际关系相关学术资源，整合世界经济、国际政治、世界文化与科技、全球性问题、国际组织与国际法、区域研究6大领域研究成果，为世界经济与国际关系研究提供全方位数据分析，为决策和形势研判提供参考。

法律声明

"皮书系列"(含蓝皮书、绿皮书、黄皮书)之品牌由社会科学文献出版社最早使用并持续至今,现已被中国图书市场所熟知。"皮书系列"的相关商标已在中华人民共和国国家工商行政管理总局商标局注册,如LOGO( )、皮书、Pishu、经济蓝皮书、社会蓝皮书等。"皮书系列"图书的注册商标专用权及封面设计、版式设计的著作权均为社会科学文献出版社所有。未经社会科学文献出版社书面授权许可,任何使用与"皮书系列"图书注册商标、封面设计、版式设计相同或者近似的文字、图形或其组合的行为均系侵权行为。

经作者授权,本书的专有出版权及信息网络传播权等为社会科学文献出版社享有。未经社会科学文献出版社书面授权许可,任何就本书内容的复制、发行或以数字形式进行网络传播的行为均系侵权行为。

社会科学文献出版社将通过法律途径追究上述侵权行为的法律责任,维护自身合法权益。

欢迎社会各界人士对侵犯社会科学文献出版社上述权利的侵权行为进行举报。电话:010-59367121,电子邮箱:fawubu@ssap.cn。

社会科学文献出版社